# 情懷

雷锋 文化在上海

窦 芒 主编

上海三联书店

# 用坚定的雷锋文化自信传播雷锋精神

## （序言一）

陶　克

2019年3月初,窦芒陪我去浙江台州做雷锋精神报告时,告知我正在编写一部反映上海多年来宣传雷锋事迹、传承雷锋精神的书。我觉得很有新意,表示十分支持和期盼。几个月后,我如期见到了这部《情怀——雷锋文化在上海》。翻阅内容详实厚重、文字流畅简练、编排图文并茂的书稿,我的心为上海这座国际大都市几十年生生不息的学雷锋之火燃烧,为上海多姿多彩的"雷锋文化现象"景仰,更为作者深深的雷锋情怀所感动。

窦芒不仅是当年军队系统知名的新闻工作者,也是我相识多年的老战友、好朋友。20世纪80年代后期,我在《解放军报》政工部做编辑,窦芒作为解放军南京政治学院首届新闻系学员来报社毕业实习,我们彼此初识。印象加深的是他毕业后回到十二集团军担任新闻干事时,采写了一篇军政治部领导下部队宣讲党的初级阶段理论的访谈,问题抓得准,新闻性强,语言生动活泼,我看后爱不释手,发现此"好稿"后我从快编发加编者按,作为"学习党的十三大文件访谈"专栏首篇刊登在军报一版,反响热烈。后来这些年中,窦芒虽然走上了领导岗位并从军队转身上海地方工作,但军队"老新闻"的敏锐思维和敬业精神没有变。

三年前,《雷锋》杂志创刊不久,人手少,组稿发行任务重。一次我在上海遇见窦芒,邀请他友情相助。本来可以退休后安度晚年的他被雷锋的事业和我的真诚打动,欣然同意。从此他便以一片新闻宣传老兵的特殊情怀为杂志的创办和发展,为雷锋精神的宣传尽心尽力。他立足上海，走访雷锋当年的老连长虞仁昌、"雷锋收藏家"冯建忠、"雷锋一家人"王树源、情系希望工程二十多载的吴仁杰等"雷锋传人"；他多次来到南京路军民学雷锋现场，探究这项活动为何37年花开不败；他来到坚持学雷锋的学校、企业及民间学雷锋团队，走遍每一个雷锋场馆和每一尊雷锋塑像；他还自费慕名来到浙江、江苏等地采访学雷锋的先进人物……他不仅为《雷锋》杂志提供了大量稿件，更为群众性学雷锋活动点赞、鼓劲、加油。现在，他又将这些"发现"和思考精心梳理，汇编出版，实乃新时代全民学雷锋大潮中的一朵美丽浪花。读者会从书中的"雷锋展馆""雷锋收藏"篇目中加深对上海作为党的诞生地厚重的红色基因的了解；读者会从九旬老人虞仁昌身上见到一个真实可亲的雷锋形象；读者会通过"雷锋团队""雷锋传人"的身影领悟习近平关于"雷锋精神，人人可学"的真谛；读者更会从"雷锋塑像""雷锋学校"中领略大上海独特的"雷锋文化景观"……

从宣传学雷锋的好人好事，到研究雷锋文化的形成和发展，大凡有雷锋情怀的人都走上了这条道路，窦芒也是这样。明代大儒张载曰："为天地立心，为生民立命；为往圣继绝学，为万世开太平。"这四句名言因为言简意赅，志愿高深，在历史上经久不衰，成为中国知识分子共同的奋斗目标。弘扬雷锋精神，不单纯是一项宣传工作，不仅仅是写写稿出出书，而是为芸芸众生树立道德楷模，为中华民族建设道德大业，为人类寻找命运共同体。

雷锋生长在有着5000多年中华优秀文化的土壤上，他知识面广，喜欢名人名句，广泛吸取人类文明智慧，在他身上闪耀着古今中外先哲们思想的光芒。孔子说："大道之行，天下为公。"孟子倡导"仁者爱人""老吾老以及人之老，幼吾幼以及人之幼"。英国哲学家罗素说："在一切道德品质之中，善良的本性在世界上是最需要的。"诗人、剧作家勃朗宁说："地球无爱则犹如坟墓。"思想家培根说："利人的品德我认为就是善。"法国思想家卢梭说："善良的行为使人的灵魂变得高尚。"而年轻的雷锋悟出了"活着，就要使别人过得更美好""把有限的生命投入到无限的为人民服务中去"的人生哲学。从雷锋的言行中，我们仿佛看到古今中外先哲们对信仰的坚守，对仁爱的追求。雷锋，其22岁的短暂生涯，也许还不足以生产出一个巨大的精神宝库,但其点点滴滴的美好行为和闪烁着光芒的哲学思索,却足以筑起一座思想道德的高峰,矗立起一座人生航塔。毛泽东、刘少奇、周恩来、邓小平等这些缔造新中国的伟人,他们秉承着"为人民服务"的崇高追求,从这位青年人的身上看到了中国人民所需要的精神风貌。毛泽东主席应群众的要求,发出"向雷锋同志学习"的号召,得到了人民的拥护和响应。雷锋不是叱咤风云的英雄,但其高尚的平凡,在群众中拥有很强的复制性、效仿性、可学性和赶超性。"一个雷锋倒下,千万个雷锋站起来。"随后,中国社会出现了千千万万个"雷锋",王杰、欧阳海、刘英俊、朱伯儒、张子祥、李润虎、徐洪刚、张秉贵、徐虎、李素丽、郭明义、孙茂芳、庄仕华、王锋……这些在中国极有威信的道德好人,都有了一个共同的称号——"雷锋"。近些年,西方的志愿活动引进中国后,在中国没有"水土不服",与中国的"学雷锋做好事"活动,成功地实现了嫁接,其原因就是自20世纪60年代开展的学雷锋活动极大地孕育了人们的社会公益意识,壤肥而苗壮。如今,雷锋被联合国官员称为"世界志愿者标兵"。中国雷锋志愿者注册人数超过一个亿。中国共产党把"开展学雷锋志愿服务活动"写入党章,中国政府把发展学雷锋志愿队伍纳入中国社会改革的进程中。

习近平主席多次给雷锋志愿团队回信勉励,他说:"雷锋精神是永恒的,要世世代代弘扬下去。""要继续以实际行动书写新时代的雷锋故事。"2018年9月28日,习近平主席来到抚顺雷锋纪念馆,向雷锋墓敬献花篮,他深情地说:"雷锋精神是中华民族五千年优秀传统文化和红色革命文化、社会主义文化的结合,'积小善为大善,善莫大焉',这和我党为人民服务,做人民勤务员是一脉相承的。"雷锋不仅为中国人民所喜爱,也为世界人民所喜爱。雷锋的事迹和日记传到了50多个国家,在抚顺雷锋纪念馆,2万多外国友人在雷锋像前留言,其中有人写道:"雷锋属于世界。"

如今,雷锋是一个家喻户晓的名字。雷锋,已经由一个人的名字变成一种精神、一种文化、一本杂志。世界上第一本以人名命名的杂志《雷锋》,于2015年7月在中国北京创刊,由人民出版社主管主办,我荣幸地担任这本杂志的总编辑,而窦芒就是其中的一员,我们一起履行伟大使命,传播雷锋文化、建设好人家园,在研究和传播雷锋文化道路上书写老兵新传。

从窦芒热心雷锋精神宣传,到《情怀——雷锋文化在上海》出版,再一次说明宣传雷锋精神要有一种深深的情怀、不变的信念和锲而不舍的追求。窦芒20世纪70年代入伍后即来到十二军有名的"百将团"。红军团队的精神风采是他引以为豪的思想内核;而红军传人的自觉定位和雷锋精神的永恒动力又使他无论是当报道干事、宣传处长还是师单位政工领导,都始终保持着一种爱岗敬业、吃苦耐劳、古道热肠的人品和行事风格。除采写了大量记录军队时代变革的新闻作品外,窦芒还宣传了金正洪、孙龙根等一大批在军内外影响广泛的学雷锋先进典型,其中"焦裕禄式的领导干部"杨崇元重大典型宣传后,被中央军委授予"模范团政委"荣誉称号。为此,在部队期间窦芒先后荣立七次三等功,一次二等功。即使后来转业上海担任解放报业集团文明办主任以后,仍一往情深地抓好学雷锋志愿服务,并使《解放日报》社成功入选"全国文明单位",窦芒本人也被表彰为"上海市志愿服务先进个人"。《情怀——在上海发现雷锋》是他传播雷锋精神路上的新成果。我们相信这本书将在推进上海新时代学雷锋活动中发挥积极作用,我们也期盼窦芒在雷锋精神传播和雷锋文化研究上再迈新步。

*(作者系原《解放军报》副总编,现《雷锋》杂志总编,少将)*

# 雷锋文化与城市品质
## （序言二）

程关生

近期，窦芒同志汇编了一部名为《情怀——雷锋文化在上海》的书稿，约 16 万字，消息、通讯多为他本人采写，也收录了一些相关内容。我印象中，这是庆祝上海解放暨中华人民共和国成立 70 周年，上海出版的唯一一部有关雷锋的专著。

通过这本集子，我们看到了不少鲜为人知的珍贵资料。今天的上海人有谁知道，毛泽东主席"向雷锋同志学习"的题词，当年是在上海媒体最先发表的。而分布于上海各地的毛泽东旧居雷锋驿站、崇明雷锋纪念馆、雷锋收藏沙龙、地铁雷锋展馆、长风公园雷锋墙、建桥学院雷锋馆、朱泾小学雷锋体验馆、闵行雷锋广场等，不同年月出现的这些雷锋载体，给这座城市增添了多少雷锋元素。年逾九旬的雷锋老连长、全国道德模范、感动上海人物、优秀志愿者等，为社会为他人做过多少好事，送去多少温馨。在这座城市，雷锋精神的传承已经有了一个比较好的基础。但仅此远远不够，还须向更广阔的空间拓展延伸，尤其是一所所大中小学，一处处社区街道，一家家工厂企业，一条条交通线路……都是未来能够伸展雷锋触角的地方。目前，全国范围的"雷锋学校"评选已经拉开帷幕，上海多所学校亦在争创。这部书稿，让人们一定程度上领略到上海开展学雷锋活动的概貌以及雷锋精神对上海的影响。

上海在全国的城市中有着特殊的地位与作用。它是一座商业之城，是我国的工商业中心，新中国成立以来全国近 1/3 的著名品牌出自这里；它是一个魔幻之都，百余年来，许多文化名人曾在此驻足，有影响力的戏剧作品多半源自沪上；它是一方红色沃土，我们的党在这里诞生,党的一大、二大、四大在这里召开,党的早期领导人大都在此经受过历练。如今,上海已是一座现代化国际大都市,也是经济、金融、贸易、航运和科创中心。在这里,我们不仅能看到一座座高耸入云的摩天大楼,更能感受到海纳百川的宽广胸怀、追求卓越的一流标准、精益求精的工作态度、创新创造的奋斗精神。新时代的上海,肩负的使命更加重大,新一轮改革开放的战鼓已经擂响,努力当先行者、做排头兵的上海人,承受的压力是巨大的。越是在重压之下负重前行,越需要提升城市的品质,集聚内在的动力。

城市品质是一个城市的名片,是构建这座城市召唤力、辐射力、影响力的核心。它不应是一个僵死的、机械的教科书式的概念,而应该是活生生的人生活的空间。我们常说的城市形象、城市品牌、城市特色、城市精神、城市文脉,都属于城市品质的范畴。从共性上说,城市品质是那些反映当代社会的公共道德精神、时代精神和人文精神的结合体,自然也包括其历史传统和独特的文化品位、艺术韵味、个性魅力。时下,有些城市看起来高楼大厦林立,可是,城市的文化荒芜了,人们的精神失落了,偌大一座城,变成了一片冰冷的缺乏美感的钢筋水泥丛林。这种状况,是致力于城市发展的人们不愿意看到的。

提升城市品质,是一项需要付出巨大努力的系统工程,而充盈的思想和精神力量是城市品质构建的灵魂。雷锋精神就具备这种内在的恒久的力量,因为它是一面催人向上的旗帜,它是一枚凝聚人心的粒子,它是一种纯洁灵魂的情怀。从这个意义上说,雷锋精神的弘扬与城市品质的构建是相辅相成、互相促进的。习近平总书记说得好:雷锋精神是永恒的,它是5000年中华优秀传统文化和红色革命文化的有机结合,是社会主义核心价值观的生动体现。大力弘扬雷锋精神,培育核心价值观,能够极大地凝聚起城市的正能量,培养市民的公德心、公益心和大爱情怀,使这座城市更加有温度、有厚度、有高度,进而激励人们更好地建设城市、服务国家。同时,城市筋骨的挺拔与伟岸、肌体的强健与坚韧,也为新时代雷锋精神的发扬光大营造了丰厚的土壤。

如今,"学雷锋、做好事"早已成为华夏大地尽人皆知的"语录牌"。可以预料的是,在拥有2400万常住人口的上海,将会涌现越来越多的学雷锋队伍,他们做的每一件好事、散发的每一缕光、释放的每一度能量,都是这个城市冬天的暖流、夏日的凉风,都是可以相互传递的至真至善至美的光亮。荀子曰:"不积跬步,无以至千里;不积小流,无以成江海。"我们千万不要小看了这一支支队伍、一项项活动、一件件好事,更不要忽略了他们那经年累月的坚持。积土以成山、积水以成渊,道德的力量将会潜移默化地影响越来越多的人,慢慢生发出一个城市的学习自觉、行为自觉,渐渐演变成这个城市的思维方式、生活方式。

我们有理由相信,在实现中华民族伟大复兴的奋斗征程中,雷锋精神与城市品质的深度契合,必将激荡起绵绵不绝的持久坚韧的力量!

(序言作者系上海警备区原副政委,雷锋杂志社副总编,少将)

# 目　录

用坚定的雷锋文化自信传播雷锋精神(序言一) ………… 001

雷锋文化与城市品质(序言二) ……… 005

**篇首** ……… 001

伟大的共产主义战士雷锋 ……… 003

习近平论雷锋精神 ……… 004

上海,最早发表毛泽东学雷锋题词的城市 ……… 007

用雷锋精神提升城市文明 ……… 012

国际大都市的"温度"哪里来 ……… 014

在上海感受"雷锋文化现象" ……… 023

**一、雷锋展馆　构建道德圣殿** ……… 027

上海雷锋纪念馆建成开放 ……… 029

全年无休,雷锋精神在崇明传承 ……… 031

上海高校首家雷锋馆落成 ……… 034

建桥雷锋馆,师生精神成长的殿堂 ……… 036

上海中心城区有了"雷锋收藏馆" ……… 042

上海"雷锋在地铁"展示馆开馆 ……… 044

世博园原址"雷锋驿站"服务中外游客 ……… 047

陆家嘴"公交雷锋驿站"情暖路人 ……… 050

闵行雷锋广场,爱民为民风雨不断 ……… 053

地铁纪念卡，雷锋微笑志青春 ·········· 055

金山朱泾小学建成校园"雷锋体验馆" ·········· 059

上海毛泽东旧居"雷锋驿站"建成开放 ·········· 060

二、雷锋塑像　铸就永恒丰碑 ·········· 063

上海"雷锋塑像"地图发布，引百万市民关注 ·········· 065

80 岁设计师打造两代雷锋像 ·········· 067

几经变迁，废铁堆里找回锈蚀雷锋像 ·········· 070

长风公园"雷锋墙"，引众多青年拍婚纱照 ·········· 072

徐汇校园：雷锋雕像传承红色文化精神 ·········· 074

学雷锋日，在大上海寻找雷锋雕像 ·········· 077

三、雷锋收藏　挖掘精神资源 ·········· 083

上海"雷锋收藏沙龙"：用史料让人们走近雷锋 ·········· 085

冯建忠：一名收藏家的雷锋情怀 ·········· 089

房冠龙：把家变成雷锋博物馆 ·········· 095

杨宝全：自费筹办雷锋展"落户"虹口 ·········· 098

雷锋事迹大型原创摄影作品展在沪开幕 ·········· 102

上海图书馆举行"雷锋在我身边"系列活动 ·········· 103

上海第二届民间学雷锋收藏展开幕 ·········· 104

青浦举办"永远的雷锋"专题展 ·········· 106

静安纪念雷锋宣传画专题展 ·········· 108

奉贤收藏协会举办学雷锋收藏展 ·········· 110

四、雷锋学校　开启人生课堂 ·········· 111

朱泾小学用雷锋精神引领办学 30 年 ·········· 113

朱泾小学获评"全国雷锋学校示范基地" ·········· 116

廊下小学高扬雷锋旗帜　培养鲜军式好少年 ·········· 119

建桥学院又一批雷锋式师生受表彰 ·········· 125

建桥学院坚持立德树人，培养雷锋式大学生 ·········· 128

希望工程培训基地成立沪上首个"雷锋学院" ·········· 135

"雷锋学院"专题研学习近平论雷锋 ⋯⋯⋯⋯⋯ 137

上海图书馆"雷锋讲堂"传递正能量 ⋯⋯⋯⋯⋯ 140

莘城学校积极争创"雷锋学校" ⋯⋯⋯⋯⋯⋯⋯ 142

莘城学校传承红色基因,做雷锋传人 ⋯⋯⋯⋯ 145

雷锋战友赵明才为"雷锋学院"学员做报告 ⋯⋯ 148

跨越:从"红军小学"到"雷锋小学" ⋯⋯⋯⋯⋯ 151

德育专家王芳,58年执着雷锋学校创建 ⋯⋯⋯ 156

用雷锋精神建校育人 ⋯⋯⋯⋯⋯⋯⋯⋯⋯⋯⋯ 158

上海"雷锋讲堂":在书写新时代雷锋故事中成长成才 ⋯⋯ 161

五、雷锋图书　创造出版之最 ⋯⋯⋯⋯⋯⋯⋯⋯ 163

雷锋走进上海大世界基尼斯,获图书出版世界纪录 ⋯⋯⋯ 165

著名画家汪观清三次创作出版雷锋连环画 ⋯⋯ 168

女作家杨绣丽饱含深情书写"集体雷锋" ⋯⋯⋯ 171

《雷锋》杂志誉满上海南京路 ⋯⋯⋯⋯⋯⋯⋯⋯ 175

上海出版的部分雷锋图书 ⋯⋯⋯⋯⋯⋯⋯⋯⋯ 177

六、雷锋连长　难忘灿烂笑脸 ⋯⋯⋯⋯⋯⋯⋯⋯ 183

不了的雷锋情怀 ⋯⋯⋯⋯⋯⋯⋯⋯⋯⋯⋯⋯⋯ 185

雷锋当年老连长,深情畅谈学雷锋 ⋯⋯⋯⋯⋯⋯ 192

他如一枚"小太阳"温暖人心 ⋯⋯⋯⋯⋯⋯⋯⋯ 197

"雷锋精神就是我们的家训" ⋯⋯⋯⋯⋯⋯⋯⋯ 201

市级机关青年志愿者与雷锋老连长座谈学雷锋 204

虞仁昌为《雷锋》杂志总编辑陶克颁发"雷锋将军奖" ⋯⋯ 206

"一缕光"金正洪与雷锋老连长沪上话当年 ⋯⋯ 208

虞仁昌与上海希望办领导交流学雷锋 ⋯⋯⋯⋯ 210

虞仁昌住院讲雷锋,沪上爱心人表深情 ⋯⋯⋯⋯ 212

虞仁昌再获"弘扬雷锋精神突出贡献奖" ⋯⋯⋯⋯ 214

## 七、雷锋团队　彰显城市温度 ·················· 217

上海军民南京路学雷锋 37 年花开不败 ·········· 219

家门口的雷锋, 90 后的民兵 ·················· 221

南京路步行街：将军深情致敬"雷锋" ·········· 226

"集体雷锋"好八连红旗永不褪色 ·············· 228

市民巡访团, 用雷锋精神呼唤城市文明 ·········· 230

浦东"爱心妈妈"将母爱倾情奉献社会 ·········· 233

上海组织"雷锋在身边"杰出青年巡回报告 ········ 237

滴滴上海公司老兵车队与雷锋同行 ············ 240

上海大学法学院：九年法援南京路 ············ 244

"哎哟不怕"抗癌公益：尽显党报责任担当 ········ 247

宝山路街道商会：不忘初心扶贫济困 ·········· 250

雷锋杂志社上海工作部成立：助力申城学雷锋 ······ 253

上海福建酒店商会成立工作站参与学雷锋 ········ 257

新时代沪上雷锋故事会播撒申城大爱 ·········· 260

## 八、雷锋传人　爱心播撒申城 ·················· 263

吴仁杰：信念引领人生路 ···················· 265

陶依嘉：芳华辉映南京路 ···················· 278

陈丽：大爱人生更精彩 ······················ 281

黄雷：玫瑰花开不了情 ······················ 287

王树源：浦东雷锋一家人 ···················· 292

孙龙根：犬业"司令"有爱心 ·················· 298

黄吉人：智力助残"心希望" ·················· 301

韩颂东：沪上再续"雷锋情" ·················· 305

殷仁俊："爱心剪"里有快乐 ·················· 309

徐增：公益路上新生代 ······················ 315

## 后记　在发现雷锋文化的日子里 ·················· 320

# 篇　首

# 伟大的共产主义战士雷锋

**上海著名画家汪观清创作**

雷锋,湖南望城人氏。曰先锋战士,亦普通一兵。幼孤少贫,知恩图报。勤学奋读,敬业爱岗。崇义厚德,克己奉公。先人后己,乐善好施。留百篇日记,写廿二人生。甘当"傻子"以怀民,善莫大焉;愿做螺钉而济世,情何深也。论曰:人生有限,平凡蕴伟大;服务无限,高尚蹈朴廉。伟哉! 雷锋事迹,渊涵核心价值;雷锋精神,永领时代新风。

——2014 年 7 月 4 日《人民日报》

# 习近平论雷锋精神

刘　融　曾　伟

"雷锋是我们'民族的脊梁'""雷锋精神是永恒的,是社会主义核心价值观的生动体现""让雷锋精神落地生根"……党的十八大以来,习近平总书记就学习弘扬雷锋精神多次做出重要指示,强调"要从娃娃抓起,让雷锋精神在全社会蔚然成风,世世代代弘扬下去"。

在这个特殊的日子里,回顾总书记的讲话,我们再次感受到时代的呼声和历史的回响,明确雷锋精神的传承责任。雷锋已经离开我们半个多世纪了,今天的社会环境和雷锋精神产生的时代已有很大不同,有人说,现在再提雷锋精神是不是过时了?

习近平是怎么看的? 在参加 2013 年全国两会辽宁代表团审议时,他说:"雷锋、郭明义、罗阳身上所具有的信念的能量、大爱的胸怀、忘我的精神、进取的锐气,正是我们民族精神的最好写照,他们都是我们'民族的脊梁'。"

习近平提出这个论断有更深远的意义,那就是要在新的历史条件下重新审视我们民族的核心价值,打牢我们民族的精神支柱。

我们民族的传统,人不仅仅是独立的个体,还承担着家庭和社会的责任与义务,理应对家庭、对社会做出自己应有的贡献。雷锋精神代表了我们民族的优秀品质和传统,具有永恒的价值。这种精神是不会随着环境的变化而失去价值的,人类永远需要这种优秀的精神。

只重私利不重公义、见利忘义、贪污腐败等东西方社会的许多弊端出现在当前转型时期,也凸显了提倡雷锋精神的重要性。

2015 年 2 月,习近平在会见第四届全国文明城市、文明村镇、文明单位和未成年人思想道德建设工作先进代表时强调,人民有信仰,民族有希望,国家有力量。实现中华民族伟大复兴的中国梦,物质财富要极大丰富,精神财富也要极大丰富。我们要继续锲而不舍、一以贯之抓好社会主义精神文明建设,为全国各族人民不断前进提供坚强的思想保证、强大的精神力量、丰润的道德滋养。

"雷锋精神是永恒的,是社会主义核心价值观的生动体现。"2014年3月11日,习近平出席十二届全国人大二次会议解放军代表团全体会议,亲切接见部分基层代表,他对某工兵团"雷锋连"指导员谢正谊说:"你们要做雷锋精神的种子,把雷锋精神广播在祖国大地上。"

2014年3月4日,习近平给"郭明义爱心团队"回信时表示:"雷锋精神,人人可学;奉献爱心,处处可为。积小善为大善,善莫大焉。当有人需要帮助时,大家搭把手、出份力,社会将变得更加美好。我国工人阶级应该为全社会学雷锋、树新风作出榜样,让学习雷锋精神在祖国大地蔚然成风。"

"郭明义爱心团队"自2009年成立以来,坚持以雷锋、郭明义为榜样,在奉献岗位、奉献社会实践活动中取得显著成绩。

习近平的回信,不仅肯定了他们的做法,而且赋予了雷锋精神新的内涵:"希望在践行社会主义核心价值观中,积极向上向善,持之以恒地推进奉献岗位、奉献社会实践活动,以实际行动书写新时代的雷锋故事。"

## 新形势下,我们要如何学雷锋

习近平话语简短而朴实,却包含着十分厚重而深刻的寓意。正如有媒体评论指出的,重新提出学习雷锋精神是要在新的历史条件下重新审视我们民族的核心价值,打牢我们民族的精神支柱。

"人人可学、处处可为""积小善为大善",习近平的话也指明了学习雷锋精神的方向,那就是从生活点滴入手,立足岗位,脚踏实地,学雷锋才能落到实处。正如郭明义所说:"同事有心事眉头不展,你给他倒杯水,跟他聊聊天,地上有垃圾捡起来,老人跌倒扶起来,这些点滴小事做到了，就是学雷锋。"

榜样的力量是无穷的。在雷锋精神的感召下，半个多世纪以来，一大批学雷锋的先进典型、道德模范、感动中国人物涌现出来。在2018年2月全国学雷锋志愿服务工作推进会上，一批群众认可、事迹突出、影响广泛的志愿者先进典型被推选出来。《人民日报》评论称，这彰显了我国公民素质和社会文明程度的不断提高，志愿者与志愿精神成为社会主义核心价值观的生动写照。在大力弘扬社会主义核心价值观的今天，我们更需要高扬雷锋精神。

2013年3月6日，习近平在参加全国两会辽宁代表团审议时强调，要大力加强思想道德建设。习近平发出号召："充分发挥各方面英模人物的榜样作用，大力激发社会正能量，为实现中国梦提供强大精神动力。"

（2018年3月5日　人民网）

# 上海，最早发表毛泽东学雷锋题词的城市

窦　芒

　　沪上著名收藏家冯建忠被誉为"收藏期刊创刊号大王"。近年来，他不仅以 30 年收藏万件雷锋文物史料，矢志研究雷锋、宣传雷锋而闻名，更因"上海对当年学雷锋活动的兴起作用特殊""上海是全国群众性学雷锋活动开展最早的城市之一"等观点而受到关注。

　　己亥新春，笔者来到位于上海浦东南码头路的冯建忠寓所，参观他的"家庭收藏博物馆"，听他用珍贵的史料回顾上海各界当年在全国率先宣传雷锋、学习雷锋的场景。

　　收藏与雷锋相关的文物史料，冯建忠引以为豪。1980 年的一天，他在沪上知名的文庙旧书市场淘到了一份珍品——1963 年 3 月 1 日的《新民晚报》——上面刊发了毛主席、周总理的学雷锋题词手迹。

　　冯建忠说：毛主席为雷锋题词是应中国青年杂志社的请求，专为《中国青年》题的，后公开发表在 1963 年 3 月 2 日出版的《中国青年》杂志"学习雷锋同志专辑"上。他通过研究收藏的 1963 年上海出版的《新民晚报》《文汇报》《解放日报》和《青年报》2、3 月份合订本，及当年开会的老照片、入场券，发现上海在 1963 年 2 月 27 日、28 日，3 月 1 日、2 日这四天，学习雷锋活动就已经很红火了。仅 2 月 28 日的《新民晚报》上有关学雷锋的内容就有 4 篇，其中头版有 3 篇。一是驻上海陆海空军和公安部队在 27 日、28 日两天分别举行雷锋模范事迹报告会。二是共青团市委定于 3 月 2 日晚举行学习雷锋电视广播会。会后上海广播合唱团、文工团、上海青年话剧团和人民艺术剧院、上海歌剧院、上海

评弹团、上海越剧院都表演了学习雷锋的文艺节目。三是上海文艺界青年开展多种活动,努力学习雷锋的高贵品质。全国学习雷锋是在3月5日之后,而上海在2月27日、28日就举办了这么多学雷锋活动。

上海成为最早大规模开展学习雷锋的城市之一,因素很多。关键之一,是邀请来了雷锋生前的两位战友——刘景凤、伊德阿。特别是刘景凤,他是雷锋生前所在汽车连八班班长,是雷锋入伍时教他驾驶技术的人。1963年刘在江苏省镇江的军校学习,得知雷锋牺牲,就写了文章在报上发表。南京军区领导知道后,即抽调他来上海做报告,介绍雷锋的事迹。刘27日一到上海就连续两天在驻沪部队及上海青少年中做了多场雷锋事迹报告,反响热烈。《中国青年》2月22日收到毛主席题词手迹后,杂志社轰动了,团中央及共青团系统轰动了。"毛主席为雷锋题词了"的消息也传到了上海团市委。

1963年2月下旬,上海团市委领导得知这几天雷锋生前的两位战友在上海,又得知毛主席已为雷锋题词,于是就向市领导和军方首长申请,决定在3月1日邀请刘景凤在文化广场为上海青年举行一次大型报告会。据刘景凤回忆,3月1日这天,到会一万多人。他一走进文化广场的会场,就看到会场两侧已挂着毛主席、周总理的题词,非常醒目。

冯建忠说:"这次报告会的非凡意义,我是从自己收藏的四张报纸来解读的。"1963年3月1日的《新民晚报》,消息标题为《文化广场今天上午激情昂扬,万余青年听了雷锋事迹报告》。报道一开头就是"向雷锋同志学习",这是毛主席的题词。"雷锋同志是劳动人民的好儿子,毛主席的好战士",这是周总理的题词。内容包括:今日上午,团市委在文化广场举行"雷锋事迹报告会",会场主席台左右悬挂着毛主席和周总理的题词,大会有一万四千余人参加,共青团上海市委代理书记张浩波发表讲话……因这场报告会开得非常成功,又决定3日再开一场,冯建忠有当年两场报告会的入场券。

1963年3月2日,团市委机关报《青年报》第2版报道了报告会,标题:听雷锋事迹介绍,学雷锋光辉榜样,共青团上海市委昨日召开报告会。

1963年3月3日,《解放日报》的标题:本市青年举行学习雷锋集会——雷锋事迹报告会和学习雷锋广播电视大会在前昨两天分别举行。

报道内容相似,其中团市委代理书记张浩波在会上讲了话。他首先指出,毛主席的"向雷锋同志学习"的题词,给我们极大的鼓舞。我们全上海青年一定要按照毛主席的教导,好好向雷锋同志学习,做毛主席的好学生。

冯建忠以收藏期刊创刊号为主,曾经在上海大世界基尼斯机构公证,现已收藏近百年来中外一万五千多种期刊创刊号,被誉为"中国创刊号收藏大王"。在他收藏保存的期刊中,有一册1961年出版的《儿童时代》价值颇大,因为它不仅记录了上海最早创作发表的雷锋题材连环画《毛主席的好战士》,而且证明雷锋在因公牺牲前即是全国宣传学习的先进。

冯建忠介绍说,以前一直认为1961年8月由解放军总政治部宣传部编印的《苦孩子好战士》为最早的关于雷锋的宣传资料。前几年他无意中在旧书市场得到一本1961年3月16日由上海宋庆龄福利基金会创办的《儿童时代》杂志,其中页全幅刊登了施正编写、韩伍绘画的《毛主席的好战士》连环画,用十四幅彩图介绍了雷锋从一名孤儿成长为一名战士的历程。经过研究论证,这才是全国最早宣传雷锋事迹的连环画,也是最早的彩色连环画,比《苦孩子好战士》早了5个多月。

作为一份上海的刊物,《儿童时代》为何会最早发表《毛主席的好战士》雷锋连环画呢?冯建忠这样认为:雷锋1960年1月入伍,同年11月入党。之后,军队系统的沈阳军区《前进报》,地方的《抚顺日报》《辽宁日报》等都在12月份进行了宣传。报道中最精彩的是雷锋的讲稿《解放后我有了家,我的母亲就是党》。上海儿童时代杂志社时政组的同志无意中看到后如获至宝,被雷锋的事迹所感动,立即着手创作连环画脚本。文字解说由大家集体讨论,所以署名为"施正",绘画由韩伍主笔。韩伍创作善于以简代繁,线条清晰,使得这组雷锋图画在画幅较小、内容简明、笔墨不多又没有任何影像参考的情况下,一气呵成,取得成功。

在宣传雷锋、学习雷锋上,上海的艺术家有一种特别的情怀。冯建忠如数家珍,又展示了他多年来收藏的一件件上海雷锋艺术作品之"最":最早的歌,1963年2月23日吴诒作词、翁仲三作曲的《雷锋好,学雷锋》;最早的宣传画,1963年3月2日钱大昕创作的《向雷锋同志学习,做坚强的无产阶级革命战士》;最早的歌舞,1963年3月10日,上海实验歌剧院演出最早的歌剧《普通一兵》及舞剧《雷锋》;最早的现代戏,1963

年 3 月, 爱华和勤艺沪剧团演出的大型现代戏《雷锋》; 最早的评弹, 1963 年 3 月 24 日, 江南评剧团开演的中篇评弹《雷锋》; 最早的话剧, 1963 年 4 月 9 日, 上海青年话剧团创作的五幕九场话剧《接过雷锋的枪》上演。

此外, 冯建忠通过收藏和研究了解到, 贺敬之的《雷锋之歌》1963 年 3 月 20 日在上海锦江饭店完稿。之后, 贺敬之在复旦大学做报告时激情澎湃地朗诵了他的新作。贺敬之的朗诵一次又一次地被师生们的热烈掌声所打断, 这首诗也一下流传开了。当时, 复旦大学掀起了诵读《雷锋之歌》热潮, 校园广播天天播放诗朗诵《雷锋之歌》, 师生们也争相阅读《雷锋之歌》。很快, 这股热潮便传遍全国。

早在 1963 年 2 月, 上海就掀起了学雷锋热潮。报纸登载了《雷锋日记》, 引起上海音乐学院教师朱践耳的注意, 他给这首"雷锋遗诗"(当时不知是雷锋摘抄)谱曲, 加上标题《雷锋的歌》, 并注明了歌词摘自《雷锋日记》。此歌首唱者是上海歌舞剧院的任桂珍, 后来上海音乐学院声乐系的西藏学生才旦卓玛也唱起了这首歌, 不久, 中央人民广播电台向全国播放此歌, 才旦卓玛一举成名。

汪观清三次创作出版雷锋连环画, 这在上海滩已被传为美谈。而汪老当年创作并在《新民晚报》连载的雷锋故事连环画, 在全国也属首次。据此, 笔者专程来到位于市郊青浦的汪观清住所, 倾听这位画坛大师对创作雷锋连环画的回忆。

当代著名画家、上海市民盟书画院院长、上海市文史研究馆馆员汪观清虽 88 岁高龄, 但精神饱满, 创作不止。在汪老的画室, 他捧出一摞画稿, 对当年的情景记忆犹新, 讲起 1962 年底《新民晚报》美术编辑乐小英找到他, 约谈组稿画雷锋的经过。乐小英是资深编辑, 很诚恳地说报社要宣传雷锋精神, 连载一个普通战士的故事, 时间紧迫, 并说汪老下过连队, 画过不少军队的人和事, 能把这个题材画好。汪观清盛情难却, 同时觉得这位战士为人民服务的精神值得宣传, 接受了约稿, 很快创作完成 66 幅作品并送到报社。可几个月过去了, 作品还没有发表。汪观清忙于其他创作, 几乎忘记了这件事。1963 年 2 月 26 日, 当他打开《新民晚报》时, 被第 3 版"繁花"的头条所吸引。从这天开始, 《新民晚报》以《伟大的普通一兵》为题, 以每日两幅画作配以文字的形式连载汪观清创作的有关雷锋的作品。就在连载开始三天后，《新民晚报》又发表了多篇消息，报道全市各界学雷锋活动。就这样，配合全国各地的学雷锋热潮，汪观清创作的雷锋故事不仅在全国报纸上发表最早，而且因画风朴实无华、厚实凝练，使雷锋的形象生动传神，深受读者喜爱。连载历时一个多月，其他报刊也纷纷转载，并由江苏人民美术出版社汇集出版，在全国发行。《新民晚报》副刊也同时用多种题材宣传雷锋精神。

《新民晚报》中学习雷锋的相关报道

作为著名国画家和中国连环画事业发展的见证人，汪观清经常笑言自己画雷锋早。正是怀着对雷锋的不了情意，2007 年和 2017 年，汪观清又分别再次精心创作了连环画《雷锋的小故事》《伟大的普通一兵雷锋》。2015 年，军地有关部门还汇编出版了《汪观清军事题材连环画作品集》下发部队。

上海，是中国共产党的诞生地、共青团中央的诞生地、全国总工会的诞生地，自然是群众性学雷锋活动领先的一方热土。从冯建忠收藏、耙梳当年沪上军民学雷锋的史料与故事中，笔者更加深切地感受到上海厚重的红色历史与文化。

（摘自《新民晚报》 2019 年 3 月 5 日）

# 用雷锋精神提升城市文明

## ——在新时代沪上雷锋故事会上的致辞

潘　敏

上海市委宣传部副部长、市文明办主任潘敏

　　在举国上下喜迎共和国 70 华诞，全党深入开展"不忘初心、牢记使命"主题教育活动之际，我们在这里隆重举办"上海·新雷锋——新时代沪上雷锋故事会"，聆听感人故事，追问初心使命，汲取奋进力量。首先，我代表主办方市文明办、团市委、市拥军优属基金会和雷锋杂志社上海工作部，对大家牺牲周日休息时间参加我们的故事会表示热烈的欢迎和衷心的感谢！

　　2019 年是纪念毛主席"向雷锋同志学习"题词发表 56 周年，这些年，习近平总书记就学习弘扬雷锋精神所做的指示、批示和讲话达十五次之多。我们举办雷锋故事会，就是为了响应习总书记指示要求，通过讲述感动社会、温暖人心的身边故事，让更多敢闯敢拼的创新理念得以传递，让更多鲜为人知的动人事迹得以再现，让更多的时代楷模精神得以绽放。

多年来，上海在文明创建活动中，始终坚持把学雷锋作为一项重要内容，学雷锋志愿服务爱心团队遍布城市每个角落。他们积极开展扶贫帮困、文明交通、法律援助、垃圾分类、环境保护等诸多活动，对上海市的精神文明建设做出了积极贡献，涌现出了一大批学雷锋志愿服务典型。今天故事会的五个主角，就是其中的优秀代表。

学雷锋志愿服务是一种表达，更是一种无私的奉献，创建文明城市，需要你我共同参与。在此，我们用"雷锋故事会"的形式呼吁广大市民朋友一起加入学雷锋志愿服务行动，大力弘扬奉献、友爱、互助、进步的志愿服务精神，从我做起，从小事做起，从身边做起，用爱心传递文明，用真情奉献社会，用行动践行诺言，在全市范围内营造人人学雷锋、处处有雷锋的浓厚氛围，让雷锋精神助力我们建设更加和谐美好文明的城市家园。

在这里，我要感谢共同的主办方市文明办、团市委、市拥军优属基金会和雷锋杂志社上海工作部的通力合作，也要感谢承办方徐汇区文明办、区教委、区退役军人事务局和区团委的精心准备，感谢协办方南洋中学和《上海故事》杂志的倾心支持。

我坚信有各主办、承办、协办方的精诚合作、精心组织，有社会各界的关心厚爱，有听众朋友们的热心参与，我们的"新时代沪上雷锋故事会"一定能够圆满成功。谢谢大家！

（作者系中共上海市委宣传部副部长、市文明办主任）

# 国际大都市的"温度"哪里来

## ——上海市精神文明建设巡礼

刘佩林　倪大伟　王晓旭

百年浦江，历史变迁，从饱经沧桑到生机再现，上海在东西方文明集散与互补中磨砺出全新的城市人文精神，引领着无数上海人带着"中国梦"起航。

穿行浦江两岸，一个个故事、一支支队伍、一组组数字，无不让人感受到这座国际大都市融融的暖意。

一座城市的发展，不应只有速度、高度，还应该有"温度"。当她有了温度，才能让人留恋、心向往之，才有凝聚力、吸引力，才有热情、活力，才能富有创意、走得更高更强更远！

冬日清晨，气温低至−3℃。环卫工人王永芳将早已冻僵的双手放在嘴边，呵了一口热气，又搓了搓，拿起扫帚，开始了一天的工作。

休息间隙，她像往常一样走进附近的广中社区文化活动中心，迎接她的是早已提前开好的暖气和工作人员主动递上的热姜茶。"喝上几口，全身都暖和啦！"王永芳的脸上露出惬意的笑容，瞬间给人一股暖流。

社区文化中心、爱心接力站、公交调度室、便利店……如今在上海，这些面积不大的室内空间，都变成一个个爱心驿站，在寒冷的冬日里，用一杯热茶、一个暖宝宝，为坚守岗位的环卫工人、交通协管员、快递员们送上温暖。

这里就是上海，一座有温度的城市。

# 一个个善行义举汇聚都市暖流

走进上海第七人民医院门诊大厅，迎面就是穿着橙色外套的陆秀琴老妈妈，她正在忙着引导病患。往里走，俞爱芳老妈妈搀着一位老伯从扶梯上下来，陪着他去付费、化验。

每周一到周五上午，这里都有一道令人温暖的橙色风景线，她们就是上海浦东新区高行镇的"爱心妈妈"团队。上午门诊高峰时段，预检处、挂号区、化验报告自助服务区，都有她们的身影。看到没有子女陪伴的老人、拖着大包小包带幼儿看病的家长、行动不便的病患等，爱心妈妈们都会主动上前照顾。

"爱心妈妈"的善举，只是上海精神文明建设成果的一个缩影。"工作生活在上海，没有钢筋水泥的冰冷，没有快节奏都市人的冷漠，时时处处感受到的是城市的温暖。"这是记者采访时很多人的共同感受。

"一座城市的温度来自一座城市的人所传递的元素。"上海市文明办领导感慨地说，再美好的东西，如果没有让你喜欢的温度，你就不会有靠近的渴望，而一座城市的温度并不在于它有多么悠久的历史，也不在于它创造了多少奇迹，而是生活其中的每个人的人性光辉。

2000年，普陀交警一大队查获了一名残疾男子用残疾车非法载客。民警没有简单对其处罚，在了解到这名男子家庭生活十分艰苦，只能靠开残疾车拉客赚钱养家糊口后，解囊帮困，资助他的女儿上学，人换了一茬又一茬，但资助从未间断。

2014年，一个跨越海峡的"父子情"故事被媒体宣传后，感动了整座申城。

中国工商银行上海市普陀支行的员工朱捷在业务往来中结识了来自台湾的杨银岳老人。后来，老人家庭突发变故，朱捷主动揽下照顾老人的活儿，衣食住行、生活起居都尽心安排。特别是最后几年，朱捷和家人、邻里一道，细心照料老人走完一生。

从最初的业务结缘，到最后的养老送终，朱捷用10年时光，践行了一个"老吾老，以及人之老"的凡人善举。

一座城市的文明创建，少不了驻守在这里的军人身影。2005 年 8 月 21 日，上海某预备役高炮师"东方爱民岗"正式挂牌。他们积极宣传党的创新理论、开展全民国防教育、组织扶老助弱服务等，被群众亲切地称为"贴心岗"。

围绕提高城市文明程度和市民文明素质的目标，上海近年来持续深化公民思想道德建设，开展道德模范、身边好人、精神文明十佳好人好事等先进典型评选，引导人们见贤思齐、崇德向善；推出"市民修身行动"，将"修身明德"注入公民血液，塑造良好的社会文明风尚，让这个城市更加温暖、多情。

在街头伤人事件中临危不惧、挺身而出的交通协管员方江，主动请缨参与隧道施工抢险、路见不平为市民追回钱包的战士尹欣欣，几十年如一日、尽心赡养家里家外三位老人的卢伟栋……

在上海，这样的暖新闻天天都在发生，一个个善行善举汇聚起一股股都市暖流，让每个生活在这座城市的人备感温暖亲切。

## 一支支志愿者队伍织就别样风景

不久前圆满落下帷幕的首届中国国际进口博览会，5527 名"小叶子"累计接待内外宾 86 万人次，信息咨询 485 万人次，交通引导 120 万次，圆满完成志愿服务任务。从世博会"小白菜"到如今的"小叶子"，身着红衣的青年志愿者们再次成为一道亮丽的风景。

2018 年国际志愿者日期间，国内首部省市级志愿服务蓝皮书《上海志愿服务发展报告（2018）》正式发布，用客观的数据、科学的分析、翔实的内容，勾勒出上海志愿服务事业 20 多年发展的清晰脉络，记录着上海志愿服务事业发展的坚实脚步，展现了提升上海城市能级和核心竞争力的志愿服务力量。

目前，上海全市已有实名注册志愿者 360 万、志愿服务组织 2.3 万多个，实现了社区志愿服务中心全覆盖，完善了市、区、街镇、村居四级志愿服务网络的目标。"奉献、友爱、互助、进步"的志愿精神，已成为越来越多的上海市民的基本生活方式和价值取向，助推上海的"城市温度"持续攀升。

学雷锋做志愿者签名板

免费理发、补鞋、磨刀、量血压……每月 10 日、20 日，南京路上好八连的官兵都会出现在南京东路步行街开展为民服务，风雨无阻，如今已经坚持了 36 年。

"八连是闻名全国的学雷锋集体标兵，更是上海这座城市的骄傲。"上海警备区政委凌希介绍，每月在南京路开展助民服务时，来自各行各业 145 家单位的志愿者服务队也都聚集过来，加入其中，被老百姓亲切地称为"不穿军装的好八连"。

在青浦朱家角景区，年轻的学生们用流利的外语将古镇风土人情娓娓道来；在金山，银杏小导游用纯真清澈的童音维持着景区秩序；在虹口，"海上旧里解说团"讲述着多伦路深厚的文化底蕴……

从熙熙攘攘的南京路到和风习习的黄浦江，从自贸区、张江科技园到农家小院、美丽乡村，哪里有需要的人群，哪里就活跃着志愿者的身影。

上海市儿童医院社工部主任钮骏是全国第一家为白血病患儿提供服务的"阳光爱心"志愿者网站发起人，吸引了 10 余万志愿者参加阳光爱心志愿者活动,建立的"阳光爱心"专项帮困救治基金募集500万元,帮助100多名困难患儿重获新生。

在"全国最美社区"浦东新区东明路街道,2014年以来,"学雷锋志愿服务集市"已连续举办了43期,现在已成为老百姓身边365天"不打烊"的"学雷锋志愿服务一条街"。

近年来,上海建立了雷锋纪念馆、学雷锋主题公园、雷锋广场、雷锋驿站等一大批学雷锋志愿服务文化地标,塑造了"老伙伴""随手公益""七彩爱心屋""乐邻互助站""拯救斑马线"等一大批扎根社区、服务民生的"邻里守望"志愿服务特色品牌,进一步增强了市民的获得感和幸福感。

## 一处处优美环境留住上海故事

2017年最后一天,上海市民如期收获一份"新年大礼包":历经多年努力,上海黄浦江两岸45公里岸线的公共空间正式全线贯通,并向民众开放。

上海最精华、最核心的黄浦江两岸,以前所未有的美丽姿态,重归民众怀抱。步行、跑步抑或骑行者,都可以在黄浦江畔自由地观览美景,呼吸新鲜空气。

到2020年,苏州河42公里岸线也将基本贯通。"请黄浦江和苏州河来述说上海故事",这是上海在黄浦江、苏州河沿岸规划建设时的核心理念。

黄浦江两岸和苏州河畔保留着不少老厂房、大烟囱等工业遗存,这些也同样是属于上海这座城市宝贵的历史记忆。他们注重保护好、利用好这些老建筑,并改建成面向公众免费开放的展馆,打造成更具历史积淀的人文水岸。

文明的城市离不开优美的环境。在未来的愿景里,上海被描述成"创新之城、人文之城、生态之城",将来,这里的建筑是可以阅读的,街区是适合漫步的,公园是最宜休憩的,市民是遵法的、诚信的、文明的,城市始终是有温度的。

这是一组令人欣喜的数字:2018年,上海新增林地7.5万亩,森林覆盖率达 16.8%,人均公园绿地面积达 8.2 平方米,全市城市公园总数达到近 300 座,向绿意盎然的森林都市又迈进了一步。

历史人文也是有温度的,要有温暖的载体。

2017 年 6 月 23 日,上海市静安区的一则处罚处理公告迅速刷屏:对违法拆除巨鹿路 888 号优秀历史建筑行为人王某罚款人民币 3050 万元,责令其在 10 个月内恢复建筑原状,同时,对相关政府责任部门及 10 名责任人员严肃问责。

为了一栋旧房子的被拆,巨额的经济处罚,众多的官员和责任人被问责,不仅仅在上海,就是在全国范围也算首例。

2005 年,上海确定了 144 条风貌保护道路(街巷),其中 64 条作为一类风貌保护道路将"永不拓宽",保留历史路形。这些永不拓宽的马路是展示上海城市发展脉络、延续城市文化的物质载体,集中体现了上海城市的精华和神韵,浓缩了上海的历史印象。

人才是喜欢上海才到上海来工作的。本着这样的理念,上海的城市管理者在补短板上下足了功夫。

他们大力整治违法用地、违法建筑、违法经营、违法排污和违法居住。安全隐患必须消除,违法无证建筑必须拆除,脏乱现象必须整治,违法经营必须取缔,打响区域环境综合整治的"攻坚战",市容市貌有了显著提升。

公厕内没有水迹、没有脚印、没有异味,这是一位公厕保洁员给自己定的标准。只要有人从厕所出来,她就会进去打扫干净;没有人上厕所时,她就会打扫外面的卫生。看到老人过来,她便会放下手中的拖把,上去扶一把,并帮老人把厕所间的门打开。

她就是"上海最美公厕保洁员"李成秀。上海是中国最干净的城市之一,这源于上海市民的文明素养,更离不开李成秀这样众多有着工匠精神的保洁员。

针对社会关注、市民关心的问题,上海抓住制约市民文明素质和城市文明程度提高的突出问题,深入基层倾听群众对提高市民文明素质和城市文明程度的呼声和期盼。

他们发起"倡导文明居住、规范文明行为"行动,针对高空抛物、乱扔生活垃圾、不文明饲养宠物等群众反映最为强烈的十类不文明居住行为，短短两周就收到约1300条建议。

## 一家家中外企业绽放热情活力

在上海中心第22层，有一个弧形的空中花园，这里空间被分隔成数个区域，有会议室、展示厅等，沿窗摆放着一圈白色沙发，绿植环绕，两侧书架的书籍整齐排列，形成一个读书角。这里就是上海中心的"金领驿站"，这里也是一个开放的"精神家园"。

区域内的教育培训、政策咨询、文化健身等资源汇集在"金领驿站"，为区域内企业、白领提供就近的便利服务。针对白领需求，这里经常推出像音乐欣赏沙龙、龙舟赛、楼宇登高节等各种活动，深受广大企业欢迎。

在陆家嘴，这样的金领驿站已有40个。

作为全球城市的上海，楼宇经济已成为上海经济社会发展的重要支撑。在浦东新区陆家嘴金融城这个"竖起来"的庞大社区内，252座高层楼宇、4万多家企业在此扎根，成为全球最具经济活力的地区之一。

"这个'店小二'真是拼了！"这句话最近在上海浦东新区行政服务中心广为流传。

"没想到速度这么快，程序这么简便，在一个窗口把材料送进去，当场就拿到了准予变更的通知书。"上海达美乐比萨有限公司证照事务部负责人糜海卿在服务中心提交材料后，分公司负责人的变更很快完成了，而这在以往可能需要3到5个工作日。

至本医疗CEO王凯也有同感。近日，他领取了一项发明专利的授权证书，这项授权从申请到批准仅仅用了70天时间。他惊喜地告诉记者："这要是在以前，至少需要3年时间。"

这是一组让人惊叹的数据：设立外商投资企业需提交材料由10多份减少至0，办理时间由8个工作日缩减至1个工作日；货物申报由1天缩短到半小时，船舶申报由2天缩短到2小时……

"政府要千方百计为企业提供良好服务，甘当服务企业的'店小二'。"上海市委书记李强要求，要让数据多跑路、百姓少跑腿，用公务员的"辛苦指数"换来群众的"幸福指数"、企业的"发展指数"。

每天上午 9 时，浦东企业服务中心大厅注册窗口都会准时打开，随后大量企业经办人带着材料涌入。

"一天要经办 200 多份企业注册执照，每天都会遇到新问题。"自贸区注册许可分局企业注册科副科长施文英说。据介绍，随着上海持续优化营商环境，政府部门深化"店小二"服务理念，积极落实各项政策举措，确保企业安心谋发展。

2018 年上半年，上海市政府举行第 28 批跨国公司地区总部颁证仪式，市长应勇为新认定的 36 家跨国公司地区总部颁发证书，至此，全市累计引进跨国公司地区总部 634 家。

一家家中外企业之所以在上海"安家落户"，除了这里优越的宜居环境、优质的基础设施条件等优势，更多的还是上海城市的高度文明和高效服务。正如登士柏西诺德公司中国区总裁普拉特所说，上海具有强大的人才吸引力，优质的营商环境有助于公司高效地投资决策、便捷地管理，成为设立总部最理想的城市。

最新版的负面清单管理措施已减少至 45 条，一批创新成果复制推广全国……上海正以更高水平的开放、更深层次的改革，拥抱更加美好的未来。

## 一项项务实举措兑现庄严承诺

在浦东新区市新居民区"家门口服务站"，75 岁的周阿婆想了解一下社保卡支出情况。工作人员帮其读取完身份信息后，在远程系统的另一端，区社保中心的工作人员就可以帮其办理业务，不到一分钟，流水单完成打印，省了老人许多时间和脚力。

上海老龄化日益严重，为了服务好老年人，上海把城市精细化管理与党建服务相结合，在一点一滴的细节改进中，老年人办事更方便了，生活质量提高了，他们的幸福感也逐步提升了。

杨浦区嘉兴街道的"市民驿站"最近有点红，不仅仅因为习总书记曾来这里考察，更是因为这里是切切实实让老年人感觉"温暖如家"的地方。

在这里,学习、娱乐、吃饭、午睡都能够实现,学书法、学烘焙、学习一下怎么用微信,这些活动都让他们在古稀、耄耋之年依然保持着感触生活的活力。这样的"市民驿站"仅嘉兴路街道就已开设了5处,而在整个虹口区内,则已有35处之多。

提高整个城市的文明程度,培育浓厚的人文关怀和文明风气,把上海建设成一个"有温度的城市",这是上海市委、市政府对上海市民美好愿景的庄严承诺。

修订《上海市文明城区测评体系》《上海城市文明进步指数》《上海市精神文明创建工作标准》等法规,通过我国首部关于社会信用体系建设的综合性地方法规《上海市社会信用条例》,发布《上海市民文明居住行为规范》《上海文明交通三年行动计划》……一项项务实举措密集出台,加速城市精神文明建设不断推进,让生活、工作和居住在这里的人们始终感受到城市的热情和活力。

24小时营业的1300余家便利店,几乎遍布市区所有街角;超过1000个户外职工爱心接力站为环卫工、快递员、协管员、出租车司机、交警辅警等户外工作者们提供温馨服务……

幸福感,是一座城市温度的来源,城市的功能再多,最根本的还是为其中的人提供温暖的回忆与幸福的感受,所以一座城市的情感定位要远远重于其他,这样才能成为一座有温度的城市。

在江西永新县三湾乡,占地2000平方米的菌类种植示范基地带动80余户贫困户参与产业发展;在福建上杭县南阳镇,军地协作稳步推动老区特色产业转型升级。

"子弟兵用实际行动兑现帮扶老区承诺。"上海警备区司令员张晓明介绍,2015年4月,警备区正式启动跨区帮扶赣南、闽西、苏北、井冈山、大别山五个革命老区共38个贫困村的工作,200余个实事项目饱含着子弟兵造福革命老区的迫切心情。

海纳百川的上海,在全民共建文明、共享文明的大道上再一次走在前列,让城市更加温情脉脉,让世界遇见不一样的"申城美"。

（摘自《雷锋》杂志 2019年第1期）

# 在上海感受"雷锋文化现象"

窦　芒

五月的上海，百花吐艳，天蓝气爽。《雷锋》杂志总编辑陶克、副总编辑程关生一行兴致勃勃地来到上海的学校、雷锋场馆考察调研，切身感受党的诞生地上海浓厚热烈的学雷锋热潮和融入城市血脉的"雷锋文化现象"。

如何贯彻习近平总书记关于学雷锋要从娃娃抓起的要求，将"榜样育人"融入校园文化，建设新时代"雷锋学校"，培养新一代"雷锋式青少年"？

在金山区朱泾小学和闵行区莘城学校，陶克、程关生等通过实地察看，听取汇报，与师生座谈交流，深切感受到青少年对雷锋精神的渴求，增强了对创办雷锋学校的信心。

## 朱泾小学——打造全景式雷锋校园

朱泾小学作为上海市雷锋特色学校，几十年来秉承雷锋精神，先后成为全国学雷锋学校基地、全国学雷锋先进集体。在2013年全国雷锋学校联盟论坛上，学校发起"服务他人，成长自己"的新常态学雷锋行动倡议，得到全国18所雷锋联盟学校的响应。他们坚持办"有精神的学校"，做"有故事的教育"，育"有志向的孩子"，以"小作为"弘扬"大精神"的探索，得到了业内外人士的肯定和赞扬。

在朱泾小学干勤欢校长的引导下，陶克等参观了朱泾小学校园环境，听取彭德明书记介绍了学校30年学雷锋的经历及成效。在雷锋体验馆，学校教科室主任彭国健介绍了学校学雷锋"实践化、课题化、课程化"三个阶段成果,一幅幅图片与文字,记录着雷锋事迹,也记录着在雷锋精神感召下朱泾小学的办学成效。

经过30多年的积淀,朱泾小学匠心打造新时代雷锋教育全景式校园环境,充分发挥校内一草一木、一廊一道的育人功能,突出榜样主题,处处散发出雷锋精神教育的迷人芬芳,让学生在耳濡目染中拓展知识,启迪智慧,陶冶情操,引导校园文化向健康、高雅方向发展。

校园雷锋足迹"一馆、一墙、一林、一棋、一塑像"视觉文化系统,构成了雷锋精神"五个一"课程。墙上有"十佳教师、后勤园丁、雷锋少年"的身影,电视台、升旗台有"身边的感动人物""为我们服务的人"的故事。新生进校第一课,必是校长领着,在雷锋故事的熏陶下,让雷锋精神的种子在幼小的心田里生根发芽,以雷锋精神奠定学生人生的底色。

陶克等被学校几十年如一日坚持用雷锋精神建校育人的成功做法和经验所感动。他盛赞朱泾小学处处有雷锋气息,实实在在以雷锋精神指导校园文化,以雷锋精神指导教育教学,做到看有榜样、心有榜样、做有榜样,是一所名副其实的全国学雷锋示范学校。

## 莘城学校——争创雷锋学校

"以雷锋精神办学,用雷锋文化育人",莘城学校把"人格塑造与智能培养的和谐统一"作为学校教育的指南,自办学以来,始终坚持开展学雷锋活动,特别是近年来,更加系统地思考、研究与践行学雷锋活动。

雷锋杂志陶克总编等在上海考察

在闵行区莘城学校,陶克、程关生等听取了校长祁建敏有关创建雷锋学校"一二三四"思路和行动的汇报。一个目标：创建全国雷锋学校。两个系列：知系列，行系列。三个层次：优秀、合格、须努力。四个结合：师生结合、课程结合、家校结合、评价结合。

随后，一行人实地观看了学校的雷锋文化布置、雷锋事迹展览、雷锋作业展评和雷锋文艺表演，并与部分师生围绕"如何使雷锋精神入校、入脑、入心"进行了讨论交流。陶克、程关生勉励学校继续咬定目标、创新形式、坚持常态，创造出有时代特征的建设雷锋学校经验，力争成为首批雷锋学校。

纪念馆、收藏馆、展示馆、驿站等雷锋展馆是上海学雷锋活动中一道亮丽的风景。陶克、程关生等兴致勃勃地来到崇明雷锋纪念馆、地铁雷锋馆参观考察。

## 雷锋纪念馆——雷锋精神深扎民间

由民间学雷锋带头人王树源牵头创办的崇明雷锋纪念馆已走过10个年头。听了王树源老人对当年历经辛苦、克服困难建馆的回忆和介绍，大家深为感叹，赞许不已。在纪念馆的"雷锋讲堂"前，陶克即席演讲，深情阐述雷锋精神的崇高和伟大。

## "雷锋在地铁"展示馆——雷锋精神展示新平台

"让地铁充满雷锋的微笑，成为有温度、可阅读的空间。"

由上海申通地铁集团第四运营有限公司牵头浦东前滩地区三林镇等六家辖区单位，历时一年多筹建的沪上首座"'雷锋在地铁'展示馆"，建于人流集中的地铁6、8、11号线东方体育中心站。

陶克等一行慕名赶来参观学习。

地铁有关领导介绍说，"雷锋在地铁"展示馆通过"地铁＋社会共治"的模式，引入社会资源，拓宽服务平台、文明创建内涵，为致力于志愿服务的团队搭建载体，让地铁成为精神文明建设和青少年教育的基地。展示馆由"两室一厅"组成，分"'海上霞光'学雷锋工作室""海上霞光'雷锋宣讲室""'海上霞光'雷锋展示厅"三大部分。工作室由联建单位轮值现场服务,为有需要的乘客提供便民服务,为参观者进行讲解,遇重大赛事时疏导现场客流,保障地铁秩序。

陶克被上海独具特色的雷锋文化所感动,欣然在留言簿上写下:

**"雷锋常驻上海地铁,全国首创。"**

(2019年5月27日 《雷锋》杂志微平台)

# 一、 雷锋展馆　构建道德圣殿

# 上海雷锋纪念馆建成开放

崇 文

2013年3月5日上午,上海雷锋纪念馆正式对外开放。中共上海市委宣传部副部长、文明办主任燕爽出席开馆仪式并讲话。

雷锋生前所在连连长虞仁昌深情讲述雷锋的故事。全国劳模包起帆、曹道云、沪上"活雷锋"徐虎等先进人物代表出席活动。

崇明县青年志愿者、中学生代表发出倡议:"只要我们从现在做起,从身边的小事做起,多尽自己的一份责任,多给他人一点温暖,一定能不断传递我们年轻一代昂扬向上的正能量,让雷锋精神在新的时代永放光芒!"

上海雷锋纪念馆雷锋像揭幕

上海雷锋纪念馆坐落于全国文明村、崇明县竖新镇前卫村,2009年,由上海浦东高行镇学雷锋"爱心妈妈"志愿服务发起人王树源倡议,并得到上海市文明办、崇明县文明委大力支持,当年5月4日在崇明竖新镇前卫村建成开馆。

纪念馆建成运行以来,全市各学校、企事业单位及众多社会团体

10多万人到雷锋纪念馆学习考察,显示了大众对学习雷锋精神的强烈需求,在推进社会主义核心价值体系建设,倡导和传承中华民族传统美德等方面发挥了积极作用。

为认真贯彻党的十八大关于推进学雷锋活动常态化的精神,按照市文明办提出的"以阵地建设为抓手,大力开展学雷锋活动,把雷锋纪念馆建成全市性的爱国主义教育基地、志愿者服务基地"的工作要求,2012年以来,在上海市文明办、崇明县文明委的关心指导下,在安信农业保险股份有限公司、抚顺市雷锋纪念馆、崇明县教育局的大力支持下,原上海雷锋纪念馆进行了整体修缮。

2013年3月5日,上海雷锋纪念馆重新开馆,并对公众开放。修缮后的雷锋馆面积300平方米,内部布局分为"领导题词""平凡而又伟大的一生""永恒的精神""感受雷锋""踏着雷锋的足迹"五个板块。其中"领导题词"板块收录了雷锋逝世以来,党中央主要领导关于学雷锋的题词;"平凡而又伟大的一生"板块分为雷锋苦难童年、学生时代、参加工作、光荣参军、永生战士五部分,着重介绍了雷锋短暂而伟大的一生;"永恒的精神"板块以日记、故事、照片为主要形式,诠释了雷锋爱党爱国的坚定信念、助人为乐的宝贵品格、敬业奉献的高尚情操、锐意创新的进取精神和艰苦奋斗的优良作风;"感受雷锋"板块以雷锋精神微讲坛、学雷锋影视宣传、多媒体互动等为形式,开展"了解雷锋事迹,传承雷锋精神"主题宣教活动;"踏着雷锋的足迹"板块以图片、文字等形式,展出群众学雷锋的经验和先进典型,不同时代的道德模范、好人好事、优秀志愿者,展示全市军民学雷锋事迹,诠释雷锋精神的时代意义。

今后,上海市文明办和全市各区县委办局精神文明建设部门将组织本市中小学生、志愿者、部队子弟兵、文明系列单位干部群众到纪念馆参观学习,引导大家走近雷锋、了解雷锋,使之成为引导全社会弘扬雷锋精神、践行志愿服务精神的一个重要基地。

上海市文明办、崇明县文明委、各区县文明办有关人员,全县志愿者、中学生代表,驻崇部队子弟兵代表参加了开馆仪式。

(2013年3月6日　上海文明网)

# 全年无休,雷锋精神在崇明传承

丁沈凯

2009 年,本着"钱袋子鼓了,脑袋不能空"的朴素愿望,竖新镇前卫村与热心公益的浦东人王树源合作建立上海崇明雷锋纪念馆。这个纪念馆就是如今上海雷锋纪念馆的前身。多年来,上海雷锋纪念馆累计接待游客 10 万余人次,雷锋精神在传承中熠熠生辉。

**陶克等参观上海雷锋纪念馆**

3 月初,"3·5"学雷锋日始终是人们绕不开的话题,谁是崇明离雷锋最"近"的人?那应该是上海雷锋纪念馆负责人周海丽。上海雷锋纪念馆坐落于竖新镇前卫村,前身是上海崇明雷锋纪念馆。2009年,上海崇明雷锋纪念馆由上海浦东高行镇学雷锋"爱心妈妈"志愿服务发起人王树源倡议建立,并得到市文明办和崇明区政府的大力支持,当年5月4日建成开馆。2012年纪念馆闭馆改造,并于2013年3月5日正式对外开放。整个场馆面积300平方米,布局分为"领导题词""平凡而又伟大的一生""永恒的精神""感受雷锋""踏着雷锋的足迹"等5个板块。多年来,纪念馆累计接待访客10万余人次。

最初的几年,周海丽一年只忙半个月。因为只有在3月5日前后,才有大批参观者纷至沓来,最多时一天接待超过1000人。"那几天我和讲解员就是香饽饽,忙得分身乏术,但只要雷锋纪念日一过,找我的人一下子就少了。"周海丽带着些许自嘲。而这两年,3月5日前后参观者比以往少了许多,难道连学雷锋的"一阵风"也不刮了?

周海丽却说自己比以前更忙了。在"七一",在寒暑假,在平常工作日,总有个人或团队慕名前来参观,纪念馆365天全年无休。她掏出一本厚厚的来访者登记册,来自崇明、上海市区和全国各地的访客纷纷留下了自己的姓名。"参观者看得格外认真,还向纪念馆指出一张图片上雷锋穿的军装不是那个时代的样式、文字说明里有个错别字等错误。"周海丽说道。

就在前几天,江苏南通人单金生慕名前来,向纪念馆捐赠《雷锋日记选》《毛主席的好战士雷锋》等十余册书籍和由钉子制作而成的雷锋像工艺品。单金生从小深受雷锋精神影响,看到纪念馆内翔实的雷锋资料,大受触动,决定将多年来收集的珍贵实物送回"家"。"人们都没有忘记雷锋,这几年越来越多人想了解雷锋,学习他的宝贵精神。"周海丽欣慰地说。

在周海丽看来,雷锋精神的内涵是十分丰富的,无私奉献、乐于助人、艰苦奋斗、好学上进、诚实友善等都是雷锋精神的实质。"其实'活雷锋'就在我们身边,你看那些活跃在崇明'创城'和垃圾分类等工作中的志愿者,他们就是具有志愿服务精神的活雷锋。"前卫村也依托纪念馆这一平台,广泛开展思想德育和志愿服务活动,"道德讲堂"和学雷锋系列活动成为该村的品牌活动。

至于如何才能把雷锋精神更好地传承下去,周海丽也有自己的看法。"首先一点是要树立身边的典型,让普通人有可以学习的对象。"她举了一个例子,上海建桥学院的学生,在就读期间,凡学生利用课余时间参与扶贫帮困、尊老爱幼、义务家教、法律援助、环保行动等公益活动累计满 30 小时的,可获得 2 个学分。而学校每年会评选雷锋奖,10 多年来已有 5000 多人次获得金银铜奖,获奖者的感人故事在校园里传播,更有毕业生因为获得雷锋奖而被心仪的求职单位优先录取。这些校园里的"活雷锋"成为师生们纷纷效仿的对象。

"学习雷锋还要从娃娃抓起。"这是周海丽在纪念馆工作多年后的另一大感受,"小孩子就像一张白纸,更容易受到雷锋精神的感染。"一个月前,上海金汇小学的师生前来参观纪念馆,在参观结束后,孩子们纷纷用稚嫩的文字写下了自己的观后感,周海丽看后大为感动。"我们可以根据孩子的特点,教育他们从小事做起,关心自己的父母、长辈以及自己周边的人,爱护环境,保护生态,这又何尝不是一种学雷锋呢?"

(2018 年 3 月 5 日　搜狐网)

# 上海高校首家雷锋馆落成

姜泓冰

"这是对雷锋同志最好的纪念,也是对雷锋精神最好的传承和发扬。"3月3日,中共上海市委宣传部副部长、市文明办主任潘敏在建桥学院雷锋馆开馆仪式上评价道。作为本市高校首家以雷锋为主题的纪念馆,上海建桥学院雷锋馆自开馆首日起,免费向社会公众开放,建桥学生也将志愿讲解场馆"雷锋其人""雷锋精神""雷锋在建桥"的展区故事,希望借此让雷锋精神辐射更多院校和周边社区,引领社会向上向善的道德风气。

开馆仪式上,中共上海市委宣传部、市教卫工作党委、雷锋生前所在连队连长虞仁昌、临港校企与政府、市文明办志愿服务工作处、雷锋杂志社、团市委社会组织部、市教委民办教育管理处、上海雷锋纪念馆等诸多单位的领导与嘉宾响应雷锋精神号召,从四面八方而来,相聚一堂,忆往昔故事,看今朝传承。

"在建桥,学雷锋不是一阵风。"当天的开馆颁奖仪式上,学校为28位2016年雷锋金奖获得者颁发了纯金奖章。实际上,该校已连续12年颁发雷锋奖章,共有5600余人分获金银铜奖,里面有见义勇为、捐献干细胞等影响很大的好人好事,但更多的获得者默默无闻;有的同学志愿服务每年达1000小时,有的同学连续数年坚持义务帮学习困难学生补课……

从2005年设立雷锋奖章开始,在这所全校上下皆"锋丝"的学校,学雷锋主题活动已成为建桥学院培育弘扬社会主义核心价值体系的重要载体,进入了全覆盖、常态化、长效化的机制运行。学校将雷锋志愿

者活动纳入素质拓展学分体系,参加公益活动累计满 30 小时,可获得
2 学分;校团委提出"天天雷锋、随手公益"口号,每月第一个星期六设
为雷锋日;设立建桥学雷锋志愿者总队,下设各学院支队;校后勤在每
月雷锋日为全校师生免费提供修理、医疗服务;新闻传播学院实行"守
护神"计划,通过老师带新生的方式,帮助学生调整入学心态,解决生活
困扰⋯⋯

　　高校是培养人的地方,通过学雷锋,建桥的师生正积极影响自己的
身边人,也成为善良有爱心的"雷锋",学校培养的雷锋式的毕业生也收
获了社会的肯定。令上海建桥学院董事长周星增印象深刻的是,一位
毕业生向他报告喜讯,说自己刚被一家知名企业录取,这家企业就连复
旦、交大的一些高才生都很难进去。学生道出了秘密,说他应聘时拿出
雷锋奖章,人事主管问了这枚奖章的含义,就立刻决定录用,连毕业证
书都没有看。

　　周星增表示:"名牌大学、重点大学,目标可能是培养类似钱学森这
样的领军人才。但社会除了需要这样的精英人才外,同时还需要一大
批踏实勤奋、敬业爱岗、乐于奉献的雷锋式劳动者。"他希望建桥师生如
桥一样,"'忍辱负重,成就他人'⋯⋯多奉献自己,多支持别人,不仅要
借助别人的桥前进,更要为别人造桥。"

　　上海市教卫工作党委巡视员李瑞阳认为"雷锋精神具有跨越时空
的先进性和强大的生命力⋯⋯它与高等学校的思想政治工作高度统
一。建桥学院通过学习雷锋、弘扬雷锋精神来推进思政工作,提高了亲
和力、针对性和有效性。"

　　活动当天,感动上海十大人物陈慧娟女士向学校捐赠了精装《雷
锋》杂志,它将与其他"雷锋迷"为建桥雷锋馆捐赠的书刊一起,入驻学
校 400 余平方米的雷锋馆。此外,上海师范大学原校长杨德广捐赠的
5000 棵雷锋林树苗,将在未来与学校雷锋馆、雷锋铜像一起,成为学校
弘扬雷锋校园文化场所的一部分。

(2017 年 3 月 4 日　人民网)

# 建桥雷锋馆，师生精神成长的殿堂

桑 正

建桥雷锋馆是上海高校中首家雷锋主题纪念馆，自 2017 年 3 月 3 日开馆以来，接待全国各地参观者逾两万人次，得到《人民网》《新民晚报》等主流媒体关注报道。作为开展爱国主义教育、革命文化和社会主义先进文化教育的主要场所，学校持续强化雷锋馆内涵建设，大力发挥其育人功能，将其打造成为建桥师生精神成长的殿堂，临港乃至上海地区开展学雷锋德育实践、以社会主义核心价值体系引领大学生思想政治教育的重要平台。

建桥学院雷锋馆

## 一、雷锋馆概况

建桥雷锋馆占地 400 多平方米,以多元化方式呈现生动鲜活的雷锋形象,展示该校弘扬雷锋精神德育实践成果,鼓励师生从身边的小事做起,通过"提升自我,服务他人与社会",不断将爱党爱国、助人为乐、敬业奉献、创新进取等雷锋精神内涵付诸实践。展出内容分为三大板块。

**"雷锋故事"**讲述雷锋生平,展示其"有朝气、有目标、有抱负的阳光青年,有血肉、有思想、有情感的可爱青年"形象,从"爱党爱国的坚定信念""助人为乐的宝贵品格""敬业奉献的高尚情操""锐意创新的进取精神""艰苦奋斗的优良作风"五方面入手,阐释雷锋精神本质内涵。

**"雷锋精神"**展示历届党和国家领导人为雷锋同志题词手迹(照片)、50 多年来全国学雷锋先进人物代表事迹等内容,旨在阐明雷锋精神的强大生命力在于始终与时代需求对接,是与时俱进的精神标杆,是跨越世纪的宝贵财富。我们今天倡导的雷锋精神,是对雷锋事迹表现出来的先进思想和崇高品质的总结,也是不同时期学雷锋实践成果的结晶。

**"雷锋在建桥"**展示建校以来弘扬雷锋精神成效做法,包括顶层设计、长效机制、品牌活动、先进典型、社会反响、经验提炼等,强调将学雷锋融入教书育人全过程。馆内还设有雷锋讲堂,配备音响、电脑、投影仪等设施,以便开展各类主题活动。

## 二、雷锋馆育人成效

雷锋馆开馆以来,40 多名在校生组成志愿服务队,以贴近学生、贴近生活的语言讲述"雷锋故事"与"建桥师生学雷锋的故事",得到校内外好评;校党支部组织生活会、学雷锋主题班会、《奉献中国》系列课程、新时代雷锋精神与高校思政工作研讨会等活动,经常在雷锋讲堂举行。雷锋馆逐渐成为建桥师生精神成长的殿堂、面向校内外开展理想信念教育的有效载体。

1. 典型示范,选树弘扬雷锋精神"领头雁"

建校以来,上海建桥学院大力倡导培养"踏实勤奋、爱岗敬业、乐于奉献"的雷锋式大学生,设立金银铜质学生雷锋奖章,表彰在义务献血、帮困助学、见义勇为、社会服务等方面做出成绩的学生;后增设教师雷锋金奖,鼓励专业教师积极探索弘扬雷锋精神融入人才培养的有效途径,不断提高全体教职工德育意识与德育能力。雷锋馆与校园网、微信公众号等"两微一端"新媒体阵地联动,全方位展示获奖师生典型事迹与高尚风范,定期在雷锋讲堂中举行事迹报告会、访谈交流等活动,使雷锋金奖获得者成为全校师生标杆,形成师生共举学雷锋讲奉献的良好风气。

**在雷锋金质奖章获得者激励下,**建桥学生从刚入学的懵懂、对国家时政漠不关心,到毕业前踊跃应征入伍、参与西部计划等国家项目,表现出强烈的社会责任感。2011年至今,学校连续超额完成征兵任务,累计向部队输送500多名优秀学生,40多名学生成为西部计划志愿者,前往西藏、贵州等地服务,获得广泛好评。如"雷锋金质奖章"获得者马世华2014年5月成为西部计划志愿者,前往贵州绥阳县希望小学支教,完成本职工作外,还帮助该县洋川镇筹备举办电商节,助力当地经济发展。服务期满后,她决定继续扎根支教,在磨砺与成长中绽放青春。

**在教职工雷锋奖获得者带动下,**"培养雷锋式大学生"成为教书育人共识,教师在育人过程中不断受到雷锋精神的洗礼与感召。如机电学院刘立华老师组建3D打印工作室,24小时开放,随时指导学生开展科技创新活动,并于暑假期间组织同学设计研发3D打印、机器人启蒙课程,为南汇新城镇地区中小学生义务授课,服务社会,提升自我。刘立华老师表示:"教师是一种职业,而职业就是一种责任。我既然做了教师这个职业,就要对我的学生负责,能让学生获得更多技能、多得一点实际利益的事,我就多做。"

2. 机制完善,弘扬雷锋精神思政育人再上新台阶

通过建设雷锋馆、梳理建校以来学雷锋德育实践成果、提炼特色经

验,学校进一步完善顶层设计,依据民办高校大学生特点与成长、成才规律,把"学雷锋"划分为面向大一新生的雷锋精神认知培育、面向在校生的雷锋精神践行和毕业学生的服务社会三阶段,坚持"课程育人""实践育人""文化育人"三结合,以弘扬雷锋精神为核心构筑整体育人格局,不断提升思政工作的针对性、有效性。

**课程育人,弘扬雷锋精神融入课堂主渠道。**以"课程思政"为载体,将弘扬雷锋精神融入课堂主渠道,设立校级示范课 13 门,院级示范课 27 门,"服务学习"项目 7 项,涵盖思政必修课、"奉献中国"思政选修课、专业教学与实践,启发学生思考当代学子怎样学雷锋,引导学生发挥专长学雷锋,将实现个人理想与弘扬雷锋精神紧密结合,融入实现"中国梦"与中华民族复兴的伟大进程。

**实践育人,弘扬雷锋精神融入实践能力培养提升。**校团委成立上海建桥学院学雷锋志愿服务队,下辖各二级学院支队,与上海科技馆、紫罗兰小学等 30 多家社会单位合作,共建志愿服务基地,长期开展以志愿服务为主的德育实践,在校生年平均参与志愿服务达 5000 人次;2018 年 11 月,首届中国国际进口博览会期间,168 名学生志愿者参与统筹宣传、外事接待、安全引导等工作,其专业化、规范化的服务得到主流媒体关注。2019 年 2 月 27 日,上海市青年志愿服务基地在校揭牌成立。建桥将对标"高站位、上水平、求实效"要求,优化校学雷锋志愿服务队建设,结合雷锋馆建设,大力推广雷锋志愿者文化,积极辐射周边地区,为本校及临港高校大学生打造新时期雷锋精神培育践行的高质量平台。

**文化育人,弘扬雷锋精神融入师生激励评价。**在学生培养上,将学雷锋志愿活动纳入素质拓展学分,学生凡利用课余时间参与各项志愿服务累计满 30 小时,可获 2 学分;推出"文明修身 0 学分"课程,要求在校生至少参加一学期以清洁校园为主的实践教育,培养吃苦耐劳精神与文明环保意识。在教师规范上,强调专业教师的育人责任,规定每位专业教师至少担任一个班级的专业导师,承担一项学生服务项目,纳入日常考核与职称评审。在师生共同努力下,"学雷锋"已成为富有建桥特色的校园文化标志。

3. 文化辐射，引领高校共议新时代如何传承雷锋精神

随着雷锋馆参观人次的不断增长，上海建桥学院"弘扬雷锋精神，推进思政育人"举措得到社会各界关注。2017年11月，学校获评全国学雷锋先进单位。2018年1月，全国部分省份党委教育工作部门主要负责人、教育部直属高校党委书记校长等一行来校，观摩思政课必修课《马克思主义原理》、思政课选修课《奉献中国》教学，参观雷锋馆，认为弘扬雷锋精神思政育人提升了民办高校思政工作的针对性、有效性。

2月11日，《光明日报》头版新闻《公办与民办师资共享、课程共建——上海创新思政教育同城协作》关注学校以弘扬雷锋精神为载体创新思政教育，该报道也被中央人民政府网站、教育部网站、《人民日报》、澎湃新闻等主流媒体平台转载发布；2018年3月5日，纪念毛泽东主席"向雷锋同志学习"题词55周年之际，《中国教育报》刊登文章《弘扬雷锋精神，推动思政育人》，报道学校以雷锋精神为引领，以卓越建桥计划为载体，深化内涵式发展；6月，《学习雷锋"桥"为径——上海建桥校园文化培育成果巡礼》出版发行，向全社会推广建桥弘扬雷锋精神思政育人经验成效；《用新时代雷锋精神构筑思政格局，提升民办高校整体育人针对性有效性》获评上海市教学成果一等奖。

在此基础上，学校成立"新时代雷锋精神研究中心"，连续举办三届"新时代雷锋精神与高校思政工作研讨会"，邀请全国、上海高校思政工作者深入开展交流研讨，致力于新时代雷锋精神理论价值与育人价值研究，深入阐发雷锋精神超时空、超地域的永恒性，不断探索、建立、完善将弘扬雷锋精神与人才培养密切结合的长效机制，使"学雷锋德育实践"成为培养社会主义建设者与接班人的有效途径。

## 三、以"三个融入"不断强化雷锋馆育人功能

学校将以持续深化雷锋馆建设为载体，通过"三个融入"，不断探索弘扬雷锋精神整体育人机制。进一步发挥主渠道作用，把雷锋精神融入"三个课堂"。将参观雷锋馆、担任讲解员、"讲好雷锋故事和建桥师生学雷锋的故事"作为在校生思政教育的重要内容，抓牢"第一课堂"，

以雷锋精神为主要内容推动教学内容与方式的改革,增强思政课的说服力、吸引力、感染力与亲和力;用活"第二课堂",打造大学生服务平台,强化雷锋馆实践育人功能;引领"网络课堂",形成网上雷锋馆和校园网、微信公众号"一体两翼"式思政网络阵地,唱响网上主旋律。进一步发挥评价指挥棒作用,把雷锋精神融入核心素养。将雷锋馆作为展示建桥在校生社会主义核心价值观培育践行成果与文明素养的主要平台,根据民办高校学生特点,把雷锋精神"基因式"植入建桥学生核心素养内容,注重学习成效,构筑"目标—设计—实施—评价—改善"完整体系,使思政工作可操作化、可评价化。进一步发挥校园文化辐射作用,把雷锋精神融入区域党建联建工作。进一步整合雷锋馆、雷锋广场、雷锋林等文化设施,构筑"雷锋文化",持续辐射周边地区;加强与"两新"组织党建联动,广泛开展以学习宣传雷锋精神为主题的演讲比赛、读书征文、电影展播、文艺演出等活动,使雷锋精神在区域共建中凸显独特的文化魅力。

(作者系上海建桥学院宣传部领导)

# 上海市中心城区有了"雷锋收藏馆"

窦　芒

新年伊始,位于上海中心城区陕西北路的上海雷锋收藏馆正式开放,馆内展出的千余件藏品使沪上市民重温了雷锋和雷锋传人的大爱情怀。

记者了解到,上海目前有五六家雷锋纪念馆,但都位于崇明、松江、奉贤等郊区,市民参观很不方便。为了在市中心城区建立一座传播雷锋精神的固定展馆,上海市收藏协会雷锋收藏沙龙主任范振和联手一批雷锋的"粉丝"和收藏爱好者将享有"沪上活雷锋"之称的江澄源原来的场地进行整修和充实。他们还专门赴东北雷锋纪念馆考察,收集习近平总书记在参观雷锋纪念馆时的讲话和图片,经过半年多的筹备,场馆于元旦前重新开放。

作者参观上海雷锋收藏馆

改建后的场馆虽然面积较小,但馆内近50种、千余件展品却弥足珍贵。

其中,一个玻璃展柜内的8本《中国青年》杂志吸引了不少人驻足观看,这是浦东新区收藏协会会长冯建忠的藏品。他表示,这其中包括于 1963 年 3 月 2 日发表毛泽东"向雷锋同志学习"题词的那本,还有一本有油画封面的也同样珍贵。"这幅油画描绘了雷锋同志在军舰上给海军战士们做报告的场景,很多人不知道,我把它给'挖掘'出来了。"在另一个玻璃展柜内,一个用于挂日历牌的木刻雕版也很引人关注,只见这上面有着寒梅图案浮雕和"向雷锋同志学习"的浮雕字样,显得十分精致。徐汇区收藏家协会副会长徐恒皋告诉大家,这是他在上世纪 90 年代从藏宝楼"淘"来的,这种民间传统木雕创作极其罕见,据推测这个藏品大约诞生于 1964 年至 1965 年间。此外,1963 年 3 月 5 日刊登毛泽东"向雷锋同志学习"题词的《人民日报》等早期的宣传画、纪念邮票,印有雷锋头像的练习本等也不时勾起观众的美好回忆。

展馆正门处,江澄源用过的第一辆由残疾车改造的"雷锋车"作为镇馆之宝引了人们的关注。普陀区收藏协会会长黄振炳给大家义务讲解说,老江当年在部队时曾因多次救火救人而导致伤残。离开部队后又因救学生而被卡车撞倒,在医院昏迷九天才苏醒过来。退休回沪后,身残志坚的他又借钱购买和改装了一辆残疾车,行驶在大街小巷,为有需求的市民提供帮助。如今他已用坏了四辆车,他的车头挂着雷锋画像,车上装着小药箱和工具箱,他还带着灭火器、拐杖、扫帚和铁铲等一大堆工具。

范振和说,筹办收藏馆的宗旨是学习雷锋,奉献社会,通过常态化的活动,弘扬红色文化,让雷锋精神代代相传。据了解,上海雷锋收藏馆开馆得到全国及上海雷锋传承人的大力支持。上海媒体做了及时报道,收藏馆收到全国各地雷锋馆、雷锋学校、雷锋藏友发来的祝贺信件近千件,前来参观的市民络绎不绝。

（2019 年 1 月 3 日　《雷锋》杂志微平台）

# 上海"雷锋在地铁"展示馆开馆

窦 芒

2017年3月5日是毛泽东同志发表"向雷锋同志学习"题词54周年的纪念日。下午,虽然大雨滂沱,但"雷锋在地铁"展示馆在地铁6号线东方体育中心站隆重开馆。地铁站有雷锋展示馆,开创了历史上的先河。上海地铁第四运营有限公司党委书记韩骏、总经理伍敏,上海新四军"沙家浜"部队历史研究会会长刘石安,雷锋生前的连长虞仁昌,上海浦东新区高行镇"爱心妈妈"陈慧娟,上海雷锋纪念馆发起人王树源及浦东三林镇、轨交民生派出所、世博园区公安处、久事体育东体分公司、浦东消防支队世博大队等单位的代表共100余人出席,携手共庆"向雷锋同志学习"题词发表54周年,热烈祝贺"雷锋在地铁"展示馆开馆,积极响应习总书记关于"做雷锋精神的'种子',使雷锋精神在祖国大地上得到广泛传播"的指示。

## 开创了历史上的先河

地铁是大城市最重要的公共交通设施,它具有快捷、舒适、方便的优势,老百姓很喜爱这种交通工具,因此上海地铁的乘客数量居高不下。地铁6号线东方体育中心站地处浦东前滩地区,又是东方体育中心的所在地,人流繁多,地铁工作人员除了做好优质的服务工作外,他们还敏感地看到了传承红色基因的优势。于是在领导的支持下,在"爱心妈妈"团队的协助下,工作人员利用站台空隙、夹道墙壁等空间布置了宣传雷锋精神的图片、报道等。虽然比较简陋,但从乘客候车时关心的情况来看,效果较好,于是就有了建立"雷锋在地铁"展示馆的创意。地铁党总支为了深入贯彻习总书记关于"使雷锋精神在祖国大地上得到广泛传播"的指示精神,联合前滩地区的七家辖区党建单位,引入社会资源,丰富党建内涵,拓展服务平台,让地铁成为引领精神文明建设的宣传阵地,成为青年朋友的先锋教育基地,"地铁＋社会共治"模式在区域化党建的春风下应运而生。

"雷锋在地铁"展示馆落成仪式

## 初具规模　联手奉献

地铁 6 号线东方体育中心站"雷锋在地铁"展示馆涵括了"海上霞光"学雷锋工作室、雷锋宣讲室和雷锋展示厅三个部分。工作室由联建单位于工作日轮流现场服务,为有需要的乘客提供便民服务,为参观者进行讲解;在东方体育中心举行重大赛事之时,疏导现场客流,保证地铁有序安全平稳。宣讲室是传播雷锋精神的载体和平台,也是联建单位共播、共享、共传的接力之地,还是"地铁＋社会共治"的成果展示。

展示厅向众人宣传雷锋的生平事迹,呼吁向雷锋同志学习、全心全意为人民服务的崇高精神。

地铁6号线东方体育中心站的七家联建单位各成立一支志愿者服务队,打起"海上霞光"的旗帜。志愿者服务队新颖的旗帜,吸引了首批优秀志愿者加入。他们都是来自各家单位的青年骨干、岗位模范,热情传播雷锋精神,并能践行社会主义核心价值观。哪里有号召,哪里就有地铁活雷锋,牢牢筑起"奉献、友爱、互助、进步"的志愿者文化之基。

开馆仪式上,"雷锋在地铁"展示馆聘请雷锋生前的连长虞仁昌、上海新四军"沙家浜"部队历史研究会会长刘石安为顾问。上海地铁第四运营有限公司党委书记韩骏向各志愿者队伍授旗,总经理伍敏向各位学雷锋同仁表示诚挚的问候和敬意。全国人大代表、雷锋生前所在连指导员谢正谊从北京发来了贺电,对"雷锋在地铁"展示馆开馆表示热烈祝贺。

(2019年3月6日 《雷锋》杂志微平台)

# 世博园原址"雷锋驿站"服务中外游客

窦　芒

4月19日下午,浦东上南路、耀华路口,上钢社区"雷锋驿站"揭牌仪式赢得了与会者以及过路行人的一片掌声。"雷锋驿站"是由世博会期间设立在该路口的城市志愿者服务站亭改建而成的。亭子上方"雷锋驿站"四个红色的大字,在蓝天的衬托下分外醒目。亭子的一旁,雷锋的宣传画又是那么可亲可敬。

雷锋驿站志愿者为民服务

上南路、耀华路口的城市志愿者服务站亭离中国馆、世博轴最近,而且又是地铁7号线、8号线进出世博馆的主要出入口。世博会期间,它每天迎送、接待和服务成千上万游客,为此被誉为2010年上海世博会城市志愿者第一服务站亭。

世博会结束后,该站亭又继续承担着为参观中国馆、"月亮船"游客服务等功能。2019年初,街道为了打造"上钢幸福家园",让每一个来到上钢地区的游客有一种"家"的温馨,同时,也为了更好地整合志愿者队伍,进一步发挥"站亭"志愿者为前来中国馆、月亮船参观的游客服务的功能,在纪念毛泽东主席"向雷锋同志学习"题词50周年之际,决定把城市志愿者服务站亭改建为"雷锋驿站",不仅让学雷锋活动常态化,倡导"志愿者是活雷锋"的概念,同时,通过"雷锋驿站"进一步弘扬志愿者文化,吸引更多市民加入到志愿者队伍中来。

"雷锋驿站"建立后,它在原来问询服务的基础上,导入语言翻译、信息咨询、配钥匙、修手表、修理电子产品、自行车电动车打气、缝补衣服、借雨伞、免费提供开水等服务内容。

"雷锋驿站"每天有两名志愿者值勤,每逢周末,街道将组织一定规模的为民服务队,在雷锋驿站旁的小花园空地上设摊服务。

街道建立"雷锋驿站"得到了社区广大志愿者和浦东新区青少年服务中心的赞同与支持。20多名有一技之长,来自新区各街镇、各企业单位的青年团支部书记已报名加入到"雷锋驿站"服务中来,他们将通过微博、现场宣传等服务,来践行社会主义核心价值体系,使"雷锋驿站"成为学雷锋活动的最佳实践地,从而为雷锋驿站增辉添色。同时,上钢社区原世博城市站点40多名青年志愿者、新老志愿者的积极参与,为雷锋驿站的起步打下了良好的运转基础。

揭牌仪式隆重而热烈。那天,上钢社区主要党政领导、浦东新区文明创建处处长沈晓明、浦东新区团委领导、上海市志愿者服务工作处的处长阎加伟、雷锋生前的连长虞仁昌出席。80多岁的老连长不仅送来了2012年出版的《雷锋全集》珍藏版,还语重心长地向雷锋驿站的志愿者们提出了殷切的希望。

揭牌仪式上,上钢新村街道办事处主任朱亚军向老连长虞仁昌颁发了雷锋驿站名誉站长聘书。浦东新区团委书记文选才、上钢新村街道党工委书记苏锦山为雷锋驿站揭幕。100多位上钢社区的志愿者代表以及社区中小学校的师生们在现场唱起了《学习雷锋好榜样》的歌曲。"雷锋驿站"这面象征着奉献精神的旗帜一树起,就得到了众人的关注与支持。

（2019 年 3 月 6 日　《雷锋》杂志微平台）

# 陆家嘴"公交雷锋驿站"情暖路人

张家琳

陆家嘴公交雷锋驿站

行人口渴,这里有免费饮用水;便餐食物要加热,这里有微波炉;手机没电,这里有免费充电器;衣服划破,这里有针线包;突发心律失常,这里有自动体外除颤器⋯⋯

这么温暖的地方在哪里?它就在高耸的东方明珠广播电视塔下,世纪大道陆家嘴环路口,也是7条公交线路与地铁2号线换乘点,它的名字叫"浦东公交陆家嘴雷锋驿站"。"驿站"是一座红蓝相间的小亭子,虽然它就像一朵不起眼的小苔花,但却着实让路人、游客实实在在感受到了"雷锋就在身边"的温暖与感动。

## 雷锋驿站:上海人的服务细致和服务高度

2018年3月5日是毛泽东主席题词"向雷锋同志学习"55周年。9点30分,记者走出地铁2号线陆家嘴站1号口,前行不到70米,就到了"雷锋驿站"。亭檐下醒目标注有"公交导乘""指路问询""手机充电"等服务项目。"雷锋驿站"内,上岗已1小时的85路导乘员钱斐正在热情耐心地为行人、游客提供志愿服务。

"我要到莲溪,怎么走?""您好,往前笔直走50米左右,坐798路。"钱斐细心提示对方,"坐公交车需要硬币,如果没有,这里可以兑换。""姑娘,我们可以到里面坐一下吗?"说话的是两位自称来自河南商丘的老年游客,正在等家人,准备一起上东方明珠参观。"没问题,请进。"细心的小钱见两位老人还不断舔着干裂的嘴唇,便主动打开饮水机,为老人递上热水,老人十分感动,连连道谢。

记者环顾四周,发现面积不到7平方米的亭子整洁清爽,服务项目众多。有能同时为10部手机充电的充电器,有便民医药箱、针线包。桌上一台红白相间的AED自动体外除颤器引起了记者的兴趣。据小钱介绍,该仪器主要用于突发心律失常等心脏疾病急救,可以在抢救患者最重要的第一时间发挥作用。

当日惊蛰,户外依然春寒料峭,但小钱还是时不时主动跑到亭外。她说,来这儿的外地游客多,需要帮助的多,自己不能待在亭内"守株待兔"。

一位小伙正为手机没电无法拍摄东方明珠美景懊恼不已,小钱赶紧上前告知"雷锋驿站"内可免费充电。对方看着自己的手机电量上来了,连声道谢,"雷锋驿站"让他拍下了东方明珠的美丽高大,更让他亲眼看到了上海人民的服务细致和服务高度。

在陆家嘴公交枢纽站,小钱又发现一位肩背手提的外来人员正在"导乘屏"前犯难,她立即主动上前,为其点击相关内容。

## 雷锋驿站:雷锋精神就在身边

在"雷锋驿站",记者看到了一本《志愿者日志》,里面密密麻麻记录了驿站自2016年11月1日成立以来,浦东公交广大服务人员坚持写下的暖心小事。

"最近一直下雨,路上湿滑,一位小姑娘问我如何缝补衣服。原来她的衬衫纽扣掉了，场面着实尴尬。我连忙拿出针线包给她，她竟然不会缝。我拿来工作服让她暂时穿上后，帮她补好了衬衫。"

"2月10日下午，一位姑娘忽然晕倒，我们立即将她安置进来，姑娘突然呕吐，秽物把小黄的衣服弄得又脏又臭，小黄却顾不了这些。在得知姑娘是错过午餐，血糖过低而晕厥时，大家赶忙拿了巧克力让她吃下，还买了面包、饮料让她充饥。"

"可爱的小女孩与奶奶在'雷锋驿站'边等人，天气冷，风特别大，我见孩子穿得少就主动上前招呼，原来小女孩在等妈妈，妈妈要大半个小时后才能到，我就请她们进来。暖和了的孩子活泼好动起来，给我讲起了故事。她说长大了也要做像阿姨这样的售票员，让我一下子好感动。"

"天虽冷，情却暖。一位扛着大包小包的外地人员到'雷锋驿站'问我'去上海站坐什么车'。我在小纸条上详细写下换乘方式后交给他，他转身走了，结果他到旁边便利店买了个热玉米后送过来，对我说'这是一点心意，你暖暖手吧'。我笑着跟他解释这是我的工作，他将热玉米放在工作台上后，提起行李就向地铁2号线走去……"

记者还获悉，"浦东公交陆家嘴雷锋驿站"的志愿者们还多年参与中国扶贫基金会"爱心包裹"项目认领，热心捐助贫困地区的学生。在驿站，记者感到雷锋精神从未走远。这里让人如沐春风，充满希望；这里让人收获感动，温暖向上。

（2018年3月5日　上观新闻）

# 闵行雷锋广场，爱民为民风雨不断

窦　芒

"你是《国际歌》里的一个音符，是红旗上的一根纤维，是花丛中的红花一瓣，是浪花里最清的一滴。雷锋，一面永不褪色的旗帜，一个源源不断的能量源泉。"

沐浴着三月的春风丽日，上海市闵行区"雷锋广场"持续开展的群众性学雷锋活动如火如荼。闵行区工业区文明办在这里组织的垃圾分类宣传志愿服务活动，不仅带来了内容丰富的便民服务，更是把时下最热的垃圾分类宣传融入其中。来自鑫泽公司、中航光电子有限公司、航天805所等多家企事业单位及居委会的

莘庄工业区志愿者在雷锋广场

志愿者们纷纷开展垃圾分类宣传，既有现场讲解，也有互动游戏，全力引导市民百姓养成垃圾分类的观念和习惯。参与活动的居民们纷纷表示，通过活动更全面地了解了各种垃圾的分类，进一步了解了保护环境的意义。

来自鑫都幼儿园等周边幼儿园的萌娃们也来助力！看他们热情满满地向居民们递上垃圾分类宣传单的样子，是不是很萌？

活动现场,不少有着一技之长的志愿者借着这个机会大显身手,向居民们提供理发、擦皮鞋、小家电维修、免费量血压等便民公益服务。

依托区域化党建平台,不少区域单位结合自身专业特长推出了各具特色的活动。来自园区服务办、江苏银行、上海文洋别克的志愿者为居民们提供了传染病预防、金融知识、车辆故障答疑等宣传和咨询服务。

据工业区文明办同志介绍,"雷锋广场"志愿服务是莘庄工业区最具影响力和知名度的品牌项目,多年来一直深受广大群众的喜爱。2018年,工业区陆续推出了"雷锋广场"志愿服务项目9场,其中"新春送福""三·五学雷锋便民服务""关注健康,保护环境'宣传服务""少儿教育服务""党员服务""文明交通宣传服务"最受大众的欢迎。全年累计参与服务的志愿者达数百人,他们大多来自工业区的各企事业单位、社区、社会组织等,受益群众累计约10万人次。今年以来,活动的项目已不仅仅局限于雷锋广场上,还延伸到周边邻里中心等地,努力创建一个"流动的雷锋广场",使雷锋精神走进邻里中心,走进社区,走进百姓们的心里。

(2019年3月13日 《雷锋》杂志微平台)

# 地铁纪念卡，雷锋微笑志青春

　　"学雷锋 志青春"地铁纪念卡首发，线上活动主题页面同步启动，倡导全社会参与志愿服务，共同弘扬新时代正能量。

　　昨天，是毛泽东"向雷锋同志学习"题词发表 55 周年纪念日。长久以来，雷锋精神始终激励着一代又一代青年人成长。值此之际，由上海市精神文明建设委员会办公室、共青团上海市委员会指导，青年报社、上海地铁共同主办的纪念毛泽东"向雷锋同志学习"题词发表 55 周年暨"学雷锋 志青春"地铁纪念卡首发仪式在今天上午举行。仪式上，"学雷锋 志青春"地铁纪念卡首发，线上活动主题页面同步启动，倡导全社会参与志愿服务，共同弘扬新时代正能量。

　　中共上海市委宣传部副部长、上海市精神文明建设委员会办公室主任潘敏，共青团上海市委员会书记王宇，上海申通地铁集团有限公司党委副书记葛世平，共青团上海市委员会副书记丁波，上海市青少年发展基金会理事长、雷锋杂志社上海分社社长吴仁杰，共青团上海市委员会宣传与网络工作部部长陈立俊，阿里巴巴集团社会公益部总监魏鸿等领导和嘉宾出席此次活动。

　　据介绍，"学雷锋 志青春"地铁纪念卡首次将雷锋精神与地铁文化完美融合，具有极高的文化价值和收藏价值。此次限量发行 400 套，每套包含三张主题画面，分别为雷锋生前连长虞仁昌画像、"永远的雷锋"——雷锋个人画像、新时代的"雷锋"——世博会志愿者画像。主题画面由沪上书画家奚文渊、刘为民设计绘画完成，通过不同时代的"雷锋精神缩影"，表达传承雷锋精神、弘扬志愿文化的理念。

**团市委副书记丁波讲话**

在首发仪式上,上海申通地铁集团有限公司党委副书记葛世平,共青团上海市委员会副书记丁波,上海市青少年发展基金会理事长、雷锋杂志社上海分社社长吴仁杰,上海市精神文明建设委员会办公室志愿服务工作处副处长俞伟,阿里巴巴集团社会公益部总监魏鸿等领导,向来自上海高校、地铁、青年社会组织的优秀志愿者代表赠送了首批"学雷锋 志青春"地铁纪念卡。

中共上海市委宣传部副部长、上海市精神文明建设委员会办公室主任潘敏,共青团上海市委员会书记王宇共同启动了"学雷锋 志青春"线上活动主题页面。主办方联合恩派公益基金会等十多家公益机构,通过阿里巴巴3小时公益平台发布志愿者招募项目,完成相关志愿服务可获个性勋章,倡导更多年轻人通过互联网了解公益,并在线下亲身实践新时代志愿服务。

活动现场,志愿者代表上台联合倡议,"让我们从小事做起,做城市文明的传播者。力量无论大小,时间不计长短,用点滴时间给上海这座大都市带来春天的温暖。让我们从现在做起,做城市文明的引领者,将志愿服务变为生活的新常态、时代的新风尚。"

据悉,此次活动由上海市精神文明建设委员会办公室、共青团上海市委员会指导，由《青年报》、上海地铁共同主办，由恩派公益基金会、上海市静安区文物史料馆、上海缘梦之家志愿者服务社协办。活动同时得到了品彦文化、智塾公益和独家互联网合作伙伴阿里巴巴公益的全程支持。

在此次首发的地铁卡3张主题画面中，沪上画家奚文渊完成了"永远的雷锋"——雷锋个人画像主题画面的设计绘画。

"学雷锋　志青春"地铁纪念卡

奚文渊早岁研习水粉、油画等，并兼连环画、书籍插图创作，近年致力于水墨人物画创作，兼擅写意动物，尤以水墨人物肖像画名世，为人珍而宝之。作品为上海毛泽东故居、淮安周恩来故居等海内外机构和个人所购藏。

奚文渊说，自己有着浓厚的雷锋情结。"从我小时候读书开始，就一直画一些雷锋主题的宣传画。前几年有部门出版了《雷锋画传》，我负责设计创作了主题封面。"

此次地铁纪念卡上雷锋个人画像的主题画面设计，奚文渊以著名的雷锋擦车的形象为基础进行了创作。"和广泛流传的雷锋擦车照片不同,我在视觉上去掉了很多阴影部分,更符合国画的风格。"

奚文渊近年致力于国画,但行家都知道,国画以山水画居多,人物画较少,究其原因,在于水墨比较难控制"形",奚文渊对此下了不少功夫。"无论是此次创作,还是以往画人物,我在画之前做的功课比实际画的时间还要长。"奚文渊说,画雷锋画像,既要在"形"上画得像,又要画出其精神特质,同时还需要用中国画的水墨表现出来,着实需要一定的功力。

此次作为爱心志愿者参与活动,奚文渊也做了一回"活雷锋"。他说:"雷锋的精神,是人类精神的宝贵财富。雷锋精神的内涵很丰富,需要大家不断去挖掘、理解和学习。社会也很需要有雷锋精神的传承。我们需要3月5日,更需要日常生活中的点滴志愿奉献。"

(摘自《青年报》 2018年3月5日)

# 金山朱泾小学建成校园"雷锋体验馆"

苏 军

金山区朱泾小学建成沪上首个校园"雷锋体验馆",并于新学期开学后开馆。

雷锋精神教育是朱泾小学的办学特色,早在 1993 年,学校就被全国少工委命名为全国学雷锋先进集体。学校把雷锋精神教育和《两纲》教育有机结合,作为学校开展思想道德教育的重要方面,并以雷锋精神教育课题项目研究引领学校发展,编辑完成了校本教材《雷锋之歌》和《扬雷锋精神,做雷锋少年》。

"雷锋体验馆"展厅由五大板块组成,陈列了 223 张雷锋的照片,还收集了美联社记者的采访文章与雷锋照片拍摄者张峻的回忆文章,陈列了数百册不同出版社印刷的雷锋故事、雷锋连环画、雷锋日记、学习雷锋的书籍以及《雷锋》《离开雷锋的日子》电影光盘和歌曲碟片,立体展示了雷锋精神,加深了同学们对雷锋的了解和崇拜。

该馆建成后,将成为金山区中小学系统学习雷锋精神的场所。

（摘自《文汇报》 2013 年 2 月 27 日）

# 上海毛泽东旧居"雷锋驿站"建成开放

窦　芒

　　"雷锋驿站"开进上海市中心城区毛泽东旧居陈列馆。纪念五四运动百年之际，由共青团上海市委指导，中国红色文化研究会、中国雷锋网、雷锋杂志社、上海市收藏协会、上海市青少年发展基金会等单位共同主办的"传承红色基因，献礼祖国妈妈"活动暨"雷锋驿站"揭牌仪式在静安区毛泽东旧居陈列馆举行。"信仰的力量——上海解放70周年红色收藏展"同时举办。

吴仁杰等领导为雷锋驿站揭牌

毛泽东旧居是一幢石库门房子，有天井、客堂、前楼和厢房等。1924 年，毛泽东偕夫人杨开慧、岳母及孩子全家寓居于此。毛泽东一生多次来到上海，甲秀里是他在上海居住时间最长的居所。

活动现场，按照中宣部提出的"雷锋精神连接你我他"的倡议，来自上海新四军部队历史研究会的老战士，恒隆广场党建服务站、淮海街道党建服务中心和徐汇区东湖路街道东湖居委会的党员和来自五个区的学生代表们，带着一本红色或儿童读物参加活动，并获赠活动纪念封。他们在赠书中亲手写下学习雷锋精神，祝福祖国的美好祝愿及对青少年健康成长的寄语，而主办方会将这批饱含真情的图书捐赠给云南文山的贫困学生，帮助少年儿童"扣好人生第一粒扣子"，传承红色基因，弘扬红色文化。

纪念馆负责人小朱介绍，"雷锋驿站"在对观众进行雷锋图片、史料展出的同时，以日常微型展览、"雷锋故事机"和全国互联网主题班会等多种形式作为常态化宣传方式，以青年讲解员队伍为支撑，丰富宣传手段。同时将利用"互联网＋计划"Ctak 新媒体平台，每月组织开展一次互联网主题班会，实时向全国各地中小学进行直播，拓展影响力和覆盖面。

记者了解到，建立"雷锋驿站"已成为大都市上海常态化学雷锋活动的一项创新，在世博园原址、陆家嘴东方明珠等地段，已陆续建成启用多家"雷锋驿站"。

（2019 年 5 月 9 日 《雷锋》杂志微平台）

# 二、 雷锋塑像　铸就永恒丰碑

# 上海"雷锋塑像"地图发布，引百万市民关注

　　1座雷锋塑像，21个幕后故事……短短4天时间，关于一座城市心灵驻扎的特殊承载，引来了30万网友的热诚找寻和近百万市民的热切关注。在毛泽东等老一辈革命家为雷锋题词50周年之际，今天，上海市精神文明办联合腾讯大申网、《新闻晨报》向社会发布了一张特殊的城市地图——上海"雷锋塑像"地图。

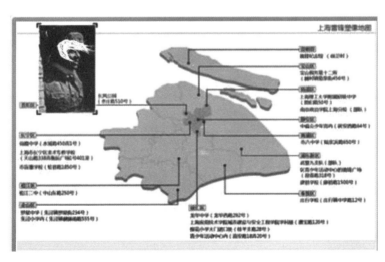

上海"雷锋塑像"地图

　　这些雷锋塑像信息大多是网友和读者提供的。3月1日，市文明办联合腾讯大申网、《新闻晨报》启动了"寻找身边的雷锋塑像"大型公

益行动。"拍下塑像，上传分享"，通过腾讯大申网专区、微博、微信的传递，短短 1 小时，就聚集了数万网友的热切关注。长宁区、静安区、金山区，学校、公园、部队营房，一座座分散在城市不同区域的雷锋塑像被网友发现，一张张照片被发布在网络。

经过努力，网友们最终发现上海现存雷锋塑像 21 座。这其中，上海现存最早的雷锋像如今矗立在延安西路 64 号的中国福利会少年宫，建于 1965 年；上海现存最新的雷锋像竖立在桂平路樱花园小学大门处，建于 2011 年。在它们中，有一座塑像坐落于设在金山区朱泾小学的全国首个校园"雷锋体验馆"。而在普陀区长风公园，不仅有一尊高大的雷锋塑像，还有长长的雷锋墙。

每一尊雷锋塑像的背后都有不凡往事，3 月 2 日开始，《新闻晨报》连续四天推出了"雷锋塑像背后的故事"系列报道：《80 岁设计师打造两代雷锋像》《每座雷锋雕像都传承一种精神》《废铁堆里找回的雷锋像》《雷锋精神可"敬"又可"近"》。这些故事，让静默的雷锋塑像在一座城市的记忆中再度鲜活起来。

（2013 年 3 月 5 日 《新闻晨报》微博）

# 80 岁设计师打造两代雷锋像

50 年前的那个早春,毛泽东为一个身高只有 1.54 米的湖南老乡写下七个字——"向雷锋同志学习"。自此,一个年轻的解放军战士便雕塑般地在亿万中国人的心中扎下了根。

50 年来,中国飞速变革,但雷锋都会带着他春天般的微笑与我们相约,栉风沐雨,音容不改。

在毛泽东等老一辈革命家为雷锋题词 50 周年之际,《新闻晨报》联合上海市精神文明建设委员会办公室、腾讯大申网联合发起"寻找身边的雷锋塑像"大型公益行动。寻找身边的雷锋塑像,了解雷锋塑像背后的故事,不仅是重温一个时代的文化符号,更是为了我们永久的心灵驻扎。今起,晨报推出"雷锋塑像背后的故事"系列报道。

近日,有读者报料:在车水马龙的静安寺区域,在延安西路 64 号一扇稍有些古典味的铁门内,安置着可能是上海最早的一尊雷锋塑像。从 1965 年 3 月至今,它迎来 48 岁华诞。不过记者调查发现,所谓最早雷锋塑像有出入,因其 2005 年遭受台风"麦莎"袭击损毁,故目前的雷锋像是 2006 年重修而成。

## 半身像矗立少年宫草坪

走进延安西路 64 号中国福利会少年宫(简称中福会少年宫)大门,迎面走来一位名叫王荣生的老者,他在 1973 年 1 月进入中福会少年宫工作,成为一名群文活动部教师。如今,已经退休的他在这儿度过了 40 个年头,在他眼中雷锋塑像是中福会少年宫的一个标志,"非常有感情"。

记者在大草坪的东南角找到了雷锋半身塑像,这尊塑像通身取材自汉白玉,高 2.6 米,总重 3 吨。正面镌刻着毛泽东在 1963 年的题词"向雷锋同志学习",底座依稀可见松柏纹路,背面刻有雷锋生前书写并广为流传的歌词"唱支山歌给党听,我把党来比母亲;母亲只生我的身,党的光辉照我心"。

在雷锋像的身后有一棵树龄 50 岁的柳树,略有绿芽的枝条随风飘在雷锋像的上方,好似为它遮风挡雨。据王荣生介绍,1963 年 3 月 1 日,中福会少年宫在举行的"伟大的战士,我们的榜样"主题会上,曾邀请雷锋生前的老班长与 400 多名少先队员栽下一棵松树和一棵柳树,其中柳树存活至今。

中福会少年宫的雷锋半身塑像

只可惜这尊雷锋塑像太过低调,记者在少年宫随机采访了几名小学生,他们都表示不知道雷锋像的存在和具体位置。

## 2005 年曾被"麦莎"摧毁

"这尊塑像其实不是 1965 年的雷锋像了,这是 2006 年新做的,而且摆放的位置也不一样。"王荣生回忆称,1965 年的老塑像是中福会少年宫邀请当时的雕塑兼职指导陈道坦先生创作的,完成后就摆放在大草坪上的一松一柳之间。

"老塑像真的是命运多舛啊。制作老雷锋像采用了当时普通的石膏材料,最开始是安放在室内的,可是后来我们鼓励更多的少先队员来接受雷锋精神的教育,就将雷锋像搬到了室外,也就是少年宫大道的路边。"王荣生告诉记者,在老雷锋像移位后不久,"文革"爆发了,为了避免雷锋像遭到损失,少年宫工作人员将塑像转移到仓库,这一放就是八九年。

雷锋像重见天日之后,又备受风吹日晒之苦。"石膏像本就不适合放在室外,天天日晒雨淋的,石膏表面很容易开裂,所以每两年就要重新涂白漆并修缮一番。"在 2005 年夏天,台风"麦莎"给了老雷锋像"致命一击",由于石膏材质过轻,老雷锋像被台风彻底摧毁,那棵相伴多年的松树也不幸被毁。

为了迎接第二年的"学雷锋活动日",年逾 80 岁高龄的陈道坦老先生再次担当起设计新雷锋像的重任。历时近半年的查阅资料和修改,新的雷锋像在 2006 年 3 月再次出现在公众面前,并由路边移至草坪东南角,以便容纳更多人参加纪念活动。

## 新雷锋像贴近学生形态

为了便于记者了解老雷锋像的模样,王荣生找出一张宝贵的历史图片,清晰地展现了老雷锋像的全貌。老雷锋像的形象与最常见的宣传画中的雷锋形象差不多,浓眉大眼,面庞圆润,头戴雷锋帽,身穿老式中山装,与新雷锋像相比,魁梧粗壮了不少。"新雷锋像是陈道坦老先生与他儿子共同完成的作品,与老塑像相比,显得更加年轻,贴近学生体态,形象也更加现代化,是为了展现雷锋精神与时俱进,永不老去。"原中福会少年宫副主任戚恩伟说。新塑像采用汉白玉材质是为了减少天气对塑像本身的影响。

(2013 年 3 月 2 日 《新闻晨报》微博)

# 几经变迁，废铁堆里找回锈蚀雷锋像

浦东新区青少年活动中心内的雷锋像

在浦东新区青少年活动中心郁郁葱葱的雪松前，一尊高 1.34 米、重 1.5 吨的雷锋铸铁半身像，坐落在一人高的紫色花岗岩底座上。他身姿挺拔，面带微笑。两个领章上的小汽车头表明，他是一个汽车兵。不过，尽管塑像右肩上已涂成金色，略显凹凹的表面还是显示出其曾修补的痕迹。

走进位于世纪公园边迎春路 318 号的浦东新区青少年活动中心，春日温暖的阳光洒在金光闪闪的雷锋像上，然而，塑像的背后却着有一段曲折动人的故事：这尊铁铸雷锋像，曾尘封数十载，直至本世纪初才从废铁堆里被发现，此后又经两次"整容"修补，最后才安家浦东。如今，这里的雷锋像已成为孩子们的偶像，每年 3 月 5 日，雷锋像前总会有人默默献上一束洁白的康乃馨。"这座雷锋像在这里安家已快十年。"浦东新区少先队总辅导员张振杰告诉记者，2004 年 3 月 4 日，当时已是总辅导员的他参与了浦东新区少年宫（该中心前身）迎接"雷锋"的全过程。"现在想起来都很激动，因为这座雷锋像的来历非常感人！"张振杰说。

原来，2002 年春季的一天，时任上海锦江出租汽车公司总经理的程焕坤前往上海灯具铸造厂查看场地,场地没看中,却被墙边的一个废铁堆吸引:里边有一尊上世纪 70 年代初由上海灯具铸造厂铸造的雷锋像! 程焕坤用手轻轻拂去塑像上的尘埃,和雷锋同龄、在同一军区服役的程焕坤眼睛湿润了。"我们不能没有雷锋精神!"于是他把"雷锋"带回了锦江出租汽车公司。

因长年尘封,塑像锈迹斑斑,很快被送到锦江汽修三厂接受"整容"。老技工宣嘉良和同事花了整整三天,才让它一展新颜。不过由于锈蚀得厉害,"雷锋"身上布满小洞,令人心疼。工人们又对"雷锋"进行二次修复,一个月后,"雷锋"终于呈现出现在的风采。

此后,不断有市民想一睹"雷锋"真容,也有单位想把"雷锋"请进"家门"。程焕坤说:"雷锋精神铸就了时代精神,应将'雷锋'赠送给社会,让他属于大家。"最终,浦东新区团委提出,让"雷锋"在新区少年宫大草坪上安家,并设计一组群雕。

张振杰说,有了雷锋像后,不少家长会带孩子到"雷锋"旁的草坪玩耍,给孩子讲雷锋的故事。每年的学雷锋日、六一、少先队员入队离队等日子,该中心还会组织青少年在"雷锋"面前开展活动,"雷锋"早已成为孩子们的偶像。

（2013 年 3 月 5 日　《新闻晨报》微博）

# 长风公园"雷锋墙",引众多青年拍婚纱照

在风景如画的长风公园里,一面浅黄色的墙在绿树掩映下显得静谧而端庄,镶嵌在墙体中间的雷锋铜像佩戴着学生们献上的鲜艳的红领巾。这是上海唯一一面"雷锋墙",墙落成 11 年以来,几乎每个月在雷锋墙附近都有各种形式的爱心志愿活动。

长风公园的雷锋铜像镶嵌在本市唯一的"雷锋墙"内

"雷锋墙"是在公园里原有的一座雷锋铜像基础上建立起来的。这尊雷锋半身铜像于 1984 年 9 月建成,高 1.3 米,宽 1.2 米,有一吨重。为了筹建铜像,当时的上海市手工业局团委发起了"雷锋丰碑永铸心

中"的活动,系统内 12 万名团员和社会各界青少年都积极捐款或是捐出废弃的铜制品。"那时长风公园里的雷锋铜像很有名的,落成后每到 3 月 5 日搞学雷锋活动,很多青年都争先恐后地去积极参加。"时至今日,蒋继雄还记得 20 多岁时,在第三纺织机械厂团委工作,代表先进青年去长风公园"学雷锋"的情形。

随着雷锋铜像的影响力越来越大,为了纪念雷锋牺牲 40 周年,普陀区决定重塑"雷锋墙"。这座 2002 年落成的"雷锋墙"外观是浅黄色的,全长 32.7 米,以公园里的绿树为背景,在一片草地前徐徐展开。"雷锋墙"的墙体高度在 1.20 至 3.12 米之间,由一组叠合错落的不规则形状的砖块构成,原有的雷锋铜像则安放在墙体内。"雷锋墙"的设计者、上海大学美术学院教授庄小蔚告诉记者,他的设计上借鉴了西方一些经验,"雷锋是个普通人,很多人提到他时其实有种亲近感,而公园又是休闲场所,雷锋教育放在这种环境中也应该是轻松的,所以设计的墙体尺度特意远离宏伟的主题。墙体不太高,让游玩的人感到雷锋是亲近的,是可以交流、可以学习的。"

如今,这面"雷锋墙"已经成为长风公园一个著名的景点,少先队员经常来举行主题班会,不少年轻人结婚时,也专门来墙前拍上一组婚纱照,作为童年成长的一段回忆。

（2013 年 3 月 5 日　《新闻晨报》微博）

# 徐汇校园：雷锋雕像传承红色文化精神

　　大多数人最初听到"雷锋"这个名字，都是在儿时的校园里。不少国人在忆起自己的学生时代时，"学雷锋"都是一个挥之不去的烙印，也承载了很多美好的往事。在徐汇区的两所校园内，两座不同风格的雷锋雕像正静静地矗立在校园内的显眼位置，似在向一批批师生讲述雷锋的故事。

龙华中学雷锋雕像

## 校友怀念"学雷锋"建雕像

10 多年来,一座以黑色大理石为基座的雷锋雕像,一直矗立在徐汇区龙华中学的教学楼旁。

74 岁的龙华中学教师孔逢春如今已退休 10 多年了。提及龙华中学学雷锋的往事,孔老师仍如数家珍。龙华中学在 20 世纪 80 年代末,掀起了一股学雷锋的热潮,持续了近 20 年,其间多次被评为学雷锋的先进标兵。

"当年学雷锋的往事,给那时的学生都留下了很深刻的印象。"孔老师告诉记者,正是因为当年的校友们对学雷锋的往事十分怀念,才集资在学校修建雷锋雕像。"他们深知学雷锋活动在龙华中学的传统,也希望这种传统能传承下去。"

徐汇区樱花园小学内的雷锋雕像

## 把"活雷锋"请到校园里来

在徐汇区樱花园小学内正对大门的位置,也矗立着一座雷锋雕像。校长胡国庆说,雕像建于 2010 年。

胡国庆将雷锋精神视为一种新时代的人文精神。在樱花园小学,所有教师新年第一天的工资,都会拿出来捐献给那些需要帮助的人。孩子们在老师的指导下,也会向这位每天都要看到的雷锋叔叔学习。每年 3 月 5 日,樱花园小学都会开展丰富的学雷锋活动,送福字,捐玩具,孩子们都踊跃参加。

樱花园小学与拉萨实验小学是友好学校。因为拉萨、上海两地的经济基础相差较大,每年樱花园小学都会对拉萨实验小学给予一定捐助。为了让孩子们对雷锋精神有更生动的理解,樱花园小学还会请一些现实中的"活雷锋"来跟孩子们交流。其中,被誉为"一首高原教育诗"的九届全国政协委员、拉萨市实验小学校长叶静就是常客。如今已 70 多岁的叶静,生长于上海,却在 18 岁那年下决心前往祖国最需要的地方,毅然告别亲人、告别繁华都市,只身来到西藏,在那里的教育一线上一干就是 36 年。在胡国庆校长看来,请叶静这样的"活雷锋"跟孩子们面对面,能让孩子们对雷锋精神的认识更为深刻。

(2013 年 3 月 3 日 《新闻晨报》微博)

# 学雷锋日，在上海寻找雷锋雕像

陆安怡

今天是毛泽东"向雷锋同志学习"题词发表 55 周年纪念日，也是一年一度的"学雷锋日"。热爱学习、助人为乐、无私奉献……雷锋精神激励着一代代青少年成长。

竖立在城市中的人物雕像有着鼓励人们见贤思齐的作用。我们身边就存在着许许多多的雷锋雕像。它们坐落在这座城市的不同角落，可能是风景如画的公园，游人如织的广场，抑或是静谧的学校校园。它们有的经历了时间磨砺，饱经沧桑，依然意气风发，也是所在区域内新生的"精神偶像"。

我们相信，每一座雷锋雕像背后，都有着珍贵的故事。为了让城市记忆再次鲜活起来，让新时代的雷锋精神持续传承，日前，《青年报》发起全城行动，寻找上海雷锋雕像，并且探访这些雕像背后的故事。

## 雕像建在雷锋驿站旁，见证全年无休志愿服务

志愿精神是雷锋精神的传承。对于上海市民而言，世博会期间随处可见的志愿服务岗亭承载了大家关于志愿服务的美好记忆。而雷锋驿站和雷锋广场就是由世博会期间的服务岗亭逐步发展而来。建立在此的雷锋雕像也见证着此处 365 天全年无休的志愿服务。

## 设计包含薪火相传寓意

位于上南路和耀华路路口的雷锋驿站旁有一座雷锋雕像，它位于广场中，坐落在花坛中央。雕像造型是雷锋坐在一块石头上，右膝上趴着一个小女孩，左边挨着一位正在阅读的小男孩。而雷锋和小女孩都齐齐望向小男孩手中翻开的书本，雷锋仿佛正在教孩子们读书。

雷锋驿站的常务副站长傅余贤介绍说，这座雕像是2016年初建立的。雷锋驿站的前身是世博会期间的城市志愿服务外建站，设计之初，服务岗亭计划使用半年。2012年，在这座岗亭作为雷锋驿站启动时，亭子已经较为陈旧，而且存在屋顶漏水等安全隐患。虽然几经修补，还是无法彻底解决。

于是，在2015年底，上钢街道等单位重新设计了雷锋驿站的岗亭以及周边广场。傅余贤说："我们想在广场上建造雷锋雕塑，将其打造成为雷锋广场，作为上钢街道地标，在这里举办各类志愿活动。"

搭雷锋驿站，建雷锋雕塑，谈及大家对于雷锋精神的重视，傅余贤说："志愿精神是雷锋精神的传承，也是我们坚持多年的理念。"

当时，他们特地邀请了广告公司设计雕塑，并在多份设计稿中，选择了雷锋和小朋友坐在一块儿，为他们读书、讲故事的造型。傅余贤解释说，这个造型具有传承接力、薪火相传的意义。

傅余贤告诉记者，原来设计稿还画了底座，"但我们觉得底座显得人物形象有些高高在上，所以决定去掉底座希望这座雕像能体现出雷锋同志就生活在老百姓身边的感觉。"

确定设计形象后，这座雕塑在施工前还经历了一段小插曲。由于雕像建造时需要挖入地表，搭建基座，而它又恰好位于地铁站上方，所以施工前，为安全起见，地铁运营方面还特地派专业人士到现场查看，确定不存在影响后，才开始施工。而且，为了不影响地铁，雕像不仅使用更轻的玻璃钢材质，还是中空的，整体重量较轻。

## 每天都有"学雷锋"志愿服务

由于这片广场地处世博园区,附近就有中华艺术宫等场馆,来来往往的中外游客经过此处时,不少人都会与雕像合影留念。另外,一些带孩子散步的家长在经过雕像时也会向孩子介绍雷锋的故事。

60 多岁的傅余贤说:"我们这代人对于雷锋同志比较熟悉,可能年轻人对他的印象不如我们这么深刻,有了雕像,对于推广雷锋精神、弘扬社会正能量,具有助推效应。"

傅余贤(左 3)与志愿者在雷锋塑像前

一年到头,广场上活动不断。在每月逢五的日期,5 日、15 日和 25 日,雷锋驿站都会在广场上举办各类志愿服务活动,包括配钥匙、锅盖整形等便民服务。还有来自附近的武警官兵、医院志愿者团队、居民志愿者等会在这里开展各类形式多样的志愿服务。

这样一来,雕像成为街道"学雷锋"志愿服务的标志,也加深了过往市民对于雷锋精神的理解。"过去有人说,过了 3 月 5 日就很少听见'学雷锋'的声音了。"傅余贤自豪地说,"现在雷锋驿站 365 天全年无休,每天都有志愿者值班,为人们提供咨询解答、手机充电等便民服务项目。"

## 全市首面"好人墙",展示优秀志愿者事迹

在嘉定志愿者广场上,一尊高约2.5米的雷锋铜像坐落在镌刻着社会主义核心价值观的基座上。他低头看向自己左手牵着的小女孩,双唇微张,仿佛两人正在交流。在广场外围,还环绕着全市首面"好人墙",它包含"诚实守信""孝老爱亲"和"助人为乐"三个板块,展出了相关好人好事,并且主办方会实时更新墙面内容。

## 大手牵小手,寓意雷锋精神代代相传

据了解,这座雷锋雕像大约于2014年前后建成,由上海市嘉定区精神文明建设委员会办公室、上海市嘉定区志愿者协会主办,上海市嘉定区菊园新区精神文明建设委员会、上海市嘉定区菊园新区社区志愿服务中心承办。

项目相关负责人表示,建造志愿者广场和雷锋雕像是为了践行雷锋精神,传承志愿服务理念,弘扬社会正能量。

而弘扬社会主义核心价值观,需要依靠像雷锋雕像这样老百姓喜闻乐见的文艺载体的感染。雕像造型设计为雷锋与小女孩手拉手,蕴含着雷锋精神代代相传的寓意。

如今,在志愿者广场上,除了每年3月5日学雷锋活动之外,还有义卖活动、纳凉晚会等志愿服务和文体活动。另外,还有不少市民带着孩子,在雷锋雕像前摄影留念。

## "好人墙"传播正能量,展示优秀志愿者事迹

志愿者广场外围环绕着一面"好人墙",与雷锋雕像交相辉映,它包含"诚实守信""孝老爱亲"和"助人为乐"三个板块,展出了相关好人好事。

这是上海首面"好人墙",展示了61位近年来入选中国好人榜、市

优秀志愿者候选人的感人事迹，以此引导人们见贤思齐、择善从之。据了解，主办方希望通过"好人墙"展示全区优秀志愿者事迹和志愿服务精神，体现"学雷锋"志愿服务制度化成果，传播正能量。

近年来，嘉定区注重发挥区、镇志愿服务中心"引领"作用，有效融合各方志愿资源，建立机制，形成富有嘉定特色的志愿服务体系，让志愿服务走进百姓家，用心为百姓服务。多年的志愿服务活动中，涌现出了一大批优秀个人和集体，他们诠释着"奉献、友爱、互助、进步"的志愿精神。志愿者广场所在的菊园新区更是被上海市选送为 2017 年全国学雷锋志愿服务"四个 100"最美社区。

## 校园内的雷锋雕像

几十年前，盲童学生手工课上制作雷锋雕像。雕塑是凝固的艺术，创作者需要通过观察，认识形象，进而雕塑造型。对于视力障碍群体而言，建立起对形象的认知已属不易，而要用雕像表达，完成手工泥塑作品，更是难度巨大。

令人意想不到的是，在上海市盲童学校的校史陈列室里，就展示了学生手工制作的雷锋雕像。这是雷锋的泥雕半身像，高度与成年人的小手臂相仿，已经有几十年历史。

### 学习雷锋精神，85 岁退休教师讲述雕像制作初衷

为了寻访关于这座雷锋雕塑的故事，记者先联系到上海市盲童学校，得知这座雕像历史悠久。经过多番查找，终于找到从该校退休的手工教研组组长赵桂芬。

赵老师今年已经 85 岁高龄了，1989 年从该校退休。退休前，她担任手工教研组组长，为学生上纸工、泥工、竹木工和编织等手工课程。

泥雕课程能够对学生进行触觉和形象方面的教学。赵老师介绍说，学校的泥塑教学很有特色，当时在手工作品评选中获得了许多奖项。

为了向学生传递舍己为人、无私奉献等理念，20 世纪 80 年代，赵老师特地从华山中学雕塑室"请"了雷锋雕像，作为样例，教手工课外活动小组的同学制作。

赵老师说："制作人物雕像的难度较高，普通学生很难完成，假如雕塑制作效果较差，也是对雷锋同志的不尊重。而活动小组的学生比较优秀，动手能力较强，可以完成这项作品。"

教学时，赵老师会为学生讲述雷锋的故事，让学生有一定认识，有助于他们更好地完成形象塑造。

赵老师告诉记者，在手工课程中，泥塑最为困难，因为泥塑材料会随着操作发生高低起伏的变化。但为学生讲解了雷锋精神后，他们不怕艰难，非常愿意动手制作，"我也希望学生们可以学习雷锋身上刻苦学习的精神"。

要完成雕像首先要学会制作人物五官，存在视力障碍的学生主要依靠触觉完成雕像，需要从眼睛、鼻子、嘴巴……一个个器官学起。

采用五官分步进行法，从眼睛、鼻子、嘴巴、耳朵这一个个器官学起。"器官构造很难掌握，因为它非常精细。"赵老师举例说，"鼻子有鼻梁、鼻翼、鼻孔和鼻唇沟。"教学时，每个同学都有一个范样，让学生一边摸着范样，一边学习每个部分的构造。

同学们掌握五官的形象之后，再进行头型制作，用手触摸，感受三庭五眼的比例，过程非常复杂。当时，学校一周有四节手工课，初中学生需要用好几个星期才能完成雷锋雕像。

如今，上海市盲童学校传承了雷锋精神，学校里有多项志愿服务，例如学生志愿者会去敬老院为老人服务等。

（摘自《上海青年报》 2018 年 3 月 5 日）

# 三、 雷锋收藏　挖掘精神资源

# 上海"雷锋收藏沙龙"：
# 用史料让人们走近雷锋

窦　芒

初夏时节，又一个周五。

位于普陀区灵石路"聚奇城"市场里的"普陀区红色收藏联谊会"会议室里，上海市收藏家协会"雷锋收藏沙龙"的例行活动正在进行：沙龙负责人范振和讲评近期开展的活动情况，著名收藏家冯建忠做雷锋收藏研究讲座，各分会交流最新收藏成果和下步打算……

上海"雷锋收藏沙龙"会员

## 一批珍贵的雷锋收藏史料

"我们成立沙龙,通过收藏和研究雷锋,是要让更多的人,尤其是青少年走近雷锋、感知雷锋、学习雷锋。"3月底,当历时一个多月的"永远的雷锋——上海市第二届民间学雷锋收藏展"在普陀区曹杨新村社区文化中心圆满落幕时,雷锋收藏沙龙领头人范振和欣慰地说。

"收藏是记录历史,展览是见证历史。"这次展览分"伟大号召""光辉一生"和"学习雷锋"三大部分。400多平方米的展厅中,共展出宣传雷锋的塑像、宣传画、海报、文献资料,书报刊、纪念封、门券、徽章、纪念品等1000余件,其中不乏珍品。如1963年制作的最早的雷锋石膏塑像及介绍雷锋生平的一幅肖像画,1963年3月2日首发毛主席"向雷锋同志学习"题词的《中国青年》杂志,陈广生的《雷锋的故事》等。

这些珍贵的展品,每一件都源于"雷锋收藏沙龙"的收藏家们多年的执着寻觅。展览中,高乃兴提供的木刻拓印雷锋让人们赞叹不已。张建平提供的雷锋杯子、纪念章、扑克牌等记录了难忘的岁月。吴月林、宋奇提、王增华等提供的手绘雷锋信封、笔筒书、当年的雷锋报纸等,让人们仿佛又回到了"激情燃烧的当年"。冯建忠提供的当年上海出版发行的雷锋宣传画、少儿杂志、报纸等藏品,更以详尽的史实告诉人们:上海在当年是群众性学雷锋活动的一片热土。

房冠龙、邵根才、杨宝全……据范振和介绍,上海有一批具有浓厚红色情结的收藏家,雷锋的民间收藏品已达数万件,而且品种全,精品多,在多年来持续开展的学雷锋活动发挥了重要作用。

## 一支特别的志愿服务团队

成立于2017年底的上海市收藏协会"雷锋收藏沙龙",目前有会员30多人。作为一支特别的学雷锋团队,他们忙碌的身影活跃在申城。

在杨浦区黄兴学校,雷锋收藏沙龙组织雷锋主题收藏展和主题班会"雷锋精神我传承"活动,同学们用快板、小合唱、演讲等形式讲好雷锋的故事,用雷锋的身边事激励自己爱学习、爱劳动、爱祖国。向学校赠送小雷锋形象的"雷锋故事机"等,为学生们播放有关雷锋的故事和歌曲。班会生动活泼,人人参与,最后以"我对雷锋叔叔说",把班会推向高潮。

在位于奉贤临港新城的上海建桥学院雷锋馆,沙龙的收藏家们不辞辛劳从城区赶来,参观学习,与大学生们交流互动,探讨如何在校园开展学雷锋活动。

在位于中心城区的陕西北路,经过雷锋收藏沙龙成员半年多的筹建,"雷锋收藏馆"正式建成对观众开放。"上海中心城区有了雷锋纪念馆"成为申城媒体争相报道的新闻。这里虽然场地窄小,条件简约,但沙龙的成员每天义务值守,为从四面八方赶来的观众讲解藏品背后的雷锋故事。

在上海公安博物馆举办的"沪申大讲堂"上,雷锋收藏沙龙专门开辟"时代的楷模——永远的雷锋"系列讲座,收藏家们轮流上台为市民讲雷锋的故事,讲收藏雷锋的经历。

在每月 20 日上海军民南京路学雷锋活动中,沙龙主动申请摊位,成为志愿服务团队的一员。每月 20 日一大早,沙龙的成员便带着雷锋展板、雷锋馆参观门票等从申城的四面八方赶到南京路步行街,为市民和游客介绍他们通过收藏的实物了解的真实雷锋。

据统计,雷锋收藏沙龙成立以来,已举办各种展览、讲座等活动 20 多场(次),受众达 10 万人,成为上海群众性学雷锋活动中的一支生力军。

## 一位充满雷锋情结的领头人

"雷锋是一个响亮的名字,他融入了我的生命。"谈起雷锋,聊起沙龙,领头人范振和格外激动。

范老说:"从小雷锋就是我的偶像和楷模。当年毛主席的'向雷锋同志学习'题词发表时,我正在上小学三年级。从那时起,我就把学习雷锋当作自己人生的努力方向,经常利用放学和星期天在桥脚下帮工人搬运货物，帮送菜的农民推黄鱼车。对雷锋的敬仰，贯穿了我成长的一生。"

从对雷锋人格的敬仰，到立志传播弘扬雷锋精神，使范振和对有关雷锋的相关物品收集情有独钟。20多年来，他不惜花费大量的经费和精力，收集了上千件雷锋藏品。不仅有雷锋的宣传画、报纸、书籍、门票、年历、火花、戏单等，还有各种材质的雷锋头像、日用品等。其中当年有关宣传报道雷锋事迹的书籍报刊，如1963年3月1日的《新民晚报》、3月2日的《中国青年》杂志、3月5日的《人民日报》等都是弥足珍贵的红色藏品。

一次，范振和在北京潘家园旧货市场地摊上看到《中国青年》合订本中，有一本1963年3月2日出版的《中国青年》杂志，一心想要把这个"宝贝"买下来，但摊主开了个"天价"。无奈他只好跟摊主讨价还价，一直谈到要关门下班，摊主见他远道而来而且诚心诚意，才松口成交。没想到通过这次卖买竟和摊主交上了朋友，后来只要摊主有雷锋方面的藏品，都会在第一时间通知他。

还有一次，范振和得知一张20世纪70年代上海青年宫学雷锋展览的照片，在上海聚奇城被一位同好买走的消息，便想尽办法托朋友去做工作。经过三个多月的努力，这位同好被他的执着所感动，最终愿意割爱了却范老的心愿。

"雷锋精神是永恒的。习近平总书记又对新时代学习弘扬雷锋精神发出了新的号召。我们会铭记初心，坚持不懈地收藏雷锋，研究雷锋，宣传雷锋。"范振和饱含深情，道出了"雷锋收藏沙龙"成员的心声。

# 冯建忠：一名收藏家的雷锋情怀

窦　芒

冯建忠

　　冯建忠，沪上著名雷锋收藏家、"收藏期刊创刊号大王"、浦东收藏协会会长。

　　猪年新春，笔者应约来到位于上海浦东南码头路的冯建忠寓所，现场参观他被誉为"永远的雷锋博物馆"的家庭藏品，听他用珍贵的史料揭秘雷锋的故事，追忆上海军民当年在全国率先宣传雷锋、学习雷锋的火热场景。

## 淘宝：40年收获雷锋藏品万余件

冯建忠的家虽然房子不大，装修简单，但一进门便感受到一种红色文化，一种雷锋情结。一排排书柜上，满目的雷锋书籍、期刊、画册。好几个箱子里，各种与雷锋有关的物什价值非凡。四周的墙上挂满不同时代的学雷锋海报。几十个雷锋的半身像整齐地排列着，他小心拿起其中的"黑脸"雕塑。"这是用煤晶雕刻的，原料出产于雷锋生活过的东北大地。"

40年不懈寻觅，一万余件各种雷锋藏品，这就是在上海乃至全国有名的"雷锋迷"冯建忠。

"收藏雷锋，我是与学习雷锋同步的。巧的是在学雷锋事迹时，发现1960年10月10日是雷锋担任学校辅导员的日子，这天正是我的生日，备感亲切。"冯建忠说。

冯建忠小时候就喜欢看雷锋的连环画，坚持学雷锋做好事，1973年在学校时曾被评为学雷锋积极分子。从学雷锋到崇拜军人，1979年11月他终于穿上军装，成为一名解放军战士。作为中队的团支部委员，军人委员会委员，入伍四年他不仅在连队做好事，如打扫饭堂、在机场帮机械员推飞机等，还去部队驻地村庄为村民理发等，被中队评为先进标兵，维护的飞机是中队最好的一架。为此，他多次在部队做学雷锋报告。退伍后分配到有着8000人的大企业高桥化工厂，冯建忠不忘用雷锋精神做好工作，一年不到就任车间团支部副书记、工段长，被评为先进工作者，后送党校学习又被评为好学员，毕业后到厂工会当干事成为工会积极分子。

"应该讲，我从学雷锋开始就走上了收集雷锋、研究雷锋的道路。"冯建忠这样回忆。为了收集雷锋藏品，他花去大量时间、精力和经费，以致个人生活也受了影响，拖到44岁才结婚，现在孩子才10岁。但说起那些费心费力收集得来的雷锋藏品，冯建忠却没有丝毫后悔。

曾经，社会上不少人对雷锋"心存疑惑"，还有人认为雷锋是牺牲后人为树起来的典型。冯建忠通过收藏的一些罕见藏品，告诉人们"他生前成名已久"。他收藏了一份 1960 年 12 月 13 日的《辽宁日报》,其 3 版头条刊发了"红色战士雷锋"的重点报道。冯建忠介绍,其珍贵之处在于这是全国省级媒体里第一份报道雷锋事迹的报纸。藏品中,还有 1960 年 12 月出版的沈阳军区《民兵之友》杂志,这是目前所见雷锋形象首次登上杂志封面,因当时的发行对象是沈阳军区及民兵,所以至今鲜为人知。这份 1960 年的《民兵之友》,与冯建忠的年岁一般大。彩色的封面上,雷锋仰头 45 度望天,露出大半个娃娃脸。"活着的时候,他就是先进人物。"冯建忠对照目录,翻到了里头占了四版的文章《做毛主席的好战士》,署名是雷锋自己。文末还连着"雷锋同志日记摘抄"。那些天,他光荣地参加中国人民解放军,光荣地加入伟大的中国共产党,实现了自己的崇高理想。

后来,《解放军战士》1961 年 1 月刊,用 7 个页码从不同角度继续宣扬雷锋。得益于这个大篇幅,那些流传后世的经典句子开始铺展地映入大众视野——"一滴水,只有放进大海里才永远不会干涸,一个人,只有当他把自己和集体事业融合在一起的时候才能最有力量。""我要在困难中做光荣的革命战士,绝不做可耻的逃兵;我要做暴风雨中的松柏,绝不做温室中的弱苗。"那时,富有爱心与革命热忱的雷锋,也是一名文艺青年。

1961 年 5 月 5 日的《人民日报》对雷锋非同寻常。那一天,雷锋作为新闻主角荣登这份权威报纸。但冯建忠搜寻多年无果,后来只好通过诸多周折买到一套 1961 年的报纸合订本。当他拿着放大镜,一字字念完文章后,冯建忠觉得当年《人民日报》标题拿捏有道,"苦孩子成长为优秀人民战士"严丝合缝地概括了雷锋不长的人生。

冯建忠还收藏了一些签名的雷锋出版物。比如第一个写雷锋故事的作者陈广生签名的《雷锋的故事》初版。这本全国开展学雷锋活动的必读书籍在 50 年里多次再版重印,仅解放军文艺出版社就再版过 3 次,重印 15 次。根据 1993 年时的统计,《雷锋的故事》当时累计发行量达 2000 多万册,是我国文艺类书籍发行数量之最。另外,雷锋战友乔安山的签名本等也弥足珍贵。

不同版本的连环画是冯建忠收藏中的又一亮点,据他研究,从

1963年到2013年，全国一共出版了50多个版本的雷锋连环画。

## 展示：让更多的人知晓雷锋传承雷锋

2月27日上午，普陀区曹阳新村村史馆，冯建忠正忙着布置"永远的雷锋——上海第二届民间学雷锋收藏展"。这次活动冯建忠提供的都是立体的藏品，有雷锋塑像，有雷锋形象的茶壶、杯子、大铜章、茶盘等数百件。

"这些年我在收藏雷锋、研究雷锋的同时，最想做的是把我的藏品变成文化展品，去服务社会，让更多的人了解雷锋，崇拜雷锋，传承雷锋，变独乐乐为众乐乐……"冯建忠说。

正是凭着这样的心愿，从1993年在沪上首次举办雷锋展，至今冯建忠已筹办了20多场雷锋事迹专题展。同时，他用雷锋藏品分别在崇明、浦东及中心市区支持帮助建立了四个雷锋纪念馆。平时，冯建忠一直自备有200个镜框，配合社区的中心工作和节庆活动举办红色收藏展。开办公益讲座，撰写研究文章，成了他的"主业"。

位于浦东的建桥学院是一所民办高等院校，多年来学校将"服务他人、奉献社会"的雷锋精神融入办学全过程，通过制度化引领、规范化管理、常态化运行长效机制的建设纳入学校规范管理，以丰富生动、贴近学生的方式方法组织开展各类活动，推动雷锋精神进课堂进教材进头脑。三年前，建桥学院准备筹建上海高校第一个雷锋馆，但苦于缺乏资料和展品。冯建忠得知后表示全力支持。他多次前往相距近百里的学校，和建馆人员一同研究方案、布局场地、捐献藏品。当年媒体关于建桥雷锋馆开馆的报道是这样的：走进馆内，长达十多米的"雷锋"书报刊走廊间，大多数藏品是上海"雷锋迷"向馆方捐赠的。负责藏品展陈的历史学博士陈佳寒老师介绍，其中一位为人低调的冯先生，就向他们提供了不少自己多年珍藏的旧报纸。冯先生表示，尽管全国性的雷锋纪念馆在雷锋同志驻地抚顺，但上海其实也有不少学习雷锋的原始材料。许多上海人未必知晓，崇明岛、乡村里也有自发筹办的雷锋馆，藏品也是他提供的。在此展示当年的《新民晚报》在版面头条位置刊登了毛泽东"向雷锋同志学习"的题词图片,以及周恩来所写"雷锋同志是劳动人民的好儿子、毛主席的好战士"的手迹,并报道了"文化广场万余青年听取雷锋事迹报告";又如1963年2月出版的《青年报》头版头条,以及整个头版,集中报道了《共青团中央发出通知号召全国青少年学习雷锋》等消息、通讯和言论。次月5日,毛泽东主席正式发表题词:"向雷锋同志学习",此后每年的这个日子成为中国人的学雷锋纪念日。

2015年3月初,在上海图书馆举办的"走进雷锋民间专题藏品展"上,当年讲述雷锋事迹的宣传画、连环画、报纸、刊物、像章、瓷器、书签、奖状、生活用品90%是冯建忠提供的,共200余件。人们在观展的同时,纷纷向冯建忠询问有关藏品的来龙去脉,对其孜孜不倦的精神深表钦佩。现场还有这样一幕:冯建忠收集的数十幅各时期绘制的雷锋宣传画挂满展厅墙壁,他遇见了其中两幅宣传画的作者杨顺泰。

现年66岁的上海艺术家杨顺泰站在宣传画前感慨万千。他说,自己1972年接受了上海人民出版社的宣传画创作任务,当时他还在工厂,但画画已经在社会上出名了。能被选中画雷锋宣传画在当时是一件十分光荣的事情。虽然对雷锋的故事稔熟于胸,但他还是为此参考了大量资料,精心创作。其中一幅雷锋在汽车驾驶室里看书的宣传画,跟人们熟悉的雷锋读书照片有所不同,为了达到更好的光影效果,他艺术性地将另一幅大家熟悉的雷锋缝被子照片上的雷锋头像移用到了雷锋读书的宣传画上。这套宣传画初版就印制了10万套,但杨顺泰自己收藏的十几张却因为多次搬家而不知所终,这次在冯建忠的藏品里发现了自己的作品。冯建忠当即表示把宣传画留给杨顺泰收藏,杨顺泰在泛黄的宣传画上签了名。超越40年的缘分,因为收藏雷锋、创作雷锋,他们的手紧紧地握在了一起。

2019年新年伊始,位于中心城区陕西北路的上海雷锋收藏馆正式开放,馆内展出的千余件藏品使沪上市民重温了雷锋和雷锋传人的大爱情怀。这是冯建忠用他收藏的雷锋物品支持建起的又一家市区馆。原来,上海目前的几家雷锋馆都位于崇明、松江、奉贤等郊区,市民参观很不方便。为了在市中心城区建立一座传播雷锋精神的固定展馆,在市收藏协会雷锋收藏沙龙主任范振和的倡导下,冯建忠等雷锋收藏爱好者将享有"沪上活雷锋"美誉的江澄源原来的场地进行整修和充实，并专门赴东北雷锋纪念馆考察，收集习近平总书记在参观雷锋纪念馆时的讲话和图片。经过半年多的筹备，这个馆于元旦前正式重新开放。

改建后的场馆虽然面积较小，但馆内的近50种、千余件展品却弥足珍贵。其中，一个玻璃展柜内的8本《中国青年》杂志吸引了不少人围观，这是冯建忠的藏品。他介绍，这其中包括1963年3月2日发表毛泽东"向雷锋同志学习"题词的那本，还有一本有油画封面的也同样珍贵。"这幅油画描绘了雷锋同志在军舰上给海军战士们做报告的场景，很多人不知道，我把它给'挖掘'出来了。"

冯建忠坦言：收藏、展出和研究雷锋，既需要决心，更需要克服困难。困难就是几十年来，又要上班，又做协会会长，收藏专题好多个，家有孩子又要尽责任。但最主要的是时间和经费问题，他是买断工龄的职工，离开单位十多年来没有工资收入，现在每月退休金也仅三千元。这些年他的精力和钱基本上花在了收藏雷锋上。虽然付出很多，但收获更多。尤其是几次被评为"浦东市民之星""浦东好人"和获得浦东第二届典型人物提名，就是各级领导和市民对他最好的肯定。

# 房冠龙：把家变成雷锋博物馆

范彦萍

2013 年是毛泽东同志为雷锋题词 50 周年。雷锋虽然已经离开我们半个多世纪，但雷锋精神依旧不断传承、历久弥新，是几代人的精神财富。

上周五晚上，在漫长的等待后，记者走进杨浦区延吉七村居民、民间家庭雷锋文献资料收藏馆红色收藏家房冠龙的家。"不好意思，这两天实在是太忙了，让你久等了。"房冠龙拿出刚刚取来的雷锋生前老连长虞仁昌题的字"学雷锋精神，做雷锋传人"，抱歉地说。

房冠龙的家就是一个"雷锋纪念馆"

## 将家打造成雷锋纪念馆，处处皆雷锋

走进房冠龙的家，面积不大的一室一厅里铺天盖地都是与雷锋相关的海报、照片、徽章、邮票、火花、纪念章、瓷器等藏品，共计 3835 件（还不包括 2013 年 1 月 21 日之后的）。就在桌子上，还躺着房冠龙新淘过来的雷锋明信片和书籍。

一说起藏品，不善言辞的他如数家珍。"你看，这张是 1963 年 3 月 1 日举行共青团上海市委雷锋生平事迹报告会的照片，甚至在团市委的档案中都没有。还有我收藏的雷锋体检报告照片，更是独家藏品。"说到兴奋处，老房拿出了一麻袋雷锋笔记本，铺了一地。"1963 年那年掀起了学雷锋潮，雷锋笔记本、徽章、话剧什么的非常流行。"在他的雷锋藏品清单里，还有牙具、梳子、汗衫、药袋、指甲钳等家居雷锋纪念品，可谓无处不雷锋。

这些收藏凝聚了房冠龙 22 年的心血。

在房冠龙的印象中，当年学雷锋的风气很盛。那个年代一周工作六天，但大家周日义务加班也是经常的事，谁都没有怨言。1963 年提出学习雷锋口号那一年，他才十四五岁，那时候觉得雷锋一辈子做好事不容易，是自己的偶像。一次，他无意中得到一套印有雷锋肖像的书签，成为他的收藏起点。

1990 年，时任工厂车间工会宣传委员的他突发奇想，用雷锋专题收藏来宣传雷锋精神。渐渐地，房冠龙一发而不可收，彻底迷上了雷锋收藏，几乎每个周末都会风雨无阻地穿梭于上海的各个旧货市场。这些年，为了收藏，房冠龙更是烟酒不沾，生活上勤俭节约。

## 雷锋专家践行雷锋精神，从小事做起

也曾有人想出高价收购他的收藏，但被他婉拒了。在房冠龙看来，收藏"雷锋"的过程也是学雷锋的过程。他不仅成了社区志愿者，每 9 天当一回社区安全巡逻员，还将不少藏品无私捐献或借给相关的展览馆。例如在雷锋同志 70 周年诞辰,他将 10 件藏品无偿借给湖南雷锋纪念馆展出,并向纪念馆捐赠了月票花、年历片等 10 件特色藏品。不仅如此,这位"雷锋专家"还向上海国歌展示馆捐赠了上百件藏品。

"我收藏雷锋藏品,主要是为了弘扬他的精神,即从点滴小事做起。你看,雷锋从来没做过什么惊天动地的大事。放到现在来看,马路上看到老人摔倒了,搀扶一把,也是学雷锋的体现。"这些年,房冠龙都在小事中默默地践行雷锋精神。每年的学雷锋日期间,他都会把自己的藏品免费提供给学校、社区和各级图书馆进行展览,并义务担任解说员。

"收藏是记录历史,展示是见证历史。"房冠龙在采访中突然冒出来一句意味深长的话。近年来,一些媒体报道很多小朋友不知道雷锋了,但房冠龙并不那么认为。"有一次,我在扬帆学校设展,老师询问小朋友们,这位是谁啊? 他们说,是雷锋叔叔。然后又问他们雷锋是干吗的? 他们再次答出了正确答案:做好事。我当时很感动,希望能把雷锋精神永远这样传下去。"

就在采访间隙,房冠龙还接了好几个电话。3 月 5 日将近,他变得无比忙碌,但他心甘情愿。他说,自己是一个"红色收藏者",希望能通过这些展品,让雷锋精神代代相传。而他也不是一个人在努力,在全国雷锋藏友联谊会,有几十个和他一样倾心于雷锋收藏的志同道合的朋友。

（摘自《青年报》　2013 年 2 月 25 日）

# 杨宝全：自费筹办雷锋展"落户"虹口

周　楠

3月5日是学雷锋纪念日。在虹口区曲阳路街道文化中心，20块雷锋影像展板集中亮相，其中有30张雷锋维修车辆、打着手电筒学习毛选、带病去抚顺抗洪抢险、为灾区捐款、拉手风琴等珍贵的一手影像资料。据悉，这些雷锋生前照片是曲阳路街道志愿者杨宝全自费委托雷锋生前战友、沈阳军区摄影记者张峻冲洗并精心制作后捐赠给街道的。

作为全国道德模范候选人、云南省道德模范，杨宝全近日还在云南省红河口哈尼族彝族自治州个旧市组织100余人开展弘扬雷锋精神、为民服务公益活动。40多年坚持学雷锋，他被当地老百姓唤作"杨雷锋"。

## 效仿雷锋助人为乐

杨宝全小时候全家曾受到街坊四邻的接济，母亲叮嘱他"长大了，有能力要帮助别人"。在云南山区插队时，瘦小的杨宝全受到当地老乡的帮助，他也尽力劳动来报答大家的善意。

1976年杨宝全入伍。有感于部队领导的教诲，他在日记本上郑重写下"向雷锋同志学习，做毛主席的好战士"的誓言。在部队期间，同为汽车兵的杨宝全效仿雷锋，常常帮战友站岗放哨，为生病的战友送饭，外出途中为陌生人修理车辆等。退伍后杨宝全当上小车驾驶员。由于山区交通不便，小车驾驶员是个"肥差"，出差途中捎老乡进城赚点"外快"很普遍,当地人俗称"割马草",但杨宝全捎老乡进城从不收费。

有一次,杨宝全去隔壁县办事,归途中一对小夫妻站在路边拦住他焦急地说,家中老人病危,希望杨宝全捎上他们。杨宝全驾车一路飞驰,连夜将这对小夫妻送到个旧市人民医院门口。在第二天收拾车辆时,杨宝全发现车子后排座位上有条"红塔山",估摸着是小夫妻留下的"报酬"。他连忙赶到医院,在门口守候数小时,找到那对夫妻。当杨宝全递上那条"红塔山"时,夫妻俩无论如何不肯收回:"幸亏遇上您,我们及时赶回,见上老人最后一面,否则要遗憾终生了。"几番推让,杨宝全还是婉拒了好意。当时杨宝全家中爱人待岗,照顾体弱的老人和幼子抚养都需要用钱,但杨宝全觉得:"做好事怎么能收钱呢?"

## 大张旗鼓宣传雷锋

默默无闻做好事的杨宝全,从 1999 年开始发生了变化。

1999 年 1 月 8 日,一个名叫暴容的昆明女孩在上学途中不幸被积雪压垮的树枝砸中,陷入昏迷。她父母离异,母亲罹患乳腺癌,家里无钱为她医治。杨宝全看了相关报道后,从每月为数不多的工资中拿出200 元,连续三个月,署名"希望"寄给相关报社,请求记者转交。昏睡48 天后,暴容醒来,她想找到这位好心人。报社记者从昆明来到个旧,四处打听,终于找到杨宝全。杨宝全起初拒绝接受采访,在班长的几番劝说下,他才勉强和记者见面。相关报道见报后,全国各地的捐款如雪花般飞来,暴容在爱心人士的帮助下,筹足医药费,渡过了难关。"暴容事件"让杨宝全看到全社会向善的力量。

看了报道,雷锋生前战友、第一个报道雷锋同志的摄影记者张峻和杨宝全取得联系。得知杨宝全一直以雷锋为榜样,张峻告诉他:"一个人的力量是远远不够的,必须站出来大张旗鼓学习雷锋、宣传雷锋,不让雷锋精神消失!"在张峻的鼓励下,杨宝全开始他的学雷锋团队活动。2000 年,杨宝全在张峻的帮助下建立宣传雷锋事迹图片展厅,先后自费投入数万元,制作雷锋事迹展板 9 套,在云南昆明、建水、开远、蒙自、河口等地的大专院校、中小学校、部队、公共场所展出 600 多场次,参观人数 60 多万。

2003 年 3 月,杨宝全牵头组建个旧市学雷锋小组,成员有大学生、教师、医生、战士、出租车司机等,人数从起初的 5 人发展到如今的 100 多人,学雷锋小组变成学雷锋团队,建立了 29 支分队。"山区有的学校连课桌椅都没有,体育活动更谈不上了,孩子们从没见过乒乓桌。"杨宝全自费买来材料,发动家人朋友做木桌椅、乒乓球桌,至今已向山区学校捐赠 20 套课桌椅、14 张乒乓球桌。杨宝全连续十次被评为州、市、机关优秀共产党员,他把全部奖金捐给了贫困山区的老党员、孤寡老人、学生。

2007 年 8 月,杨宝全在当地出租汽车公司、爱心人士的帮助下组建个旧"雷锋送考爱心车队"。每年高考期间,400 余辆爱心车行驶在个旧的大街小巷,"凡是参加高考的考生,都能就近坐上免费爱心车"。杨宝全还先后获得云南省道德模范、全国道德模范提名奖等荣誉。

## 将到学校公园展出

2017 年底,杨宝全的孙子在上海出生,他不得不将学雷锋团队委托给副队长,和老伴来上海照顾孙辈。

在上海,杨宝全在忙家务之余也不肯歇着。夜深人静时,他和副队长一起策划组织了 2018 年学雷锋活动。他还琢磨把雷锋精神传到上海的社区,加入曲阳路街道志愿者行列。

清晨,他穿上志愿者马甲,帮环卫工人清理垃圾;周末来到人民广场、南京西路、五角场等热闹街区,扶起一辆辆倒地的共享单车,捡拾被路人乱丢的垃圾。"我是一名老党员,这既是学雷锋也是过组织生活,想用这样的形式向别人传递雷锋精神。"

在他的感召下,在上海工作的 IT 工程师夏雕"归队"了。在云南读大学期间,夏雕曾是个旧市学雷锋小组成员,毕业后来到上海张江工作。夏雕说:"杨宝全组建的学雷锋小组在个旧家喻户晓,影响力很大,很多大学生上学期间参与过学雷锋小组活动。做公益已成为我的一种生活方式。"夏雕周末、节假日期间都踊跃参加张江的志愿者活动。听说杨宝全在上海"学雷锋",夏雕就带着他的朋友加入杨宝全学雷锋行列,他们不仅捡拾垃圾,还向路人发放印有雷锋擦车照片的书签,宣传雷锋精神。

此次将一套雷锋图片展板赠送给曲阳路街道,杨宝全是希望雷锋能在上海"落户"。据悉,曲阳路街道还将在中小学校、鲁迅公园等地展出这套珍贵照片。

**雷锋珍贵照片在曲阳路街道文化中心展出**

（摘自《解放日报》 2019 年 3 月 6 日）

# 雷锋事迹大型原创摄影作品展在沪开幕

周志刚

为纪念毛泽东等老一辈革命家为雷锋同志题词发表50周年,迎接党的十八大胜利召开,团市委、市青联、市希望办、市少工委、新民晚报社等单位联合举办的"不朽的丰碑永远的榜样"——雷锋事迹大型原创摄影作品展今天在上海展览中心西二馆一楼隆重开幕。原海军政委冷宽中将、团市委书记潘敏、市委宣传部领导晁玉奎、高学敏少将、新民晚报社总编辑陈保平等领导出席了开幕式,并共同为"不朽的丰碑永远的榜样"——雷锋事迹大型原创摄影作品展开幕剪彩,团市委副书记、市青联主席钟晓敏主持了开幕式。

本次展览荟萃了为雷锋摄影的8位作者的原创作品以及雷锋在照相馆拍摄的所有照片近300幅,其中有很多是首次公开展览,用雷锋的影像,全方位展示雷锋的平凡而伟大的一生,揭示雷锋奉献、敬业、创新和创业精神的深刻内涵,诠释雷锋精神在新时期的时代价值。持续近半个世纪的学雷锋活动迎来了新的春天。

出席开幕式的领导及嘉宾还有雷锋班老连长虞仁昌,雷锋战友、著名摄影家季增,中国学雷锋基金管理委员会执行主任兼秘书长李天文,团市委副书记夏科家,原二十集团军政委阎成贵,上海市少先队总辅导员赵国强,上海市希望工程办公室主任吴仁杰,上海市青少年活动中心党委书记蔡丰,上海市百老德育讲师团团长戚泉木等。

(2012年3月4日 中国青年网)

# 上海图书馆举行"雷锋在我身边"系列活动

王呈恺

今年是雷锋同志逝世 50 周年,也是全国第 49 个"学雷锋纪念日"。上海图书馆将在 3 月 5 日前后开展"雷锋就在我身边"系列主题活动。

上海图书馆拥有不少的雷锋题材文献影像,这些珍贵的馆藏将于 3 月 4 日集中向广大读者展示。在这一天开展的"雷锋就在我身边"——党员学雷锋志愿服务行动中,还将推出"市民数字阅读推广计划"介绍、邀请市民读者开展"我是图书馆志愿者"活动、中心图书馆业务咨询服务等。

"推广数字阅读,上图在你身边",是 3 月 5 日,即"学雷锋纪念日"的一项重要活动,上海图书馆的青年员工,将赴公安博物馆搭台介绍上海图书馆推进"市民数字阅读"计划情况,并进行现场办证、志愿者招募等。

除了这些活动,在 3 月 5 日前后,上海图书馆还将赴社区单位上门提供办证咨询服务、健康咨询志愿者服务、《历史文献电子数据库服务指南》推广咨询、为《中华再造善本》重新编制索书号、文献复制咨询服务、帮困扶弱等。

(2012 年 2 月 24 日　东方网)

# 上海第二届民间学雷锋收藏展开幕

赵媛媛

三月是温馨的，
因为它是希望的成长；
三月也是激昂的，
因为它是生命萌发前的搏击；
三月更是自豪的，
因为它见证了一个平凡却又一生
无时无刻不为人民着想的
伟大共产主义战士——雷锋！

在第 56 个学雷锋纪念日到来之际，曹杨新村村史馆特举办"永远的雷锋"——上海第二届民间学雷锋收藏展。

雷锋这个名字激励了几代人成长。今天，大家怀着激动的心情步入村史馆，共同感受雷锋同志带给我们的精神的洗礼。

开幕式现场吸引了上海市收藏协会雷锋收藏沙龙全体成员，各区收藏协会的会长、秘书长、会员，以及曹杨新村居民近百人。

现场气氛热烈，在《学习雷锋好榜样》的音乐声中，参观者边参观边互动交流，一起寻雷锋足迹，扬雷锋精神！

展厅内一件件实物、一幅幅照片、一段段文字，都记录着 56 年来大家学习、弘扬雷锋精神的点点滴滴。

杨浦区收藏家协会会长高乃兴老师，今天还专程来现场为大家制作"做一颗永不生锈的螺丝钉"雷锋版画。

学习雷锋精神,就要把崇高的理想信念和道德品质追求融入日常的工作生活,在自己岗位上做一颗永不生锈的螺丝钉。

曹杨新村村史馆举办"永远的雷锋"

(2019 年 3 月 3 日　搜狐网)

# 青浦举办"永远的雷锋"专题展

## 陈云纪念馆

　　为纪念毛泽东同志"向雷锋同志学习"题词发表 50 周年,由陈云故居暨青浦革命历史纪念馆与湖南雷锋纪念馆共同举办的"永远的雷锋"专题展于 2013 年 3 月 2 日上午 10 时在陈云纪念馆序厅隆重举行开展仪式。

　　湖南雷锋纪念馆馆长陈亮伟,陈云故居暨青浦革命历史纪念馆管理委员会副主任、陈云故居暨青浦革命历史纪念馆馆长徐建平,雷锋生前所在部队连长虞仁昌出席活动并致辞;青浦区委常委、宣传部部长、陈云故居暨青浦革命历史纪念馆管理委员会副主任韦明,鲁迅纪念馆馆长王锡荣,宋庆龄陵园管理处处长秦刚,市委党史研究室科研处副处长年士萍,中共青浦练塘镇党委宣传委员管文军,雷锋专题资料收藏者房冠龙出席开展仪式。练塘镇青年志愿者代表、消防官兵代表、学生代表及纪念馆全体员工出席活动。仪式由陈云故居暨青浦革命历史纪念馆管理委员会秘书长、陈云故居暨青浦革命历史纪念馆副馆长兼党总支书记马继奋主持。

　　"永远的雷锋"专题展以图片、实物与音像相结合,共分为苦难的童年、平凡的人生、伟大的精神三个部分。展览首次在上海播放了雷锋的原声录音,展出了国内第一时间刊发毛泽东"向雷锋同志学习"题词的 1963 年 3 月 1 日的《新民晚报》,展出了雷锋的奖状、体格检查表等珍贵文物。观众在参观展览的过程中,既可以看到近 150 张雷锋的照片,又能诵读雷锋日记中的经典话语;既能看到社会上宣传雷锋的书籍、书签、宣传画等,又能看到 1963 年共青团上海市委在文化广场举行雷锋生平事迹报告会的照片等等。这些珍贵的图片与文物充分展示了雷锋的生平事迹,生动诠释了"雷锋精神"的深刻内涵。

　　近年来,陈云纪念馆坚持"引进来"与"走出去"相结合的战略,不断创新展览主题,提升展览质量,丰富展览形式,成功地举办了一系列展览。今年,纪念馆还将引进、输出 10 余个展览。这些展览,必将为社会主义文化的大发展、大繁荣做出重要的贡献。

陈云纪念馆举行开展仪式

（2013 年 3 月 5 日　陈云纪念馆）

# 静安纪念雷锋宣传画专题展

## 李　瑛　余儒文

　　2017 年是毛泽东同志发出"向雷锋同志学习"号召 54 周年,为了大力弘扬与宣传雷锋精神,引导和激发全社会道德建设热情,集聚道德建设正能量,培育和践行社会主义核心价值观,3 月 1 日,中国民主促进会上海市静安区委员会、闸北革命史料陈列馆(中共三大后中央局机关历史纪念馆)、上海地铁第四运营有限公司、杨浦区延吉新村街道社区党建服务中心联合举办的"纪念毛泽东题词'向雷锋同志学习'54 周年——雷锋精神永恒,宣传画专题展"在轨道交通 12 号线曲阜路站站内举行。雷锋生前所在连连长虞仁昌、著名雷锋专题收藏家房冠龙等出席了宣传画专题展开展仪式。

　　活动现场,已经 88 岁高龄的虞仁昌老人激动地说:"国家物质文明了,精神也要文明,雷锋精神值得发扬光大。只有这样,人民才能生活得更好。雷锋说过'我活着,就是为了使别人活得更美好'。我现在年纪大了,但希望雷锋精神一代一代传承下去,希望我们的祖国更加繁荣昌盛。"雷锋精神是以中华民族优秀文化为根基,结合马克思主义理论,是在实践中不断丰富和发展的革命精神。开展仪式上,四家单位为本次活动制作了纪念版书签,赠予市民保存留念。民进会员、戏剧学院青年教师陆扬演唱了京剧《唱支山歌给党听》,得到市民喝彩。

　　3 月 1 日上午,为配合专题展开展,民进静安区委医卫支部七名医生会员在现场为市民开展了医疗咨询活动。

　　本次展览展出的雷锋专题宣传画由全国雷锋专题藏友联谊会会

员、上海市收藏协会会员、荣获首届上海市民文化节百名市民收藏家称号的房冠龙先生提供。展览日期为 3 月 1 日至 18 日。

**虞仁昌老人在参观专题展**

（摘自《静安报》 2017 年 3 月 7 日）

# 奉贤收藏协会举办学雷锋收藏展

### 崔一民

"我慢慢地合上了雷锋日记,仿佛雷锋的英雄形象坐在我的前面。我要熟读雷锋的日记,我要把每个字都渗透到我的实际行动中去。"

2018年3月5日,为纪念毛主席题词"向雷锋同志学习"55周年,在奉浦四居委,奉贤区收藏协会书报刊、文史专业组联合举办的"邵根才学雷锋收藏展"上,收藏家邵根才展出雷锋照片、报刊、书籍、邮票、首日封、明信片、门票,参观券、书签等共计130余件。其中,最耀眼的是15篇已经泛黄的日记,这些日记真实地记录了这位30年代出生的老人学习雷锋的心路历程,上面的文字就出自其中的一篇。

1964年6月29日,邵根才用钢笔在日记本上画上雷锋像,并写道:"时时刻刻看看雷锋,时时刻刻想想雷锋,时时刻刻问问雷锋,时时刻刻比比雷锋。雷锋是比的对象,学的榜样,赶的目标和前进的方向。"

邵根才的一篇《我的学习雷锋日记》参加了日前在静安区图书馆举办的"上海市首届民间学雷锋收藏展"。他的这些日记见证了上海是最早开展学习雷锋活动的城市之一,代表了30年代生人学习雷锋的所思所想,更是雷锋精神永流传的生动注解。

谈及学习雷锋对自己的影响,邵根才说:"雷锋精神永远像一面鲜红的旗帜当空飘扬,从雷锋身上我学会了热爱奉献。此次举办收藏展,是想让更多的人学习雷锋,让雷锋精神代代相传。"

(摘自《奉贤报》 2018年3月6日)

# 四、 雷锋学校　开启人生课堂

# 朱泾小学用雷锋精神引领办学 30 年

干勤欢

近 30 年来,朱泾小学以德育为核心,践行毛泽东同志提出的"向雷锋同志学习"的号召,办有精神的学校教育,追逐雷锋的脚步,求真务实,全面发展,走出了一条特色办学之路。

我校 30 年来对雷锋精神教育的坚持,从小处看,是我们的孩子拥有了不一样的精彩体验;从大处看,是我们夯实了一条以"雷锋特色校园文化建设"践行社会主义核心价值观的道路。

## 一、榜样"树"起来,办有精神的学校

### (一) 雷锋,在践行十八大精神中找到载体

习近平总书记对广大少年儿童提出了四点期望:记住要求,心有榜样,从小做起,接受帮助。这四点不仅是总书记对全国少年儿童的殷切希望,也指出了榜样对少年儿童培育社会主义核心价值观的重要作用。有榜样就会有标准。我们提出"服务他人,成就自己"的育人理念,学雷锋让学校实现了与培育社会主义核心价值观的融合,与培养学生综合素养相融合。2013 年,学校加入全国学雷锋学校大联盟,成为全国学雷锋基地学校,学校雷锋文化进入快速生长期,相继开辟"雷锋体验馆""雷锋广场"等场馆,相继开发"雷锋棋""雷锋操"等雷锋文化体验项目。

### (二)雷锋,让我们知道有担当就会有作为

我们相信,以雷锋精神德育一体化实践和学科素养培养为基点,能为教育的均衡优质做出更大贡献。2013年,学校承办全国学雷锋学校大联盟研讨活动,向全国发布了《金山宣言》。2015年,我们举办了"践行社会主义核心价值观——朱泾小学'雷锋伴我30年'主题座谈会"。这两年,学校自觉承担社会责任,积极建设新优质学校,学校成为金山区见习期教师培训基地学校,金山区零起点和等第制试点学校,金山区小学生女子排球训练基地学校。学校还积极推进朱泾地区家长联盟学校建设。由此,我们向社会展示了学校文化可持续发展的光明路径,为少先队队建提供了发展模式,为学校的发展提供了可复制的经验,我们也必将成为一所优质、均衡、幸福的学校。

## 二、榜样"活"起来,做有韵味的教育

### (一)快乐的校园

课程是学生学校生活的载体,课程生活同样需要身边的榜样力量。围绕"雷锋家园课程",我们以德育为统领,架构起"基础型、拓展型、探究型"课程体系。《小雷锋拓展营》以培养能力兴趣为主;《小雷锋探究营》以培养调查、分析、判断、综合能力为主;而"小雷锋五星奖章"作为课程评价,构建起整个课程实践的评价保障。"小雷锋五星奖章"争章活动让孩子在伙伴交往、岗位体验、角色体验中,做到岗位有故事,年年有楷模。我们通过"小雷锋驿站"的激励培养了一大批"雷锋好少年",孕育了"爱生活、爱他人、爱祖国、爱学习、爱创造"的"五爱精神"。

### (二)移动的校园

周末去哪里?雷锋家长的亲子课程开始了。家长课程志愿者走进课堂,为学生、家长上课;带出学校,为孩子们提供各种实践的基地,如水资源基地、民俗文化基地、东林文化基地、百菜园实践基地等;"台湾

爸爸讲宝岛的风情""警察叔叔讲交通法规""菜地的爷爷讲时令果蔬的知识""请老军人讲抗战的故事""阿姨的金山话"等课程，皆有声有色、异彩纷呈。家长的教学资源是无穷的，它造就出一个学校、家庭、社会三位一体的全新育人体制。

暑期去哪里？朱泾小学"乡村辅导站"雷锋教师服务开始了，我们为乡村里的孩子们提供了一个移动的校园。每年，雷锋家园集广大教师之力，为家园学子推出一道别具特色的暑期大餐——暑期家园好作业"追寻美丽梦想，共享快乐假日"。乡村辅导站开设了"巧手小达人、创意无极限""小小油画家、数字绘艺术""魅力衍纸、创意无限""趣味彩泥、乐享童趣"等项目组，学生在各自导师的指导下，完成"家园作业单"，度过快乐假日。

## 三、榜样"多"起来，育有志向的孩子

我们觉得，只有正确承载历史，才能准确把握未来。朱泾小学外来务工子弟占 37.8%，本地农村子女 48.46%。为了让孩子生动活泼自主发展，30 年来，雷锋精神成为我校生活化德育的核心，朱泾小学雷锋家园新优质发展紧紧依托"服务别人、成长自己"的理念，学雷锋活动经历了"服务实践""课题实践""课程实践""区域体验"四个阶段，通过德育一体化实践，我们共同构筑了和谐幸福的雷锋家园。

正像一位家长的对联所写："手手相牵续写雷锋传奇，心心相连成就朱小梦想。"近十年，学校有 1623 名学生获得"小雷锋"奖章，312 名学生获得"雷锋少年"勋章。其间，学校被授予全国学雷锋先进集体、全国先进手拉手联谊校、全国红旗大队、市花园学校、市文明单位、市行为规范示范校、市五四劳动奖章、市"教育先锋号"、金山区 A 级学校等荣誉，有六位师生先后获得全国学雷锋先进个人、全国优秀大队辅导员、全国优秀少先队干部等称号。

（作者系朱泾小学校长，摘自《雷锋心家园》）

# 朱泾小学获评"全国雷锋学校示范基地"

窦　芒

　　2019 年 5 月 16 日,由金山区教育局主办、朱泾小学承办的"融合育人之榜样育人——2019 金山区素质教育论坛"在金山区朱泾小学举行。辽宁抚顺雷锋生前所在部队雷锋旅政治工作部主任张永利、雷锋旅政治工作部人力资源科科长阎绍川,全国德育专家王芳,雷锋辅导过的学生陈雅娟,全国雷锋联盟校湖南省望城区雷锋小学(集团)校长刘丰华,华东师范大学教育学部教授刘莉莉,华东师范大学教育学系副教授黄向阳,全国人大代表、河北省保定市人民政府副市长杨伟坤,北京市石景山区教委主任李秀兰,"城市教育发展联盟"相关领导和嘉宾,金山区教育局有关领导及嘉宾等 400 多人参加了本次论坛。

　　"榜样的力量"素质教育论坛是金山区继续深化探索"融合育人"模式,响应习近平总书记"记住要求、心有榜样、从小做起、接受帮助"的 16 字要求,开展社会主义核心价值观教育,结合中华民族优秀传统文化教育,挖掘校内外各种教育资源开展榜样教育的实践之一。

　　雷锋是每一个中国人的榜样,全国雷锋学校联盟的两所代表校分别就雷锋精神特色教育成果进行汇报交流。金山区朱泾小学校长干勤欢做了《新雷锋教育:打造学校榜样育人模式》主题交流,她就学校营造全景式榜样育人氛围,丰富雷锋精神内涵,创新雷锋精神体验载体,构建学校雷锋精神育人特色做全面介绍。

　　湖南省望城区雷锋小学(集团)校长刘丰华以《我们踏着雷锋的足迹不断前行》为题,介绍了学校在"学雷锋精神,办阳光教育"的理念下的办学成效及展望。此次他不远千里来沪传经送宝，体现了雷锋家乡的浓浓情谊。

金山区榜样育人特色学校廊下小学校长朱保良以《学鲜军：永远高扬的旗帜》为题，交流了学校以身边的烈士张鲜军为榜样，弘扬雷锋精神、传承中华传统美德的经验。

为了响应习主席学雷锋号召，雷锋生前所在部队的领导对朱泾小学申报"全国雷锋学校示范基地（上海市中心学校）"创建工作进行了实地调研，肯定朱泾小学学雷锋"有方法、有深度、有境界"，是全国学校学雷锋典范。雷锋生前所在部队特委派雷锋旅政治工作部主任张永利先生和阎绍川共同为金山区朱泾小学授牌，并祝贺朱小雷锋家园成为全国首个"雷锋学校示范基地（上海市中心学校）"，勉励朱泾小学高擎雷锋旗帜，携手校级联盟，再创教育辉煌。

"榜样的力量"素质教育论坛

最后，区教育局宏伟书记感谢雷锋生前所在部队的领导对朱泾小学及金山区雷锋精神教育的肯定，朱小雷锋家园成为全国首个"雷锋学校示范基地（上海市中心学校）"将是我区继续探索和推进新时代雷锋教育的最大动力。他表示，榜样育人论坛是对 2013 年学雷锋《金山宣言》的最好回应，是践行"融合育人"思想的积极探索。金山教育一定要当好教育改革发展的排头兵和先行者,以积极的姿态推动素质教育的优质发展,落实立德树人的根本任务,培养德智体美劳全面发展的社会主义建设者和接班人。

# 廊下小学高扬雷锋旗帜，
# 培养鲜军式好少年

朱保良

校园内的张鲜军塑像

你拍一，我拍一，英雄鲜军传天地，你拍二，我拍二，廊下雷锋
美名播；

你拍三，我拍三，乐于助人讲奉献，你拍四，我拍四，敬老爱幼
从小起；

你拍五,我拍五,自强乐观不怕苦,你拍六,我拍六,诚实守信记心头;

你拍七,我拍七,勤奋好学守纪律,你拍八,我拍八,一生平凡铸伟大;

你拍九,我拍九,心有榜样齐追求,你拍十,我拍十,学会做人立大志。

朗朗上口、富有童趣的拍手歌在百年老校——廊下小学的校园内回荡。

雷锋是中华儿女的光辉典范,雷锋精神是新时期民族精神的重要体现。在新的历史时期应该怎样学雷锋?廊下小学校长朱保良这样讲:

我校把它作为加强学校立德树人、全面推进素质教育的一项重要课题加以探索。

我们认为,今天的青少年对 20 世纪 60 年代的雷锋不仅有时间上的陌生感,而且有空间上的距离感,要让小学生切实感受雷锋同志的伟大精神,就必须尽可能缩小这种时空的距离。

于是,我们想到了身边的榜样——我校校友张鲜军。1997 年 8 月 1 日,廊小校友、22 岁的张鲜军在金山石化海滩纵身一跃,舍己救出了三条年轻的生命,被定格成壮美的永恒。张鲜军是雷锋精神感召下成长起来的雷锋式的好青年,是生活在金山廊下我们身边的平民英雄,是雷锋精神在新时代的具体践行和生动体现。

于是"鲜军事迹、鲜军精神"成为廊小一笔永恒的精神财富,"做鲜军式好少年"成为廊小学生的荣耀和追求的目标。

## 一、学鲜军就是学雷锋

传承 100 年前学校先辈提出的"开启智慧,报效社会"的办学精神,进一步弘扬雷锋精神,培育社会主义核心价值观,践行学校"方方正正做人,踏踏实实做事"的校风。

廊小人人知道鲜军事迹，人人宣传鲜军事迹；人人会背拍手歌，人人会唱鲜军校歌；人人理解鲜军精神，人人寻找身边鲜军；人人践行鲜军精神，人人争做鲜军式好少年。

人人知道雷锋事迹，人人知道鲜军就是廊下的雷锋，学鲜军就是学雷锋，就是弘扬中华传统美德。

鲜军从小是在学雷锋的环境中成长起来的，他的优秀品质就是雷锋精神的体现和写照，践行鲜军精神就是践行雷锋精神。鲜军既有舍己救人的壮举，更有普通平凡的事迹，学生感到人人可以学鲜军，人人可以做鲜军。学校充分利用本土的这个优势资源，引导学生以鲜军为榜样，在知鲜军、讲鲜军、学鲜军、寻鲜军、做鲜军的过程中不断弘扬雷锋精神，不断传承中华传统美德，不断弘扬社会主义核心价值观。

## 二、鲜军就是廊下的雷锋

学校搜集大量的鲜军事迹，挑选了适宜小学生阅读的 20 个鲜军故事，编写了校本教材《闪光的年华——廊下雷锋张鲜军的故事》。书中我们还编入了适宜小学生阅读的 10 个雷锋故事，把"鲜军"和"雷锋"紧紧地结合起来，强化鲜军就是廊下的雷锋。校本教材中还收集了鲜军的遗物图片和有关鲜军的媒体报道等珍贵资料。

2004 年学校百年校庆时，学校创始人后裔、全国著名雕塑家何鄂女士赠送学校一个鲜军塑像。学校将塑像连同刻在石碑上的何鄂创作鲜军塑像时写的一首抒情而又催人奋进的诗《勇敢的鲜军》放在一起，创建了小朋友喜欢又有文化内涵的一个校园景点：勇敢的鲜军。雕塑前的 22 块石板代表鲜军牺牲时 22 岁，石板铺成的形状犹如大海里的海鸥，寓意鲜军牺牲在大海里，而鲜军的精神如海燕一样坚强勇敢。

2012 年，学校请上海著名的作词家陈念祖和作曲家左翼建袂创作了催人奋进的新校歌《做鲜军式的好少年》：

凝望你的塑像，又浮现你的笑脸，

勇敢的你，伴海潮声从未走远，

你舍身救人，青春永恒，

你助人为乐，无私奉献。

讲述你的故事，你还在我们中间，
英雄的你，在平凡中显示非凡，
你敬老爱幼，诚实守信，
你勤奋好学，自强乐观。

你是廊小的荣光，你永在我们心田，
你是雷锋的伙伴，精神代代相传，
我们心有榜样，我们胸怀信念，
我们要做鲜军式的好少年。

每周升旗仪式学生齐唱校歌，每次学鲜军活动时也要高歌一曲，让学生在抒情而激越的歌曲声中得到一次又一次洗礼。

学校收集了很多鲜军曾经用过的生活、学习用品，看得见、摸得着，陈列在校史馆专柜里，成为学校宝贵的教育文物，是鲜军事迹和精神永远闪光的象征。

在整理鲜军读书笔记时，我们发现鲜军生前最喜欢的三句话：

"世间唯有太阳无私奉献着光和热，我向往它——火红的太阳！"

"我要乐于助人，多做好事，把火热的爱注满心坎。"

"年轻人累点没关系，工作第一。"

学校大队部编排了《弘扬鲜军精神，传承中华美德》的专题版面，其内容丰富多彩，色彩赏心悦目，有很强的教育感染力，成为学校队室最富有特色的一块版面。

学校聘鲜军母亲和曾担任鲜军班主任的三位退休教师为我校校外辅导员，不定期邀请他们来校参加学鲜军活动，给学生讲鲜军小时候的故事，达到了很好的效果。

人人讲鲜军故事；每周升旗仪式要唱队歌；每年的清明节，大队部开展怀念、祭祀先烈活动；每年的入队仪式在鲜军塑像前庄严宣誓；每个中队每年举行一次以"学鲜军"为主题的中队活动；每个小队还不定期地开展"学鲜军，做好事"等活动。

我们把学鲜军有机地落实到学校平时的行为规范教育中,用鲜军的故事、鲜军的精神、身边的鲜军故事规范学生的行为。因为鲜军可敬可亲可学,行为规范教育往往能起到事半功倍的教育效果。

廊下镇街道、敬老院、幼儿园是我校的校外实践基地。学校不定期组织学生到社区宣传鲜军,到街道打扫卫生,到敬老院表演节目,到幼儿园讲鲜军故事,让学生在为社区服务中从小培养为社会服务的精神。

学校经常主动加强与家庭的联系,开展亲子活动,共同教育学生在家做一个像鲜军一样孝敬长辈、尊老爱幼、勤俭节约的好孩子,不断扩大、巩固学习效应。

## 三、学习张鲜军,践行雷锋精神

22 年来,我们学校持之以恒,不断传承与创新,"学鲜军"已成为廊小师生共同成长的台阶,成为学校一个特色经典品牌。

通过学鲜军一批又一批鲜军式的好少年涌现出来,成为学生身边的榜样,而这些鲜军式的好少年又做出了很多很多感人的事迹,感染影响了周围的学生。从 2012 年开始我们每年要挑选最典型的 10 个故事汇编成《鲜军式好少年优秀事迹集》。

学鲜军不仅已成为我校德育教育的品牌,也已成为金山区学雷锋有影响力的品牌。2012 年 3 月廊下小学被金山区文明建设委员会办公室授予金山区唯一的学雷锋教育基地称号。中央未成年人思想道德建设工作简报、中国文明网、中国教育报、上海文明网相继报道了我校十几年来持之以恒而又扎实有效的学鲜军活动。2013 年,学校"学鲜军"荣获上海市"学雷锋、我践行"校园文化优秀项目评选二等奖。

2016 年 2 月 18 日,《文汇报》以《永远高扬的旗帜:学鲜军,做鲜军式好少年》为标题在第 8 版进行专版报道,反响强烈,东方网、头条网、东方头条网、金山网纷纷给予转载。

2016 年,校园一景"勇敢的鲜军"被评为上海市中小学十大新景观提名奖。

"学鲜军"及其效用为学校精神文明建设带来实效。社区对学校的满意率已连续 12 年达到 100%。学校先后荣获全国教育系统先进集体、上海市文明单位、上海市文明校园、上海市十大家门口好学校、全国中小学思想道德建设实践创新活动先进单位、上海市行为规范示范校、金山区素质教育实验学校等诸多荣誉称号。

## 四、学雷锋，做鲜军式好少年

"学雷锋，做鲜军式好少年"受到学生欢迎喜欢，取得显著效果，得到专家、社会的高度认可。

鲜军精神已成为我校学生成长不可缺少的精神美餐，已成为学生生活、学习的需要。无论谁做校长，无论什么年代，"做鲜军式好少年"将永远成为廊小学生成长的一个主旋律。他生前最喜爱的一句话："世间唯有太阳无私地奉献着光和热，我向往它，火红的太阳"，正是他亮丽人生的真实写照。我们学鲜军，就是要学习鲜军平凡的普通事迹，天天把光和热无私地献给他人，献给社会。

我们没有把学鲜军当作额外的任务，也没有对学鲜军活动进行刻意安排，而是有机地渗透到学校的各类教学和活动中，达到潜移默化、润物无声的教育效果。在我校，这不是单纯的几项活动，不是每年 3 月的形式主义走过场，更不是应付检查的充门面，一切发自内心，源于内在，起于真诚，它将是陪伴百年廊小继续铿锵前行的新动力、助推剂，与勇敢、淳朴融会，与勤劳、善良贯通。

我们一直在纪念张鲜军，学习张鲜军，追寻着他的足迹，并不断创新，这是我们应有的职责，应肩负的道义，也是廊下人的本分。我们注重传承与创新，不断与时俱进，不断丰富学鲜军内容，不断改变学鲜军形式，不断提升学鲜军时代内涵，让鲜军精神永葆青春，让学鲜军活动充满生机和活力。

（作者系廊下中心小学校长，摘自《闪光的年华》）

# 建桥学院又一批雷锋式师生受表彰

窦 芒

"培育雷锋精神,筑梦时代建桥。"2月27日下午,位于上海临港新城的建桥学院隆重举行弘扬雷锋精神先进师生表彰大会暨第三届"雷锋精神与高校思想政治工作"理论研讨会。

门前广场耸立着雷锋全身铜像的大礼堂里,《学习雷锋好榜样》的歌声深情悠扬,学雷锋志愿服务的旗帜鲜艳夺目。当一批批学生雷锋金奖获得者、教职工雷锋金奖获得者及雷锋班级上台领奖时,掌声响起,音乐高奏。

建桥学院门前广场的雷锋像

作为一所民办学校,上海建桥学院建校近20年来,坚持以"服务他人、奉献社会"的雷锋精神作为弘扬社会主义核心价值观的主要载体融入办学全过程,通过制度化引领、规范化管理、常态化运行长效机制的建设纳入学校规范管理,以丰富生动、贴近学生的方式方法组织开展各类活动,推动雷锋精神进课堂、进教材、进头脑。

曾经,不少人还存在"雷锋精神是否过时"的疑惑,但建桥学院创办人周星增对此有深刻独到的感悟。这位富有社会责任感的民营企业家,从自身成功经历深深感受到时代的机遇、党的好政策对改变普通人命运的重要性,从1999年赴沪创办建桥事业时,就以"建桥"命名学校,寓意建三座桥:为学生建成才之桥,为教师建立业之桥,为社会建服务之桥,并把"感恩、回报、爱心、责任"确立为校训。围绕如何将雷锋精神渗透融进办学要求,进入大学生的头脑、心灵,让这一代独生子女大学生从关心自我转向关爱他人、关爱社会,从"小我"成长为"大我",学校在顶层设计与制度安排上动足了脑筋、下足了功夫。周星增甚至还直接参与了雷锋铜像的设计构思,他说:"当年请雕塑家司建伟设计雷锋铜像时,我让他把雷锋像设计为大步前进的姿态,寓意'学雷锋贵在行动';还把雷锋手中的书本封面刻上'为人民服务'五个字,寓意'为人民服务是一本历久弥新的大书,应当与时俱进,值得每个人认真研读'。如今,这尊雷锋铜像已成为一道亮丽的校园风景线,学生们都喜欢在此开展社团活动,感受建桥文化。"

自2005年起,建桥学院每年3月评选颁发大学生学雷锋金银铜质奖章,历年获此荣誉的学生已达7482人;各二级学院、下属单位也响应学校要求与办学定位,引导大学生在发挥专长奉献社会的过程中锻炼专业技能、培养职业精神、实现人生价值。多年来,建桥学院坚持每月第一周周六作为建桥"雷锋主题日",全校学生深入敬老院、福利院、社区街道等场所,广泛开展敬老爱老、知识传播、环境保护等方面的活动,策划开展"雷锋精神与职业精神"大讨论等活动。多年的雷锋志愿活动,使大学生们走出校园,开阔了眼界,锻炼了能力,提高了思想境界。"学雷锋并不是单纯的付出,帮到他人,更多增加对感恩、责任的理解,收获的是个人的成长和进步。"一大批学雷锋志愿者在服务他人的过程中找回了自信,感受到了被别人需要的美妙体验。

在颁奖表彰后召开的第三届"雷锋精神与高校思想政治工作"理论研讨会上,辽宁石油化工大学、上海师范大学马克思主义学院、长沙职业技术学院等院校领导及专家分别做了精彩的发言。

（2019 年 2 月 28 日　《雷锋》杂志微平台）

# 建桥学院坚持立德树人，
# 培养雷锋式大学生

江彦桥

"雷锋是一个时代的楷模，雷锋精神是永恒的。实现中华民族伟大复兴，要不断闯关夺隘，也需要更多的时代楷模。"作为一所建校 18 年的民办本科院校，上海建桥学院坚持把弘扬雷锋精神融入教育教学全过程，通过持续开展主题活动、设立雷锋奖章、建设雷锋馆等，坚持多年弘扬雷锋精神、践行社会主义核心价值观的实践和探索取得了一些可喜的成果。当前学校以学习贯彻十九大及全国教育大会精神为契机，进一步加强了顶层设计，使弘扬雷锋精神与学校办学定位、育人目标紧密结合，将雷锋精神融入学校正在构建中的思想政治教育课程体系，使培养和成为"新时代雷锋式大学生"成为广大师生的高度认同与自觉践行。

上海建桥学院党委书记　江彦桥

## 一、顶层设计：应用技术型大学办学定位与培养目标紧密结合

学校在办学之初就清醒地认识到，在名校荟萃的上海，作为新生的民办高校要有立足之地，就必须找准定位。办学者与学校党委形成共识，定位为应用技术型大学的建桥学院把"为学生建成才之桥、为教师建立业之桥、为社会建育人之桥"作为办学使命，把"培养一大批踏实勤奋、敬业爱岗、乐于奉献的雷锋式劳动者"作为人才培养目标。

2012年，学校颁发《深入开展学雷锋活动弘扬社会主义核心价值观实施方案》，并纳入新一轮文明单位创建规划方案与两级管理有关考核评价项目，逐步形成制度化、规范化、常态化、全覆盖的长效运行机制。2015年，完善顶层设计，通过分阶段推进，使新时代雷锋精神全面渗透我校应用型人才培养、办学全过程。2016年，学校将深入弘扬雷锋精神写入"十三五"发展规划，成立党委负责同志为组长的推进领导小组，制订《2016年深入推进学雷锋活动实施方案》，力求进一步紧密结合弘扬雷锋精神与培育践行社会主义核心价值观，从生源特点、办学定位与实际出发，探索立德树人、文化建设的新路。学校顶层设计既有利于宏观把控、资源保证，也能有效保证办学定位与培养目标的紧密结合。

## 二、探索创新：将雷锋精神融入思想政治教育课程体系

习近平总书记在全国高校思政工作会议上指出，整体构建高校思想政治教育课程体系，重点布局高校思政课和其他各类课程对大学生思政教育过程中应该承担的功能定位和建设路径，实现各类课程与思政理论课同向同行、协同效应的总体要求。上海市教育卫生党委也要求高校构建思想政治理论课、综合素养课程、专业课程三位一体的高校课程思想教育教学体系，要把立德树人作为中心环节，坚持把思想政治工作贯穿教育教学全过程，实现全程育人、全方位育人。推进课程思政教育教学体系改革建设工作，办好高校思想政治理论课，坚持在改进中

加强,提升思想政治教育亲和力和针对性,满足学生成长发展需求和期待。逐步推进综合素养课程和专业课程育人功能试点工作,使各类课程与思想政治理论课同向同行,形成协同效应。

落实全国高校思想政治工作会议精神,上海高校构建课程思政教育教学体系、课程思政建设的战略部署为实施弘扬雷锋精神融入民办高校大学生思想政治教育提供了极好的机会。建桥学院努力将雷锋精神融入思想政治教育课程体系的构建之中。

一是把雷锋精神融入课堂主渠道。一方面,紧抓大学生思政理论课改革创新,在日常教学过程中充分融入雷锋的先进事迹、雷锋的日记,播放与雷锋相关的视频等,还编写了校本德育教材《平凡善者、从我做起》,采用"理论讲授＋实践认识"方式评价学生所学成果;另一方面,鼓励专业教师充分挖掘课程德育元素,将雷锋精神的时代内涵与"建桥学生八项核心素养"(表达沟通、自主学习、专业能力、尽责抗压、协同创新、信息应用、服务关爱、国际视野)有机融合,使专业课在培养学生职业素养、国家意识、创新能力、团队合作等方面发挥积极作用。去年以来,学校进一步把雷锋精神融入思政理论课、综合素养课程、专业课程,构建了"三位一体"的思政教育课程平台。开设了"奉献中国"系列课程,校长书记等组成讲师团面向全体学生授课。以"弘扬雷锋精神、践行青春使命梦想"为主题引领大学生学习领会"四个正确认识"要求,把个人理想与国家需要紧密联系起来,打造一批具有建桥 DNA 的"课程思政"。2018 年 1 月,教育部党组在上海召开加强新时代高校思政理论课建设现场推进会,学校作为五所观摩单位中唯一的民办高校,校党委书记、马克思主义学院副院长为来自全国各省教育厅、教育部直属高校负责同志 50 余人分别讲授"奉献中国"思政课选修课《弘扬雷锋精神,践行青春使命梦想》和《马克思主义原理》,受到广泛好评。

二是把雷锋精神融入主题教育活动,与践行社会主义核心价值观紧密结合。一方面,引领师生深入学习领会雷锋精神的时代意义。结合 10 周年校庆,学校在校园中心立了一座雷锋铜像——身背书包、手持"为人民服务"书本、阔步向前的大学生雷锋形象。另一方面,着眼"平凡小事"与"落细落小落实",分阶段设计学生主题教育活动。针对新生,通过参观雷锋馆、读雷锋日记等方式,使其尽快融入以"学雷锋"为标志的校园文化,认同雷锋热爱党、热爱祖国的崇高理想和坚定信念;针对二三年级大学生,开展以志愿服务为主体的实践活动,打造学雷锋平台与品牌项目,倡导雷锋服务人民、助人为乐精神;针对毕业班学生,精准对接学雷锋德育实践与专业行业需求,养成"干一行,爱一行,专一行,精一行"的敬业精神,锐意进取、自强不息的创新精神,艰苦奋斗、勤俭节约的创业精神。通过不同阶段的教育,引导青年学生深刻领悟当代雷锋精神是对中华民族伟大精神的继承和发展,是社会主义核心价值观的生动体现。

三是把雷锋精神融入师生激励评价形成长效制度,与营造建桥校园文化紧密结合。在学生培养上,学校实行"文明修身0学分"制,所有在校生均须参加以清洁校园为主要内容的实践教育,培养吃苦耐劳的精神;将学雷锋志愿活动纳入素质拓展学分,凡利用课余时间参与各项志愿服务累计满30小时,可获2学分;设立"雷锋精神金银铜质奖章",表彰激励在志愿服务、创新创业等方面表现突出的学生。在教师规范上,学校通过实施"以人事分配制度改革为主要内容的综合改革"工作,强调专业教师的育人责任,明确每位专业教师至少要担任一个班级的专业导师,承担一项学生服务项目,并将其作为聘期考核的主要依据之一;设立"清云奖",对在教书育人中做出突出贡献的教师予以奖励。

## 三、初步成效：学雷锋见行动已经成为广大师生的自觉

学校十几年如一日坚持弘扬雷锋精神,践行社会主义核心价值观,已经从理念转化为师生的行动自觉,显著提升了高校思想政治工作的针对性、有效性。体现在三个方面:

一是"弘扬雷锋精神金质奖章"成为优秀学生的标杆,其表现出的社会责任感和乐于奉献精神受到广泛好评。学校设立雷锋奖以来,共有6709名学生获奖,充分体现了制度建设在教育中的引导作用。学校连续7年超额完成征兵任务,累计向部队输送500多名优秀学生;学生普遍以拥有志愿者服务经历为荣,年平均参与志愿者服务学生5000余

人次,生均在校服务时间达 10 小时/年;学生就业率长期保持在 97%以上。值得一提的是,近年学校累计有 40 多名学生成为西部计划志愿者,前往西藏、贵州等地服务,获得当地广泛好评。例如,曾获"弘扬雷锋精神金质奖章"的优秀校友代表马世华,毕业后选择到贵州绥阳县希望小学支教。除了出色完成本职工作以外,她还运用专业知识,帮助筹备举办电商节,助力当地经济发展。正是雷锋精神的引领,坚定了她扎根西部的理想,在西部服务一年期满后,她毅然决定留下来,"用知识和爱为孩子们飞出大山的梦插上一双翅膀"。

二是"爱岗敬业、乐于奉献"成为教书育人的共识,学校也将弘扬雷锋精神作为师德师风建设的有效抓手。一批雷锋式的青年教师影响和改变着更年轻的学子们。师生共举学雷锋讲奉献大旗,已经成为具有建桥特色的校园文化标志,成为建桥的文化基因。一批爱岗敬业、乐于奉献的教师和职工,用自身的人格形象春风化雨般影响着学生,潜移默化地改变着学生。2018 年 3 月,建桥学院在教职工中启动"雷锋奖"评选,激励更多的教师职工把教育奉献内化于心外化于行,教书育人、服务育人。被评为金奖的宿管阿姨的先进事迹被人民网、新华网、上海市人民政府网转载,称其为"最美雷锋式宿管阿姨"。

三是"雷锋馆"成为师生精神成长的殿堂,"脚踏实地、小处着手"成为校园精神文明建设的灵魂。2016 年学校决定把校史馆的一半面积约 400 多平方米腾出来建设上海高校首家雷锋馆,分为三大板块:雷锋故事、雷锋精神、雷锋在建桥,使雷锋精神从无形走向了有形,成为学校思政教育、服务社会、扩大影响的重地,接待校内外参观人员近 2 万人次,受到社会各界好评。"人民网"肯定学校通过雷锋精神塑造校园文化品格,将雷锋精神融入学生培养全过程,积极影响自己身边的人成为善良有爱心的雷锋。《解放日报》赞扬我校上下争做"锋丝",设立"雷锋奖"等常态化、长效化的运行机制。

## 四、持之以恒:不断将弘扬雷锋精神的实践引向深入

近几年建桥学院以雷锋精神为载体,在探索社会主义核心价值观

落细落小落实、着力培育新时代雷锋式大学生方面取得了一些成效，然而与新时代党中央提出的新要求相比还有较大空间需要继续努力。下一步，将着眼以下三个方面继续深化探索：

一是探索实现从思政主渠道育人向"课程思政"立体化育人的转化。根据学校"弘扬新时代雷锋精神，培养雷锋式毕业生"的办学育人定位，结合"卓越建桥计划"中对人才培养的"八项核心素养"要求，推行"成果导向的教学（OBE）应用于课程思政"的改革，进一步促进教书育人的针对性和有效性，思政教育成果显著。学校以"雷锋精神"为内核，以社会主义核心价值观为引领，融合学校校训精神、雇主期望，形成校本特色德育体系，以 OBE 课程改革和课程思政指标点为抓手，在第一、第二课堂渗透实施。建立校院两级课程思政示范课、"服务学习"项目、教师成长社群。学校《新时代雷锋精神融入立德树人全过程提升民办高校思政教育针对性有效性》项目获得 2017 年上海市教学成果一等奖。

二是进一步发挥校园文化辐射作用。在雷锋精神引领下，学校先后获评"全国文明单位""上海市文明单位"（连续 8 届）等荣誉称号。雷锋精神已成为引领学校精神文明建设工作的强大推动力。《学习雷锋桥为径——上海建桥学院校园文化培育成果巡礼》一书列入教育部思政司组编的高校校园文化建设成果文库，今年 5 月由光明日报出版社出版。把雷锋精神融入区域党建联建工作。学校以建设雷锋馆为契机，将进一步整合雷锋馆、雷锋广场、雷锋林等文化设施，统筹推进，辐射周边地区；加强与"两新"组织党建联动，广泛开展以学习宣传雷锋精神为主题的演讲赛、读书征文、座谈会、电影展播、文艺演出等活动，使雷锋精神在区域共建中凸显独特的文化魅力。

三是进一步开展新时代雷锋精神的研究。2017 年学校成立新时代雷锋精神研究中心以来，成功举办过两次研讨会，来自兄弟省市、包括国内一流大学的同行们一起研讨切磋雷锋精神新时代理论价值，开展雷锋精神新时代育人价值研究。中心在校内设立研究课题招标，组织学校老师不断探索、建立、完善将弘扬雷锋精神与应用技术型高校办学定位、育人目标紧密结合的长效机制，使《学雷锋德育实践》成为培养优秀应用技术型人才、推进社会主义核心价值观落细落小落实的有力抓手,形成相关研究成果。相信这些研究将有效促进学雷锋德育实践渗透进教学育人各个层面,不断形成以弘扬雷锋精神为核心的整体育人格局。

（作者系上海建桥学院党委书记）

# 希望工程培训基地成立沪上
# 首个"雷锋学院"

窦　芒

在"学雷锋日"前夕,国内首个雷锋学院于日前在上海希望工程教师培训基地(松江)挂牌建立。150位在沪青年作为首批学员参与到学雷锋高级研修班,进行为期三天的学习。徐惟诚、李慎明等雷锋精神宣讲记者从上海希望工程办公室了解到,雷锋学院将长期开办,并主要侧重于青少年理想教育以及与此相关的师资培训,希望能促成社会风气的进一步改善。

"这几年,希望工程工作重心正在发生转移。"上海希望工程办公室主任吴仁杰告诉记者,随着国家教育部加大力度,还有相当一部分农村孩子随父母来到城市学习、生活,希望工程办公室的工作量比以前减少,因此重心正在向关心学生的精神面貌方向转移。基于这一考虑,上海在希望工程教育培训基地建立了雷锋学院。由雷锋杂志社、上海市文明办、共青团上海市委等共同举办了首期学雷锋高级研修班,首批雷锋学院的学员为上海市各区县文明办成员、市青联委员、市优秀青年志愿者。研修班邀请了如中宣部原常务副部长徐惟诚、中国社会科学院副院长李慎明等"大咖"级人士来沪讲课。

"经过了第一次尝试,我们发现反响很好,学员也提出了不少建议。我们希望通过这样的理想教育,来促进社会风气进一步改善。"吴仁杰表示,现在,许多人对雷锋真正的含义了解得还不够,往往只是集中在"做好事"的角度,其实雷锋精神还包括信仰坚定、爱岗敬业、诚实守信等。"雷锋精神的根本核心,是把有限的生活,投入到无限的为人民服务中去。大家都做到这一点，干部就不会有腐败，社会风气就会进一步改善。"吴仁杰指出。

吴仁杰介绍说，以先进人物为主题的培训基地此前就有，河南2013年就成立了焦裕禄干部学院，学院以与焦裕禄同志相关的实物、实景、实事为载体，直观展现焦裕禄同志"心里装着人民群众，唯独没有他自己"的宗旨意识，还开发了互动课程、音像教学等，是中组部确定的全国13所地方党性教育特色基地之一。而上海与雷锋精神有不浅的缘分，毛泽东"向雷锋同志学习"的题词手迹最早刊登在1963年3月1日的上海《新民晚报》，当月2日在《中国青年》杂志发表，3月5日题词手迹刊登在《人民日报》《解放军报》等报刊，由此揭开全国轰轰烈烈学雷锋活动的序幕。

中宣部原常务副部长徐惟诚在《要了解学雷锋成长的道路》宣讲中，讲述了雷锋从感恩开始，成为一名共产主义战士的过程，使大家备受启发。知名学者李慎明在以《雷锋精神的价值观》为题的演讲中，围绕雷锋精神与党全心全意为人民服务的宗旨，与每个人的信仰和世界观，与社会主义核心价值等进行阐述，受到好评。

（刊于2016年第四期《雷锋》杂志）

# "雷锋学院"专题研学习近平论雷锋

窦　芒

阳春三月,位于松江小昆山的"上海雷锋学院"风和日丽,鲜花初开。3月2日,上海市希望工程办公室、上海市青少年发展基金会在这里隆重举办"学习习近平总书记关于学雷锋的最新指示"交流座谈会,以此拉开新年度弘扬雷锋精神、培养一代新人的序幕。

2018年9月28日,习近平总书记在参观抚顺雷锋纪念馆后发表重要讲话:"雷锋是一个时代的楷模,每一个时代都有自己的楷模,实现中华民族伟大复兴,要不断闯关夺隘,也会涌现出更多的时代楷模,但雷锋精神是永恒的,是社会主义核心价值观的生动体现。"为响应习近平总书记的号召,更好地学习和发扬雷锋精神,有关单位精心策划,周密安排,组织了这次学习研讨活动。全国劳动模范黄宝妹、上海社会科学院原副院长何建华、上海市希望工程办公室党支部书记吴仁杰、星火日夜商店原党支部书记巢文春、上海建桥学院学生苏浩天等分别代表社会各界做了发言。

黄宝妹是1953年纺织工业部首届18位全国劳模之一,曾先后7次被评为上海市纺织工业部和全国劳模,3次出席国际会议,8次受到毛泽东、周恩来等老一辈领导的接见。

上海社会科学院原副院长何建华做了题为《文化意义上的雷锋精神力量永恒》的发言。

1968年秋天,位于西藏路北京路拐角的星火商店里,几位职工决定摘掉排门板,不再打烊。自此,全国第一家24小时通宵服务的商店诞生了。计划经济时期,星火日夜商店的出现,不仅点亮了老上海的夜,也影响了无数上海人的生活方式。在货物紧俏的旧年月,"有急事、难事,找星火"成为老上海人口口相传的一句话。

作为本次座谈会的学生代表,来自上海建桥学院的苏浩天同学介绍,早在2010年,上海建桥学院在校庆十周年之际,就在校园核心位置竖立了雷锋铜像。2011年,学校将学雷锋志愿活动纳入大学生素质拓展学分制度;2012年,校党委颁发《深入开展学雷锋活动弘扬社会主义核心价值观实施方案》,要求全校各二级学院党总支、各支部结合专业特色与实际工作,将雷锋活动纳入日常工作范畴;2013年,"建桥学院以雷锋精神塑造校园文化品格"获教育部全国高校校园文化建设优秀项目三等奖;2017年,上海高校中第一家以雷锋为主题的纪念馆在上海建桥学院开馆。

上海市希望工程办公室党支部书记吴仁杰在发言中讲到,56年学雷锋的经历,让他从一名普通的农村青年成长为一名党的干部,用他的话说"完全是学习雷锋的结果",这也为当下的年轻人指引了人生方向。

相关领导在"雷锋学院"

座谈会之前大家都参观了雷锋事迹大型原创摄影作品展。摄影展为观众们全方位展示了雷锋平凡而伟大的一生,揭示雷锋奉献、敬业、创新和创业精神的深刻内涵。主办方希望通过这样的学习交流座谈活动,倡导社会文明新风,充分发挥各方面英模人物的榜样作用,为实现"中国梦"提供强大精神动力。

# 上海图书馆"雷锋讲堂"传递正能量

张　骏　陈琼珂

　　3月3日上午,上海图书馆报告厅座无虚席,报告会"永远的榜样——雷锋"以独特的视角、生动的解读,迅速将700余名听众带入那个年轻人的精神世界。

　　报告主讲人、《雷锋》杂志总编辑陶克少将通过解读苦难雷锋、快乐雷锋、爱美雷锋、先锋雷锋、哲学雷锋、永生雷锋、现象雷锋、世界雷锋等八张"雷锋名片",全方位、多角度还原了一个助人为乐、勤俭节约、青春爱美、勤奋好学的雷锋形象。

　　八张"雷锋名片",一场青春对话。大学生罗浩边听边绘,八个各具特色的雷锋表情包跃然纸上,个个生动活泼。"雷锋到底长啥样,这场报告会,我找到了新的答案。"他表示,回去后要把这八个表情包发到朋友圈,和朋友一起学习分享雷锋精神。

　　翔实的史料,大量的图片,生动的阐述,心灵的叩问,拨动现场观众的心弦。大学生郭佳雄在倾听陶克将军的讲述时频频点头、不时记录。他说,自己的年龄和雷锋当年差不多,听讲述好似与雷锋进行了一次面对面的交流。"雷锋精神有太多值得我去学习的地方,作为独生子女,从小被各种关爱包围着长大,少有挫折的成长经历也令我容易畏难,雷锋的助人为乐和刻苦钻研的'钉子精神'为我树立了很好的榜样。"

　　接过雷锋枪,走好雷锋路。报告会上,黄浦区南京东路民兵连为民服务队的民兵个个神情专注,再次致敬心目中的偶像。从1982年开始,每月20日,黄浦区所属企事业单位的民兵都会跟着"南京路上好八连"官兵一起走上南京路开展为民服务,为居民和过往群众免费理发、补鞋、磨刀、量血压等，成为南京路上一道亮丽的风景线，是上海市志愿服务特色品牌。

雷锋如何带动身边那么多人做好事？他怎么处理工作和为民服务的关系？上海警备区直属队班长李成说，报告会让他产生很多与 22 岁雷锋的对话，回去后他们将召开主题班会，和战友们一道集思广益，更好地传承弘扬雷锋精神。

报告会现场，身着志愿者服装的观众很多，他们都是早早赶来，重温那个年轻人的伟大精神。

"要做雷锋那样的'暖男'，做一个有正能量的阳光青年。"来自上海福建酒店业商会雷锋工作站的志愿者林召平说，目前年轻人是上海志愿者的主体，在城市的各个角落、各行各业发光发热，下一步要坚持走下去，用一个个善举汇聚成城市的暖流，带动更多人传递大爱。

据悉，这次首场在沪开讲的"雷锋讲堂"由上海市精神文明建设委员会办公室、上海市拥军优属基金会和雷锋杂志社上海工作部联合举办，上海图书馆协办，旨在弘扬雷锋精神、传播雷锋文化，是纯公益性的讲堂。报告会开始前还举办了开讲仪式。驻沪部队官兵代表、大学生代表、志愿者代表及学雷锋热心人士 700 余人参加报告会。

**军地有关领导为雷锋讲堂启动**

（2019 年 3 月 3 日　上观新闻）

# 莘城学校积极争创"雷锋学校"

　　1月22日,上海市莘城学校的莘城讲堂里国歌声嘹亮,这里正在举行题为"跨越世纪隧道的光芒"的捐赠活动,来自上海市的一批民营企业家通过本次活动,向各中小学捐赠了《雷锋》杂志。

爱心企业校园捐赠《雷锋》杂志

　　上海警备区原副政委、雷锋杂志社副总编兼上海工作部主任程关生少将,解放军某部政委、雷锋杂志社顾问张德崇大校及陆军预备役某团、闵行区教育局、莘城学校领导与来自社会各界的捐赠代表们出席了本次活动。

　　捐赠仪式上,解放军某部政委、雷锋杂志社顾问张德崇大校在活动中致辞,他对本次活动给予充分的肯定,并指出这次活动不仅充分体现了贯彻落实习总书记关于学雷锋的一系列指示要求,还体现了受捐学校影响和带动学雷锋活动的示范效应,也体现了一批爱心人士乐于奉献捐赠的雷锋情怀。

上海市莘城学校祁建敏校长对雷锋杂志社把这样一次有意义的捐赠活动安排在莘城学校举行表示了感谢,祁校长在讲话中提出雷锋精神不仅是当代社会的宝贵财富,更是校园文化的基本底色。莘城学校更会以此为契机,把《雷锋》杂志作为学校课程的重要内容,以雷锋事迹为基础,以雷锋精神为核心,让雷锋事迹耳熟能详,让雷锋精神烂熟于心,落实于行动。

捐赠代表叶晓汉先生代表学雷锋献爱心的志愿者们发出了共同的心声:每一位学习雷锋的志愿者都会坚定学雷锋的决心不动摇,用自己的实际行动发挥先锋模仿作用,积极传承助人为乐的传统美德。闵行区教育局乔慧芳副局长肯定了本次捐赠活动的意义,对莘城学校在德育工作中用活动承载雷锋精神的做法给予肯定,同时提出希望:希望莘城学校,乃至闵行区的所有学校,能用好《雷锋》杂志,让我们区的常态化学雷锋活动进一步得到弘扬和发展,也为我区的创建全国文明城区活动,添上浓墨重彩的一笔。

上海警备区原副政委、雷锋杂志社副总编兼上海工作部主任程关生少将提出,本次活动折射的是我们社会的主流价值,这就是"富强民主文明和谐、自由平等公正法治、爱国敬业诚信友善"的社会主义核心价值观。在学校里推崇雷锋精神,有助于学生正衣冠、走正道,引导同学们从"小我"中跳出来,心中装着集体,装着老师和同学,切实增强集体荣誉感,努力成为胸怀大家的好学生。

3月14日上午,《雷锋》杂志顾问、中华雷锋文化促进会高级艺术顾问朱剑平,《雷锋》杂志智库、品牌主管袁雪雪,解放军某部原政委张德崇大校一行来到上海莘城学校,对学校创"全国雷锋学校"相关工作开展调研。祁建敏校长、夏静书记等参加了此次调研活动。

专家们在"莘城讲堂"观看了学校的专题介绍片,又来到书法研修室,朱剑平欣然与学校书法特长生进行了教学互动,不仅传授了书法学习的心得,还指导学生如何更合理地握笔、如何更正确地书写,把雷锋文化与传统文化结合起来,并挥毫泼墨,书写了《见贤思齐》《思逸神超》

《为中华崛起而读书》三幅书法作品赠送给学校。

参观完校园,专家们来到会议室,与我校领导及教师代表们以座谈会的形式共话"全国雷锋学校"的创建工作。在座谈会前,与会专家向我校捐赠了2019年度《雷锋》杂志及雷锋头像,勉励我校师生人人真正懂雷锋,真正学雷锋,真正信雷锋,真正用雷锋。

会上,祁建敏校长做了题为"以雷锋精神办学,用雷锋文化育人"的报告。报告中祁建敏校长对校风、教风、学风以及校训做了全面的解读,并对开展中的学雷锋活动进行全面梳理和总结,表示要学习习近平思想,坚持把立德树人放在首位。在今后的工作中,做到一个目标:创建全国雷锋学校;两个系列:知系列、行系列;三个层次:优秀、合格、须努力;四个结合:师生结合、课程结合、家校结合、评价结合,建立起知行合一的四个常态机制。

（摘自上海市莘城学校公众号）

# 莘城学校传承红色基因，做雷锋传人

窦　芒

## 创"全国雷锋学校"系列活动

5月23日下午，清风拂面，阳光明媚。莘城学校迎来了雷锋杂志社总编陶克将军，雷锋杂志社副总编兼上海工作部主任程关生将军，解放军某部政委、雷锋文化艺术顾问张德崇大校，雷锋杂志社首席记者窦芒、记者刘超，雷锋杂志社上海工作部办公室主任张锡银、干事叶晓汉等一行对我校创建"全国雷锋学校"工作开展情况指导考察。我校夏静书记、祁建敏校长和工会主席陆菁老师，中小学德育主管徐婧、蒋候裙陪同参加了此次考察活动。

## 观育人文化，赏育人实践

在学校领导的陪同下，陶克将军一行首先考察了学校的校园环境。祁建敏校长向陶克将军仔细介绍了学校的办学理念、发展历程和办学特色。陶克将军对我校坚持立德树人的理念和取得的办学成绩给予充分的肯定。当看到走廊上陈列着学生英语学科周作品时，陶克将军不由得多次停下脚步，不时拿出手机拍下学生的作品。他高度赞扬了师生已将学习雷锋钉子精神落实在了日常学习生活中，并为此而感到高兴。

## 生命之歌、修身之道、思想之光

在莘行楼二楼,醒目地陈列着雷锋事迹的宣传版面,陶克将军一行在此处伫立许久。"生命之歌——雷锋生平""修身之道——雷锋日记""思想之光——雷锋精神"三大主题简洁明了地对雷锋文化做了高度的概括。看着这一张张雷锋生前的照片和泛黄的日记,雷锋仿佛就在我们身边。陶克将军细细品读着我校践行雷锋精神的"六个一",勉励我们一定要把这"六个一"融入到学校各项教育活动中去,力图将雷锋精神渗透在校园的角角落落。

随后,陶克将军一行来到了莘城讲堂,观赏了学生们简短的汇报演出。"学习雷锋好榜样""如果你是一滴水",歌声与舞蹈,表达了莘城学子传承红色基因的决心,也表达了他们对老一辈雷锋人的敬仰之情。陶克将军对学生们的表演给予称赞,希望同学们不仅要唱雷锋,更要学做小雷锋。

## 听莘城心语,感爱满人间

考察指导的最后一程是汇报座谈。陶克将军一行聆听了祁建敏校长"以雷锋精神办校,用雷锋文化育人"的工作汇报。祁校长特别对如何践行雷锋精神的"六个一"育人理念做了详细解读,提出了"立德树人,形成学习雷锋的序列要求和知行合一,建立学习雷锋的常态机制"两个方面的努力方向。

随后,陶克将军和我校学生代表们展开了轻松的互动交流。学生代表们纷纷要向陶爷爷和程爷爷表达自己对雷锋精神的感悟:八(5)班陈乐萌同学述说自己外出参加志愿服务时的成就感和幸福感;八(2)班邵亮亮同学动情地讲述了她的同桌是一名脑瘫少年,我校老师和同学对这位少年付出了无私的爱和奉献;四(5)班高雨荞同学用稚嫩的声音述说着自己对雷锋精神的理解,表达了自己在生活中是如何做到"一颗钉"精神的。陶爷爷赞许地凝望着孩子们,倾听着他们心中有爱、眼中有光的述说。

陶克、程关生等与学校师生座谈交流

## 传谆谆教诲，书殷切期望

最后，程关生将军和陶克将军先后为这次考察提出了具体的指导性建议。程将军希望我校在争创"全国雷锋学校"的过程中要有细则、善借鉴，丰富学校内涵与特色发展，充分整合社会资源，不断创新求索。陶将军表示，在我校感受到了师生坚定的学雷锋信念与浓厚的学雷锋氛围，说明知行合一的理念已在我校初步形成。他用"当代雷锋"郭明义的一段小故事，告诉我们学雷锋就是做好身边的每一件小事，并为大家激情朗读了一封习近平总书记写给雷锋小学的回信，希望我们自觉弘扬雷锋精神，把学雷锋融入到日常生活中。

习总书记指出，一个国家，一个民族，不能没有灵魂！太上有立德，其次有立功，其次有立言。我校将充分围绕"六个一"指标建立创建体系，以活动为载体，引导师生将雷锋精神内化于心，外化于行，知行合一，学做合一，做雷锋精神"莘"传人，积极争创"全国雷锋学校"。

（2019 年 5 月 23 日　上海莘城学校）

# 雷锋战友赵明才为"雷锋学院"学员做报告

窦　芒

　　"我叫赵明才，今年83周岁。1960年11月，我是沈阳军区工兵七团排长、学习毛主席著作积极分子，作为先进基层干部代表，出席沈阳军区工程兵党委召开的连队政治工作会议，结识了作为优秀战士代表参会的雷锋，我与雷锋同住一个房间；此后又几次在一起开会、做报告，结下了深厚的情谊。1962年8月15日，雷锋不幸因公殉职，我又作为雷锋生前好友代表参加了公祭大会。从那时起，我就立下誓言：像雷锋那样做人，一辈子学习宣传实践雷锋精神……"

赵明才学雷锋事迹报告

　　5月22日下午,上海南京西路友谊会堂座无虚席,掌声阵阵。应邀来沪为"雷锋学院"做学雷锋事迹报告的雷锋生前战友赵明才满含激情地讲述着自己的经历。报告会现场,来沪参加"红军小学希望小学雷锋小学教师培训班"的代表和全市各高校大学生代表,不时用热烈的掌声对赵明才老人的生动事迹和精彩报告表示敬意。

　　被誉为"雷锋传人"的赵明才在离开雷锋之后的岁月里,不论走到哪里,都始终一边学习雷锋精神,一边宣传雷锋精神,先后荣立二等功1次、三等功5次,获得各种荣誉30多次,并受到毛主席、周总理等党和国家领导人的亲切接见,实现了雷锋生前与他许下的"做党的忠实儿子"的心愿。退休后,赵明才仍然没有忘记自己当初的誓言,继续发扬雷锋精神,热心做好关心教育下一代工作。20多年来,先后担任120多所学校的校外辅导员,80多家机关、企业及部队基层单位的思想教育顾问,先后在全国做报告1300多场,获评"全国关心下一代工作先进个人""江苏省优秀校外辅导员"等多项殊荣。

　　报告会上,老人噙着泪水回忆了自己与雷锋同志一起学习、工作和生活的点点滴滴,同时饱含深情地畅谈了多年来坚守雷锋精神的经历,讲了自己总结的学雷锋要做到"五个克服""五个结合""发扬五种精神"的体会。他说:"发扬雷锋精神恰逢盛世,永不过时,学雷锋是一辈子的事! 我要活到100岁,把雷锋精神宣传到每个角落,让雷锋精神在神州大地开花结果……"

　　报告会前,应邀参加报告会的雷锋当年所在连队老连长虞仁昌、雷锋杂志社总编辑陶克将军与团市委领导一起,共话雷锋情怀。虞仁昌老连长已年过九十,今天红光满面,精神饱满。谈起雷锋,老人激动不已。当年雷锋从新兵连到连队,到雷锋牺牲,两年多时间他与雷锋同吃一锅饭,同住一幢房。多年来,虞老学习雷锋,用生命宣传雷锋精神,誉满大上海。今天,老人早早就赶到会场,与大家共话学习雷锋,并现场为赶来看望的小朋友题字:"学习雷锋精神,振兴中华民族。"

　　报告会最后出现动人一幕:赵明才激动地将大会献的一束花,转送给在会场听报告的延安市桥儿沟深桥红军小学校长野彩虹,动情地说:延安是我心中的圣地,请转告学校的孩子们,从小学雷锋,当好革命接班人。"

作者采访赵明才

# 跨越：从"红军小学"到"雷锋小学"

## ——访上海市希望办党支部书记吴仁杰

窦　芒

　　这是一个传承雷锋精神的新创举：由中国延安精神研究会和红军小学建设工程理事会等联合发起的全国 301 所红军小学"雷锋班"授牌及"雷锋式的好少年"评比表彰活动，在祖国大地明媚的春天里隆重举行。

　　"在红军小学建设中增添雷锋元素有哪些思考？""雷锋精神会怎样影响青少年的人生道路？""怎样扎实有效地用雷锋精神建校育人？""五

作者采访吴仁杰

一"前夕,记者又一次来到位于巨鹿路 29 号的上海市希望工程办公室,听取这一创举的策划人、希望办党支部书记吴仁杰对这些问题的思考和实践。

## "传承红色基因,需要伟大战士雷锋作为载体"

虽然已年过七旬,但吴仁杰仍然精神饱满,快人快语,雷厉风行的性格和作风没有改变。谈起在红军小学创办"雷锋班"和评选"雷锋式好少年"的初衷,吴老满怀深情地从创办红军小学说起。那是 2007 年 8 月 1 日,正值建军 80 周年和中国工农红军长征胜利 70 周年,一批老红军的后代在北京发起了援建"红军小学"活动,受到社会广泛关注。上海市希望工程办公室党支部和《新民晚报》十一党支部积极参与,联合向全市党团员发出在长征路上建红军小学的倡议,得到广大离退休老领导和市民的积极响应。时任中共上海市委书记习近平同志也予以充分肯定,并在上海"希望工程简讯"上做出重要批示:"上海市的希望工程工作十数年如一日,聚沙成塔,集腋成裘,成效明显,赢得了社会各界的赞誉,树立了上海服务全国的良好形象。近期开展的'捐建希望工程红军小学'工作已有一个好的开端,望继续努力,把实事做实,好事办好。"在习近平的指示和全市各界人士的大力支持下,截至目前,上海希望工程已经完成 300 余所红军小学的建设,覆盖了全国 29 个省市的革命老区。

值得欣慰的是,去年 5 月 30 日习近平总书记又给陕西照金北梁红军小学的孩子们复信:"希望你们多了解中国革命建设改革的历史知识,多向英模模范人物学习,热爱党,热爱祖国,热爱人民,用实际行动把红色基因一代代地传下去。"习近平还曾对广大少年儿童提出过"记住要求,心有榜样,从小做起"的希望,并多次强调"雷锋是一个时代的楷模","雷锋精神是永恒的,是社会主义核心价值观的生动体现"。

"红军希望小学的基础设施建设完成以后,我就一直在思考,怎样把红军小学往传承雷锋精神的路上引,使红军小学建设向更高的层次发展?习总书记的信件和指示给我们指明了方向。我觉得当今时代雷锋仍应当是学校核心价值观和德育教育的载体,是广大青年心中的楷模。办红军小学本身就是为了传承红色基因,与播洒雷锋精神是一脉相承的。把红军小学创办成雷锋学校,具有特色教育的本质属性。即:传承红色基因,向雷锋等英模楷模学习,热爱党,热爱祖国,热爱人民,培养对国家、对人民、对社会有用的人。于是,去年年底今年年初,我们牵头与全国红军小学建设工程理事会等单位决定在红军小学中开展创建'雷锋班'、评选'雷锋式好少年'活动,得到了各地教育部门和红军小学的积极响应"。

## "青少年的成长,需要雷锋精神作为价值坐标"

"一个人只要有了坚强的理想和信念,就会有前进的动力,有战胜困难的力量,就不会迷失人生的方向。而这种坚强的理想和信念的教育必须从青少年开始。"习近平总书记曾以"扣好人生第一颗扣子"等形象语言说明抓好青少年教育的重要性。

吴仁杰通过大量的数据和先进典型的事迹,讲述雷锋精神对于一个人行为准则形成的影响和激励作用。他从全国说到上海,又从上海讲到了自己。

让记者印象最深的是老吴从 17 岁开始"学雷锋"的风雨经历。出生于上海郊区松江贫困农民家庭的吴仁杰,从小放过牛,后来土改分了地,有了房,幼小的心灵就播下了热爱共产党、热爱祖国的种子。虽然成长道路曲折坎坷,但他心里始终充满爱和阳光。1963 年,17 岁的他就响应毛主席学雷锋的号召,带领青年为军烈属做好事,修桥铺路,成为远近闻名的学雷锋积极分子。

吴仁杰一边说,一边从柜子里拿出一堆当年反复阅读的《雷锋日记》等书籍及用过的笔记本。翻开一页页泛黄的纸,只见上面写着"雷锋是我永远的学习榜样""像雷锋那样做好人,为人民做好事"等,几十年前的学习体会历历在目。

"跟着共产党,走好人生路。""时时学雷锋,终身为人民。"正是青少年时代确立的这种朴实的信念追求的支撑,使吴仁杰在多元复杂的社会环境中,始终坚守自己的人生价值,在工作岗位上创造辉煌的成就。先后十多次被评为先进工作者,三次被评为"精神文明建设优秀组织者",两次被授予"全国希望工作程建设奖"。座谈中,记者正巧在办公桌上看到一份刚刚推荐上报的"建国七十周年突出贡献个人"表格,更说明他在精神文明建设和关心青少年成长方面的成就。

难能可贵的是,一段时间"雷锋精神过时论"有所流传,可吴仁杰却在希望工程教师培训基地专门腾出场地筹建"共产主义战士雷锋陈列馆"。他几经周折,从军事博物馆、雷锋家乡等地收集大量雷锋生前的图片资料,配上精彩的文字说明,给参观者展示一个高尚、可亲的雷锋形象,成为广大市民尤其是青少年道德教育的课堂。近年来,他还牵头与有关单位一起,编印出版了《雷锋故事新篇》《习近平总书记论学雷锋》等图书,深受欢迎。

近六十年的人生辉煌,源于他青少年时代确立的信念追求和把雷锋作为人生坐标。吴仁杰正是从自己的风雨人生中得到启示,而数十年痴心于"托起明天的太阳"的希望工程。

## "建设雷锋学校,需要时不我待的奋斗精神"

"任何一项工作的成效,都取决于在思路和目标确定后有没有时不我待、只争朝夕的奋斗精神。"吴仁杰说的,正是他和希望办在努力做的。

为了实现从红军希望小学到雷锋小学的跨越发展,从去年开始,吴仁杰不顾年老体弱,带领希望办的同志深入云南、贵州、江西等地走访和调研,听取当地教育部门和学校师生对创建雷锋学校的思考和建议。在此基础上,制订了切实可行的动员发动、评比表彰、师资培训等计划和目标,并逐项抓好落实。

他们帮助指导红军希望小学建设雷锋体验展馆,让孩子们心中的榜样"活起来,动起来"。他们引导红军希望小学将学雷锋融入校园文化建设,纳入课程教案,使学雷锋与学校教育教学有机结合。

他们牵头组织"红色印迹——雷锋故事机西部行"系列活动,制作了两千台"雷锋故事机"赠送到云南、青海、西藏等地红军小学,开展"讲好雷锋故事,传播中国故事,传承红色基因"主题班会活动。"教师不仅是人类文明的传承者,更是雷锋精神的传播人。培养雷锋式的好学生,必须先有雷锋式的好教师。"吴仁杰介绍,希望办"西部万名教师培训行动"实施十多年来,已为全国各地免费培训希望小学教师 2 万多名(含远程培训)。去年以来,他们已将培养"雷锋式的教师"作为创建雷锋学校的重要抓手,在定期组织的"红军希望小学"校长和教师培训中,增加了"习近平论雷锋精神""雷锋战友忆雷锋"等课程,使教师们了解雷锋,学习雷锋,回去后成为播撒雷锋精神的种子和骨干。

"把红军希望小学办成雷锋学校的工作刚起步,有许多理论和实践的课题需要各级教育部门和有关学校共同探讨和努力,不仅是'任重而道远',而且是'正在进行中'。"

采访结束时,老吴指着桌上的两份信函,"你看,这是陕西省富平和铜川发来的,5 月 7 日我还要飞去参加他们的红军希望小学'雷锋班'授牌仪式。"

"生命不息,传播雷锋精神不止。""学雷锋的革命人永远年轻。"这就是吴仁杰。

# 德育专家王芳,58年执着雷锋学校创建

窦 芒

7月6日,来上海参加《雷锋》杂志转型发展座谈会的陶克总编辑顶着炎炎烈日,打出租车赶到浦东,登门看望58年一心致力于研究探索用雷锋精神教书育人的王芳老师。

《雷锋》杂志总编辑陶克(左三)看望王芳老师

在鲜花芬芳、整洁优雅的书房兼工作室里,八十高龄却神采飞扬的王芳如数家珍地讲述着创建一所所雷锋学校的经历。多年热心宣传雷锋精神、被誉为"雷锋将军"的陶克被王芳的"一路芳香"和满架的雷锋

教学书籍、资料,以及电脑里大量的雷锋教学课件、图片所感动。王芳告诉陶克一行,她近 60 年只做了一件事,就是研究实践怎样在学校用雷锋精神教书育人。最早在河南省任教时就因从事德育教学成就突出引起国家教育部的关注,后来上海市有关方面将她作为杰出人才引进,担任华东师范大学名誉教授等。几十年来,王老师立足上海,面向全国教育战线,潜心专注于把雷锋精神转化到学校的德育教学中。尤其是 2004 年 7 月,在她的倡导和组织下,依托抚顺市"雷锋小学"成立了旨在研究、探索和交流学习雷锋与未成年人思想道德建设的方法和途径,以雷锋精神塑造未成年人健康人格的"全国雷锋学校大联盟",在践行雷锋精神的路上初心不忘、风雨兼程,先后成为共青团中央德育顾问、全国雷锋研究专家、知名教育专家……

交谈中,"雷锋将军"被"雷锋老师"深深的情怀和丰硕的成果所打动。因为从今年开始,《雷锋》杂志正联手有关部门在全国开展创建百所"雷锋学校"的伟大工程。此次将军沪上走访王芳,正是期望从她这里请教方法,收获"真经"。王芳对《雷锋》杂志也情有独钟,对陶克数年如一日宣传雷锋精神心存敬意。不知不觉一个多小时过去了,时间已到下午一点多,两人还觉得言犹未尽。于是陶克又请王芳同去共进午餐,继续讨论交流雷锋精神的传播和"雷锋学校"的创建。

# 用雷锋精神建校育人

## ——上海"红军小学、希望小学、雷锋小学教师培训"侧记

刘　超

　　25年来,在社会各界的广泛支持和参与下,上海希望工程办公室在全国资助困难学生19万人次,援建希望小学2000余所,援建红军小学103所,免费培训(含远程培训)希望小学教师2.2万余人,筹资总额达9亿元。"这几年,希望工程工作重心正在发生转移。"上海希望工程办公室主任吴仁杰告诉记者,随着国家教育部加大扶持力度,还有相当一部分农村孩子随父母来到城市学习、生活,希望工程办公室的工作量比以前减少,因此重心正在向关心学生的精神面貌方向转移。基于这一考虑,上海在希望工程教育培训基地建立了雷锋学院,侧重于青少年理想教育以及与此相关的师资培训,全力促成社会风气的进一步改善。

　　2019年5月,上海希望工程办公室、雷锋杂志社等共同举办了第四届"红军小学、希望小学、雷锋小学教师培训班",短短四天,内容安排张弛有度、干货满满。

## 陶克:讲述"一个真实的雷锋"

　　雷锋杂志社总编辑陶克做了题为"告诉你一个真实的雷锋"的专题讲座。陶克利用大量翔实的资料,诠释了雷锋平凡而伟大的一生。

　　从家庭变故、求学、工作、入伍等经历,陶克生动讲述了雷锋努力克服困难、爱岗敬业、吃苦耐劳、热心服务社会,从一名普通士兵成长为时

代标兵的历程；阐述了雷锋热爱党、热爱祖国、热爱社会主义的崇高理想和坚定信念。他用雷锋服务人民、助人为乐的奉献精神，干一行爱一行、专一行精一行的敬业精神，锐意进取、自强不息的创新精神，艰苦奋斗、勤俭节约的创业精神，鼓励教师要勤奋、坚韧、敬业、奉献，让雷锋时刻成为学习的榜样，让每个人的成长梦与民族复兴的中国梦紧密联系在一起。

演讲在教师中引起热烈反响。大家一致表示，尽管雷锋出身贫苦，身世坎坷，但他一直秉承着为人民服务的宗旨，我们应该向他学习，争做新时代雷锋。

## 赵明才：学雷锋讲雷锋

雷锋生前战友赵明才老人为此次培训班带来了题为《向雷锋同志学习，做党的忠实儿子》的主旨演讲。三次手术、四次负伤，已是耄耋之年的赵老在报告过程中依旧慷慨激昂，他用许多生动的事例，讲述了雷锋生前鲜为人知的故事，和大家一起分享了他理解的雷锋精神，鼓励大家用雷锋事迹树立道德标尺，用雷锋精神厘清前进航向。赵老将"时时学雷锋，处处讲雷锋"作为自己的人生信条，义务宣讲雷锋精神 50 年，不要吃请、不要报酬。妻子瘫痪在床需要他照顾，他还是坚持抽空义务宣讲雷锋精神。50 年来，先后担任 180 多所大、中、小学的校外辅导员，先后在全国 20 多个省市做报告 3400 多场。自己每年还拿出近三分之一的工资，给孩子们写信、打电话、寄书。赵老没有华丽的辞藻，却坚定有力，用实际行动诠释了什么是新时代的雷锋精神。

## 明方向，强责任，勇实践

通过精彩的演讲，受训教师收获颇丰，在感动于雷锋精神伟大的同时，也明确了下一步树德育人的前进方向。

延安桥儿沟深桥红军小学校长野彩虹表示，学校将以此次培训为契机，继续大力弘扬雷锋精神，引导和教育广大师生在奉献中体现精神,在付出中提升境界,在实践中传播文明,争做雷锋精神的继承者、弘扬者和践行者。未来学校将把学雷锋活动融入到学生日常生活、学习之中,倡导他们从我做起、从小做起,在生活中一点一滴实践雷锋精神。

朱泾小学教师表示,作为上海市雷锋特色学校,几十年来秉承雷锋精神,先后成为全国学雷锋学校基地、全国学雷锋先进集体。未来,学校将继续坚持办"有精神的学校",做"有故事的教育",育"有志向的孩子",以"小作为"弘扬"大精神"。特别是要打造新时代雷锋教育全景式校园环境,让学生在耳濡目染中启迪智慧、陶冶情操,使雷锋精神扎根孩子们心中。

河南驻马店实验小学教师表示,学校将继续坚持以雷锋精神构建学校核心价值观的办学理念,坚持走特色教育之路,广泛开展学雷锋实践活动,全力打造新时代的"雷锋学校"。

**陶克:讲述"一个真实的雷锋"**

(摘自《雷锋》杂志 2019 年第 7 期)

# 上海"雷锋讲堂":在书写新时代雷锋故事中成长成才

张锡银 樊 晨

"雷锋讲堂"现场

8月11日上午,申城还笼罩在台风"利奇马"带来的风雨影响中,但是上海图书馆多功能厅内还是坐得满满当当,"雷锋讲堂"第二讲如约而至,主讲人蒋乾麟少将与大家共同分享雷锋精神与成长成才的故事。

"雷锋讲堂"由上海市文明办、上海市拥军优属基金会、雷锋杂志社上海工作部联合主办,讲堂主办方领导潘敏、朱留家、程关生、陈超,军地有关单位领导,部队离退休老同志,民兵代表、志愿者代表、上海各界学雷锋热心人士等200余人参加。

"学雷锋做好事,与我们学习成才有关系吗?"报告会开始后,解放军原南京政治学院院长蒋乾麟少将即摆出不少年轻人的困惑。他以《雷锋精神与成才规律》为题,从"螺丝钉"精神、"钉子"精神、"傻子"精神这三种雷锋精神说开去。

"雷锋立志做一个'螺丝钉'并不是缺乏远大志向,而是体现了'志当存高远'与脚踏实地岗位成才的统一。"通过阐释道理、列举事例,蒋乾麟生动揭示了顺势成才、压力成才、忘我成才这三种成才规律。

"一块好好的木板,上面一个眼儿也没有,但钉子为什么能钉进去呢?这就是靠压力硬挤进去的,硬钻进去的。"蒋乾麟引用的一句句雷锋名言,再次把大家带入那个年轻人的精神世界。

如何排解压力?如何面对挫折?蒋乾麟还从"996"模式等当下青年的热门话题入手,和大家共同探讨如何在日常工作生活中弘扬三种雷锋精神,找准成长成才之路。

一个个精彩事例、一组组闪亮数据,仿佛夏日一股股清流,让听众很是解渴。年逾八旬的上海警备区原政委王传友老首长也冒雨来到现场聆听讲堂,这位"南京路上好八连"第六任指导员、50年前受到过毛主席亲切接见的老人感慨地说:"这一课,对于年轻一代传承弘扬核心价值、更好更稳成长成才非常重要。""成才成功的路就在每个人的脚下,关键在于能否把握、怎样把握。"大学生刘琦在朋友圈发了这条微信。他感到,把雷锋的"螺丝钉精神"与成长规划结合起来很有意义,不能脱离实际空想,只有站稳了、踩实了,一步一个脚印,才能走得更远。

报告会上,蒋乾麟还结合学习近期习近平总书记在致中国志愿服务联合会第二届会员代表大会的贺信精神谈到,贺信为开展学雷锋志愿服务指明了方向,令人备感振奋鼓舞,当代青年要在书写新时代雷锋故事中成长成才,不忘初心使命,汲取奋进力量,担起我们这一代的使命责任。

(摘自军地有关报网　2019年8月11日)

# 五、 雷锋图书　　创造出版之最

# 雷锋走进上海大世界基尼斯，获图书出版世界纪录

王立军

在逝世 50 周年之际，雷锋走进上海大世界基尼斯，成为"党和国家领导人题词最多的士兵"。

上海大世界集团总经理、大世界基尼斯理事会理事长陈轩（右）向学雷锋基金管委会副主任华东方颁发证书

"雷锋的士兵之最"是由中国社会福利基金会学雷锋基金管委会申报的。近日，中国社会福利基金会学雷锋基金管委会副主任华东方向记者透露了申报的详细内情。

## 党和国家领导人18次为雷锋题词

华东方说，毛泽东、周恩来、刘少奇、朱德、陈云、邓小平、江泽民等17位党和国家领导人先后18次为雷锋题词。题词主要集中在1963年、1977年、1990年三个时间段。

1963年，毛泽东题词："向雷锋同志学习。"周恩来题词："向雷锋同志学习憎爱分明的阶级立场，言行一致的革命精神，奋不顾身的无产阶级斗志，公而忘私的共产主义风格。"邓小平题词："谁愿当一个真正的共产主义者，就应该向雷锋同志的品德和风格学习。"1990年，江泽民等党和国家领导人分别题词，号召全国人民进一步向雷锋学习，弘扬雷锋精神，为建设有中国特色社会主义而努力。

经过研究发掘，学雷锋基金管委会发现雷锋是党和国家领导人题词最多的士兵。于是，学雷锋基金管委会就此向上海大世界基尼斯总部提出申报。2月20日，上海大世界集团总经理、大世界基尼斯理事会理事长陈轩代表上海大世界基尼斯总部，向学雷锋基金管委会副主任华东方颁发了认证证书。

## 雷锋是被出版图书最多的士兵

华东方透露，认证书里还补充，50年来，全国各地印刷出版有关雷锋的图书400多种，发行有关雷锋的邮票100多种。雷锋成为被出版图书最多、被发行邮票邮资最多的士兵。

华东方说，雷锋作为一个普通士兵，生前并没有出版自己的什么作品。然而，他离开后，关于他的"著作"，其产量之高，开本之多，品种之全，是前所未有的。仅在20世纪90年代，有关方面统计《雷锋的故事》已出版2000多万册。

据统计，从1963年到2012年1月，全国各地发行的关于雷锋的邮票、明信片、纪念封等共有105个种类。

1978年3月5日，我国正式发行了学习雷锋专题邮票。"向雷锋同志学习"纪念邮票一套 3 枚,邮票画面分别为"伟大领袖和导师毛主席题词"和"雨露滋润禾苗壮"。"雨露滋润禾苗壮"是雷锋坐在驾驶室里读《毛泽东选集》。

(2012 年 9 月 26 日　中国文明网)

# 著名画家汪观清三次创作出版雷锋连环画

汪观清

作者采访汪观清

　　1962年底,《新民晚报》美术编辑乐小英来辞海创作组找我,向我组稿,要我画雷锋的故事。他很诚恳,说我下过连队,画过士兵,能把这个题材画好。报社要宣传雷锋精神,连载一个普通战士的故事,时间紧迫,请我帮这个忙。乐小英是老画家、资深编辑,他的请求,我盛情难却,便接受了约稿。当时毛主席还没有为雷锋题词,但我觉得这位战士为人民服务的精神,值得宣传推广。

　　我很快画完了雷锋的故事。乐小英急着要,我将画稿送到报社,交到他的手里,他说:"好,好!"

1963 年的春天,在一片草长莺飞中悄然到来。几个月过去了,交给乐小英的"雷锋"却没有发表,他也没有给我什么消息,有时候碰到了,他也没说什么,我也不问。我们这些人,都是多年的朋友,碰到事情,相互打个电话,或见面交代一下,肯定都帮忙,心照不宣,不会说什么客气话。我和乐小英也算多年的朋友,我还帮他女儿做了一次红娘。"文革"结束之后,乐小英说自己的女儿插队回来,年龄不小了,还没有结婚对象。我想起好友郑家声的学生,当时在淮海路百货商店做美工的杨秋宝,人不错,也喜欢画画,与乐小英的女儿年龄相当,后来介绍他们认识,不久就结婚了。玉成了这段佳缘,我和郑家声合占"吃十八只蹄髈"的功劳。

我继续忙于其他创作,几乎忘记了"雷锋"。这一年的 2 月 28 日,《新民晚报》开始连载雷锋的故事,每日两幅,配以文字。1963 年 3 月 5日,《人民日报》发表毛泽东主席"向雷锋同志学习"的题词,其他领导人,如周恩来、朱德、刘少奇、邓小平、陈云等,也纷纷题词,号召全国人民向这位普通士兵学习。各大报刊纷纷转载,发表文章,掀起了在全国学习雷锋的热潮。雷锋的故事以不同的载体和形式,开始在中国大地上热烈传播。

我创作的雷锋故事连载 20 天,其他报刊纷纷进行转载。这是全国人民看到的最早的雷锋艺术形象。看到全国宣传雷锋的态势如火如荼,我建议上海人美出版雷锋连环画。让我意外的是,负责选题的文编主任一口拒绝,他给出的理由是,雷锋的事迹缺乏故事连续性。可是很快,北京、浙江、山东、辽宁、江苏等地纷纷推出了雷锋题材的连环画。可以想见,我的心情多么黯然。从我个人来说,在有现成画稿的情况下,却未抓住机会,及时出版。作为当时全国连环画的大本营,上海人美没有高度重视这个主旋律题材,无论对我个人还是人美,不能不说是一个时代的遗憾。至今,上海人美都没有出版过雷锋题材的连环画。我的画稿后来由江苏人民出版社美编孙铁生经手,在江苏出版了。

我画了全国第一个雷锋。生活中,我也学雷锋,助人为乐,乐在其中。当时有一个年轻人,叫魏天定,瘦瘦的身材,腿部残疾,不良于行,没有收入,生活困苦,但他喜爱画画,毛笔线描的功夫不差。认识他之后，我便推荐他去画，并答应负责帮助他修改画稿。后来辞海创作组接受了小魏，让他去试画。他很珍惜机会，埋头苦干，极其认真地对照名人照片创作白描肖像。那段时间，他经常晚上来到我家，请我帮他用细尖的铅笔修正画稿，他回去再据此勾墨线。这样往复有三四十次，直到他适应了创作习惯，可以独立创作为止。每每审稿时，看见他的画稿，主编都会问，汪观清看过吗？他说："看过了。"便给通过。小魏通过自己的努力，得以留在辞海创作组工作。他从临时工干起，后转为正式工，几年前已经从辞书出版社退休。

另一位喜欢画画的青年学生叫钱生发，幼年遭遇过车祸，被汽车伤了一条腿，只能依靠拐杖行走，中学毕业后失业在家。残疾人工作难找，他的父母也是工人，家里姐弟又多，经济情况很不乐观。他常拿自己的画向我请教，我同情他，觉得他的绘画技能初步达到了创作要求，便向人美美编要到一本连环画的脚本，交由小钱去试画，并把他介绍给了出版社。在此过程中我自始至终给予关注和帮助，小钱也非常努力，反复重画、修订。半年后，他的处女作《小萝卜头》终于出版。他的连环画出版，我非常高兴，甚至超过了自己的作品出版的喜悦程度。之后，他又创作出版了多部作品，有连环画、宣传画，成为上海人美的特约作者。

后来有个机会。我下工厂体验生活时，听说上海柴油机厂的工会主席想找个宣传干事，做工会工作，但要会画画，我就向他们推荐了钱生发。钱生发很珍惜这个机会，去了之后，画宣传画，工作用功，很快转为正式职工。在柴油机厂工作数年后，因上下班路程太远，他腿又不便，小钱请我帮忙，希望有一个离家近些的工作单位。我碰巧知道宋庆龄基金会的《儿童时代》需要一个美编，就介绍他到《儿童时代》去了。小钱的生活渐渐步入正轨，装了假肢，谈了恋爱，结了婚，有了孩子，过得十分美满。我还参加了他的婚礼。

（作者系上海当代著名国画家，从事连环画创作三十余载，多部作品获奖，并以《雷锋》《南京路上好八连》等成为知名军旅题材连环画作者。本文选自上海书店出版社《汪观清口述历史》一书。）

# 女作家杨绣丽饱含深情书写"集体雷锋"

窦　芒

初识杨绣丽,是在不久前黄浦区为她组织的《蹈火英雄》报告文学审稿会上。那天,我作为一名曾在军队宣传战线工作过的老兵,与到会的市作协领导、知名作家及武警消防部队首长们一样,既被消防官兵的事迹所振奋,更为作家炽热的军人情怀所感动。于是,后来我又一次约见杨绣丽,听她介绍写作两部军队题材长篇报告文学的苦与乐。

杨绣丽,从崇明岛上走出来的女诗人,清纯、秀丽,带着轻盈的身姿。作为上海市作协诗歌委员会副主任以及《上海作家》和《上海诗人》杂志副主编,她身兼数职,虽然机关协调服务性的事务繁忙,但她已有近 10 部作品出版。其中长篇诗集《彩虹经天》《雪山的心跳》等分别获上海市重点创作项目和上海作协年度作品奖励。报告文学作品《心之途、新之旅》获第 15 届中国人口文化奖,诗歌作品被评为首届上海国际诗歌节诗歌一等奖,并有诗集被翻译成维吾尔语出版。尤为引人注目的是,从 2013 年开始,杨绣丽连续创作了两部反映"南京路上好八连"和全国首家"模范消防中队"上海消防总队黄浦车站中队事迹的长篇报告文学。由此,不少读者和网友都说她成了作家中的迷彩派,女诗人中的"军粉"。

对军人不了的情结,对军人真诚的崇拜,是杨绣丽爱兵写兵的初心和动力。从小向往军旅,仰望军人,两个当兵的堂姐是她心中的"偶像"。后来走出崇明岛,当了老师,成为作家,虽然没能穿上军装,但杨绣丽渴望有一天能深入军营采风,用手中的笔讴歌当代军人。

生活中,机遇往往垂青有准备的人。2013 年 6 月,因黄浦区"文化拥军"的需要,根据作协领导的安排,杨绣丽受领了写作南京路好八连报告文学专著的任务。

作为在毛泽东、邓小平、习近平等党和国家领导人亲切关怀培育下成长起来的先进典型,作为历经钢铁炮弹和"糖衣炮弹"严峻考验的英雄集体,好八连美名远扬、历久弥新,多年来反映好八连的文艺作品、新闻报道不计其数。在这之前,杨绣丽仅是一名从事诗歌和散文创作的作家,未曾写过有分量的长篇报告文学。而且作为女性作家,如何把握大体量的军队题材作品,杨绣丽既觉得使命光荣,又深感挑战重大。

"把主要功夫用在采访上,靠丰富的思想使作品具有高远的立意,抛掉性别意识……"杨绣丽给自己提要求、加压力。立志要在书中写出"雄劲的军队气势,朴实的生活气息,深切的人间情感,催人泪下的军营故事,形成正能量的进射和真实可信的穿透,以激起人们心灵深处的震撼,再树好八连精神丰碑。为实现此标准和目标,她深入连队,与数十名官兵交谈。她远赴山东、安徽、江苏,走访好八连驻扎过的地方和历任连队指导员、连长。她走访连队周围的居民、孤老,让他们讲述心中的八连。她"勇敢自信"地向十多位首长提出问题,寻求答案……

几个月的采访调研,杨绣丽的心一直被八连官兵保持人民军队本色的故事所震撼,写作灵感不断迸发。在书的开头部分,作者这样写道:"'南京路上好八连'是这个城市精神家园最明亮的一部分,在人世的万千欲望冲刷下,它宛如一股清风,吹散尘世的'精神雾霭';宛若一炬圣火,点燃了难忘岁月的激情;宛若一缕阳光,照亮了人们心头追求美好事物的希望!这是我内心最真切的感受。"

经过近一年的采访和写作,《永不褪色——南京路上好八连纪实》终于在好八连进驻上海南京路 65 周年之际出版发行。当年亲历上海战役并曾经驻守上海的原国防部长迟浩田上将欣然为该书题词作序。序言中写道:长篇报告文学《永不褪色》,以独特的视角,丰富的史料,细腻的笔触,纪实的手法,生动再现"南京路上好八连"身居闹市,一尘不染的风雨历程,热情赞颂"好八连"心系祖国、服务人民的崇高追求,深刻揭示"好八连"勤俭节约、拒腐防变的时代风格,全面阐明"好八连"精神弦歌不辍、薪火相传的深远意义。既是"好八连"听党指挥、永葆本

色的全景展示，又是人民军队浩气长
存、继往开来的历史缩影，更是上海经
济繁荣、社会和谐的真实写照，堪称新
形势下进行爱国主义和革命传统教育
的精品佳作，值得广大官兵和青年朋
友认真研读。

"虽然是命题作品，是部队题材，
同样需要作者用诗歌创作应有的情
感、心灵和技巧去把握，去表达。"为写
好当代军人，杨绣丽这样要求自己。
由于《永不褪色》写作出版的成功，
2016 年 8 月，黄浦区文化拥军的又一
项目，撰写全国首个"模范消防中队"

杨绣丽已出版的报告文学专著
《永不褪色》

事迹纪实文学的任务又落到她的肩上。刚从《永不褪色》中抽身，"八
连"的形象还不时在脑海中浮现的杨绣丽又为消防官兵赴汤蹈火的伟
岸身影所感染。

她一次次来到南车站路 500 号那个干净整齐的营院，一次次来到
营区三楼，俯瞰院子里一群年轻朝气的战士认真地训练，那高高的训练
塔、塔上高高飘扬的红旗，那围墙边缘一片葱郁的翠竹，充满着朝气蓬
勃的生命力；一次次在会议室里和战士们进行交谈，和车站中队历任指
导员、中队长进行一次次交流，诗人特有的目光和女性细腻的情感，使
她感受到这群热血男儿身上流淌的激情、勇气和胆略，感受到他们对于
消防事业的无比热爱，对于军人责任使命的勇敢担当。她的心灵再次
得到领悟和升华：人性与血性，从来水火相融。

这本《蹈火英雄》写作时间紧，采访任务重，杨绣丽就像消防战士一
样打了一场突击硬仗。除夕前一个星期，她还在消防中队连续采访。
大年三十夜晚，她把女儿送到崇明父母家，独自一人在上海家中写作到
深夜。申城安静的除夕之夜，键盘的敲击声陪伴着她迎接新年的崭新
阳光……在《蹈火英雄》首篇，她写下了这样一段文字：消防兵，永远在
面对着血性与人性的拉扯。一边是对使命和职责的血性担当，一边是

对家人的深深愧疚。消防兵,也永远在完美地书写着血性和人性的平衡,因为他们对家国安宁的守卫,也才有了万家灯火包括自己这个小家的祥和与幸福。人性和血性,对于消防兵来说,一个重如泰山,一个势若千钧,在他们心中,同样不可或缺。人性与血性,从来水火相融,让青春绽放光芒……

作为献给建军九十周年的一份厚礼,全国首个"模范消防中队"长篇纪实《蹈火英雄》将在今年出版发行。全书紧紧把握消防官兵信仰的锤炼,灵魂的塑造,人性的闪光和荣誉的追求这一主基调,生动翔实地展现了以苦为乐、以苦为荣、赴汤蹈火的消防战士群像。序言《赴汤蹈火,朝夕奔梦》中写道:"从这部长篇纪实中,看到来自上海黄浦江畔的公安消防官兵用担当、用勇气、用胆略划出的闪亮橙色轨迹,谱写的青春风采。他们的高尚情操、优良作风、优秀品质和崇高精神值得全国公安战线官兵学习和弘扬。"

这,就是值得点赞的女诗人杨绣丽。这,就是作家笔下值得书写的当代士兵的情怀!

(刊于 2017 年 8 期《上海外滩》和《解放军报》)

# 《雷锋》杂志誉满上海南京路

窦　芒

　　5 月 20 日，上海军民南京路学雷锋志愿服务活动日。这一项自 1982 年开始，至今已坚守了 36 年的品牌，不久前刚刚荣获全国"学雷锋志愿服务最佳项目"。一大早，"南京路上好八连"、南京东路民兵连及有关学校、商场、企业的学雷锋团队纷纷冒雨赶来，用各种形式的学雷锋活动为广大市民服务。

　　活动现场，《雷锋》杂志成了一道亮丽的风景，吸引着过往的中外游人。原来，为进一步宣传、介绍《雷锋》杂志，杂志上海工作站和浦东"沪上雷锋人家"王树源老人进行了周密策划。他们制作了横幅，准备了台面，收集了今年出版的各期杂志，组织了十多名"爱心妈妈"介绍和发放杂志。前来参加学雷锋活动的老将军刘石元、全国劳模杨怀远等第一次见到印制精美的杂志，爱不释手，连声夸赞。习近平总书记多次号召要深入开展学雷锋活动，《雷锋》杂志通过宣传雷锋，让人们认识雷锋，知晓雷锋，真是做了一件大事，好事。"南京路上好八连"前来参加学雷锋活动的官兵手捧杂志说，现在乱七八糟的刊物很多，唯有《雷锋》杂志弘扬的是正能量，刊登的是好典型，我们觉得非常可敬、可信、可学。希望杂志不负众望，越办越好。几十本杂志很快被人们"抢完"了，不少人还久久不愿离开。就连路过的"老外"也凑上来看个究竟，一对法国夫妇对着杂志叽里哇拉一阵，大家听了摸不着头脑。直到在现场为活动拍照的志愿服务者张建萍用英语告诉他们，雷锋是中国人民学习的楷模，《雷锋》杂志是中国的人民出版社主办的以宣传雷锋为主旨的刊物时，老外夫妇才顿有所悟：对，知道，雷锋，雷锋……好人，好人。说着拿着杂志与学雷锋"爱心妈妈"们合影留念。一位来自南美的外国人看着《雷锋》杂志竖起大拇指连声夸赞："OK！OK！"并走到印有雷锋像的旗子下留影。

《雷锋》杂志在南京路上宣传

学习雷锋，无问西东。《雷锋》杂志，称誉中外。

# 上海出版的部分雷锋图书

出版社：上海文艺出版社
出版时间：1964 年

出版社：上海人民美术出版社
出版时间：1965 年 4 月

出版社：上海人民出版社
出版时间：1977 年

出版社：上海教育出版社
出版时间：1983 年 1 月

出版社：上海交通大学出版社
出版时间：1989 年

出版社：上海人民美术出版社
出版时间：1990 年

出版社：上海人民出版社
出版时间：1996 年 5 月

出版社：上海人民美术出版社
出版时间：2007 年 8 月

出版社：上海大学出版社
出版时间：2002 年

出版社：文汇出版社
出版时间：2012 年 2 月

出版社：上海人民美术出版社
出版时间：2012 年 3 月

出版社：连环画出版社
出版时间：2013 年 3 月

中共上海市黄浦区委宣传部编印
出版时间：2013 年

出版社：上海社会科学院出版社
出版时间：2014 年 1 月

出版社：上海大学出版社
出版时间：2014 年 7 月

出版社：上海社会科学院出版社
出版时间：2016 年 5 月

浦东新区上钢新村街道文明办编印
出版时间：2016 年

出版社：中国中福会出版社
出版时间：2017 年 10 月

出版社：中央文献出版社
出版时间：2008 年 12 月

上海市希望工程办公室上海市青少年
发展基金会编印
出版时间：2019 年 3 月

# 六、 雷锋连长　难忘灿烂笑脸

# 不了的雷锋情怀

窦 芒

"虽然我现在老了,但心里还是经常想,我这一辈子很幸运,也很幸福。我最大的幸运和幸福是,我当连队干部的时候,遇到了雷锋。我一辈子遇到过很多好人,但我认为最好的好人还是雷锋……"

新年伊始,笔者慕名来到居住在上海五角场地区的虞仁昌老人家中,看望这位雷锋生前的连长、被誉为"雷锋精神传人"的长者,聆听他对雷锋的追忆,对雷锋精神的解读。虽然年近九旬,须发如雪,但一说起雷锋,虞老却精神大振,泪水潸然,言谈话语中充满着对好战友雷锋的不了情怀。

虞仁昌参加建桥学院雷锋馆落成仪式

## 用坚定信念实践雷锋精神

"遇事遇雷锋，最能勉自己……"1963 年 2 月，确定转业的虞仁昌离开部队时再次到雷锋墓前拍照留念，并在照片背面写了一首怀念诗。当时，神州大地正轰轰烈烈地响应毛主席发出的"向雷锋同志学习"倡议，雷锋连长的身份完全可以当作谋取好职位的金字招牌。军地双方组织都征询他对工作安排的要求，虞仁昌却郑重其事地说，我永远不会将雷锋连长的荣誉作为索取好处的资本，只能当作警示和鞭策自己的戒尺。

转业之时，正逢国家经济困难，他就让随转回地方的妻子吴唐香回老家务农。妻子想不通，咱不要照顾不走后门就行了，政策规定可以安置，为何却要放弃？她不愿团聚仅仅几年又分居两地。虞仁昌对妻子动情地说起了雷锋公而忘私的感人事迹，说自己是雷锋的连长，就要像他一样为国为民分忧。

东阳的大盘山区是个非常偏僻落后的地方，条件异常艰苦，虞仁昌却主动要求去大盘山供销社工作。当主任不久，他就发现一种不好的现象：门市部离汽车站不过里把路，不管货多货少，货轻货重，一律要叫装运工。这样货物的成本就提高了，既影响了单位收益，也增加了群众负担。于是他提出自己动手装运货物的建议，并第一个买了扁担做出样子，全社 37 个干部职工马上就有 37 根扁担，连 400 多斤重的煤油桶也自己抬，节省了装运费用，降低商品的成本，这种做法在供销社一直坚持了下来。

大盘山区的村落分散，交通不便，有些偏远地方的群众购货困难。虞仁昌又提出了便民措施：送货下乡，服务上门。大盘山区从供销社到下面所有的综合商店全部动了起来，腾出人手服务上门。

这样的工作，这样的生活，虞仁昌一过就是 16 年。16 年中，虞仁昌时刻以雷锋为榜样，以雷锋精神约束、鞭策自己。在大盘供销社任职期间，他几次把自己调资的指标让给别人。1979 年，他从大盘山区调回东阳任运输公司党支部书记，公司其他领导觉得他是雷锋的老连长，又是学雷锋的典型，而且作为单位主要负责人，给自己涨工资不好意思，但十七八年来一直没长一次，也确实太亏了。其他领导在劝说无效后，趁他出差，把调资名单悄悄地上报了。虞仁昌回来以后，闻讯立即跑到工交局，硬是画掉自己的名字。他说："我是运输公司的书记，调资理应先人后己，何况等着调资的优秀的或者困难的职工还多着呢。"就这样，他转业到地方 30 余年中，先后让掉了 8 次调资机会，与同年参加革命的战友相比，他的工资最低。

1980 年，运输公司有一个内部招工的指标，公司其他领导一致考虑老虞的妻子吴唐香，此时她已是 39 岁了，很可能就是此生的最后一次机会。然而，虞仁昌却坚持招了一位家庭比较困难的家属。他当然没有忘记劝妻子回家务农时的诺言：有机会就上来。他那个相濡以沫多年的妻子，早已被他潜移默化了。后来，他给妻子找了一份临时的售票工作，就这样吴唐香一直临时工做到了老。其实，有很多次只要他动用一下手中的权力，哪怕点头暗示一下，妻子就可以转正，但他一直没有这样做。

一次，虞仁昌在金华市参加运输系统的党政干部学习班，家中来了一个急电，儿子建平患急性肝炎，让他回去。在学习班负责同志的催促之下，他才匆匆返回东阳。刚到家中，还没来得及去看望儿子，得知单位一名职工重病住院，又扔下才吃了几口饭的碗，就跟来人跑去看望病人。得知该职工所患肾功能严重衰退，在东阳尚无条件医治后，马上赶回公司召开支委会讨论帮困治病的事，并连夜护送他转到杭州治疗。

"雷锋精神的传人""大盘山里活雷锋"，在东阳城乡，虞仁昌成为家喻户晓的新雷锋。

十多年前，虞仁昌随孩子移居上海。在这座诞生了中国共产党的东方大都市，虞仁昌又成了一道精神文明创建的亮丽风景。

在浦东高行镇，虞老以"爱心妈妈志愿服务队"为基地，创建了"虞仁昌工作室"，和多年致力于宣传雷锋精神的王树源老人一起，在崇明全国文明村创建了"上海雷锋纪念馆"，通过大量珍贵的图片、资料向人们宣传雷锋的事迹。他积极倡导各种民间组织开展学雷锋活动，成立了"雷锋车队""雷锋乐队""雷锋公交线路""雷锋志愿服务队""雷锋地铁站"，定期组织经验交流，每年开展评比表彰。现在，浦东全国多省市民间学雷锋组织已成为上海学雷锋的一个亮点，得到市、区宣传部门和文明办的高度肯定，并得到全国"学雷锋两会"组织的推广。

近些年来，虞仁昌利用一切机会走进各种场合、各个单位去宣传演讲，让更多的人们知晓真实的雷锋。有的单位过意不去，提出给几十元钱以作车费、饭资之用，他都一一拒绝。他被聘请为省市关心下一代顾问和不少部队、院校的学雷锋顾问，都是义务服务。他说，如果宣传雷锋精神还要报酬，那岂不玷污了雷锋连长的荣誉？

## 用满腔热忱宣传雷锋品质

"那是 1960 年的 1 月 19 日，当时还是副连长的我，在新兵连第一次听到了雷锋的名字，雷锋作为新兵代表发言。个子矮，但精神饱满，有一张春天般的笑脸，这是雷锋给我留下的第一印象……"

1963 年年初，虞仁昌转业时，当地人武部门从档案里得知他就是雷锋的连长，请他为人武干部和全县民兵骨干介绍雷锋事迹。从这一天开始，虞仁昌就把宣传雷锋精神作为自己一生的神圣使命。

几十年来，尽管学雷锋活动曾经几经风雨，雷锋的形象在各种思潮中几度被扭曲，但虞仁昌认定"雷锋是我们的好榜样"，宣传雷锋精神的热情始终不减。

1988 年虞仁昌离休后，仍然坚持去单位"上班"，不过不是去办公室，而是来到更多的单位、部门、院校，向更多的人讲述雷锋的故事。

为讲好雷锋事迹和精神，他经常来到新华书店，收集新的有关雷锋的书籍，了解雷锋精神研究的新成果；来到沈阳、长沙、北京，走访雷锋精神的研究和宣传机构，探访雷锋生前部队开展学雷锋活动的新经验，组织雷锋班历任班长座谈总结走雷锋道路的体会。他积极推动、呼吁成立全国基金会学雷锋分会。

在上海，虞老亲自担任"雷锋精神宣讲团"团长，深入校园、军营、社区宣讲雷锋精神。他的宣讲精彩动人，通俗易记。在上海政法大学、海事学院，他这样介绍：经历过苦难，没有了亲人，"小个子"雷锋更加珍惜这来之不易的生活。他经常说："遇上共产党和毛主席是我最大的幸福。""没有共产党，我的骨头早就没有了。""是党给了我一切，党就是我的母亲。""我有对党说不完的话，感不尽的恩，表不完的为党终身奋斗的决心。""为了党的事业，我头断骨碎永不变心。"

在南京路上好八连，虞仁昌告诉战士们："在连里，雷锋爱学习，爱看书，肯下功夫。毛主席著作、古典小说、英雄传记是他的最爱。每天睡前雷锋衣服脱得最快，为啥脱得快？那是因为他钻进被窝翻个身就开始拿起书来看，别人聊天他看书，熄灯号一响，雷锋已经看了好几页，日子一天天积累，雷锋的成绩连里最好。"

在浦东民间学雷锋组织的报告会上，虞老生动地说："小个子"雷锋不仅爱读书，更爱钻研，"他就是一个典型的钉子户"。打靶是他的弱项，他就起早贪黑地练习。学开车有不懂的地方，就一遍一遍地问教员。有一次，他有个问题没搞清楚，又跑过去问教员。王姓教员说，都讲了好几遍了，你怎么还不懂？雷锋说，我就是不懂，不能不懂装懂。雷锋不仅是个学习上的"钉子户"，更是生活中的"小抠门"，6元钱的生活费，他每个月只花五毛，用来买肥皂和牙膏，平时连一瓶汽水、一根棒冰都不舍得买。可这抠门只是对自己的，对别人，对需要帮助的人却特别"大方"……

虽然和雷锋在一起只有两年零八个月的时间，但由于"同吃一锅饭，同住一幢房"，虞老心里装着太多的雷锋故事。

## 用亲身经历捍卫雷锋形象

伴随着群众性学雷锋活动的开展，社会上对雷锋其人、其事、其言的质疑和诋毁也不时传到虞仁昌的耳朵里。尤其是近年来，有人借所谓的言论自由为名，在电视节目和网络中胡说八道，公然否定和诋毁雷锋、焦裕禄等英雄形象，引起广大群众的强烈反对。虞老对此也十分气愤，多次在不同场合进行谴责。

他委托有关部门在雷锋网及报刊上发声，指出：雷锋是伟大的共产主义战士，百姓家喻户晓的好人，在中华大地树起了一座道德丰碑。

我是雷锋的老连长,雷锋精神的见证人。这么多年我耳闻目睹,社会上绝大多数人是信雷锋、爱雷锋的。雷锋作为一个小青年,把一切甚至短暂的生命献给了人民,你能不感动吗?不管什么时候,什么人出来"抹黑"雷锋,"消费"雷锋,我作为雷锋的战友和连长都不会坐视不理。我也希望大家在深入开展学雷锋活动中坚定信念,排除各种干扰和杂音,相信雷锋的真实性,相信雷锋精神的巨大力量。希望一些媒体和所谓的名人要分清是非,少散布各种抹黑雷锋、丑化英雄的言行,更不要成为诋毁雷锋的工具……

他以大量事实回击一些人对雷锋的责疑。有人认为雷锋1960年捐款300元是收支不平衡。虞仁昌及时澄清事实:雷锋当时给望花区和平人民公社的捐款对方只收下100元,三个月后雷锋又用剩下的100元支援辽阳灾区,而辽阳市委后来又随表扬信退回了这100元。所以,雷锋在1960年两次捐款的实际支出是100元而非"300多元",并不存在什么收支不平衡的问题。

虞仁昌一直认为,对雷锋的认识不能搞历史虚无主义。雷锋是在建国之初成长起来的红色英模,他的人生既代表了旧中国劳动人民的苦难,也代表了新中国在一穷二白的困难条件下奋发图强、艰苦创业的伟大历程。因此,要正确理解雷锋和雷锋精神,就要正确理解中国新旧社会的对比,正确理解新中国的历史,就要从雷锋生活的历史条件、社会环境和习俗风气中来合理解读雷锋事迹。

有人调侃说:"雷锋做好事不留名,但都写在日记上。"虞仁昌解释说,在雷锋生活的那个年代,有文化的上进青年人流行写日记,这是中华民族优秀文化传统在那个年代的一种表现形式。雷锋在日记中一点一滴地记录自己成长的脚印,其中既有好人好事,也有缺点错误,以激励自己走好人生之路,这有什么不好呢?其实,雷锋日记不仅是他自己的一部成长记录,也是雷锋留给新中国历史长河的一笔宝贵精神财富。

还有人质疑为雷锋事迹补拍照片。虞老认为,在当时的条件下,只有通过补拍照片,才能把雷锋事迹充分地再现和宣传出去。因此,补拍照片是合理的,而不补拍照片反倒是不合理的。当年,沈阳军区工程兵党委曾对补拍照片约法三章:第一,补拍内容必须是雷锋曾经真实做过的事情;第二,能补的补拍,不能补拍的画幻灯;第三,补拍的照片要经得起推敲。

"事实如铁,雷锋的事迹并非人为否定得了的。"虞仁昌坚守这一信念。他说:"我年事已高,余生无几,我最大的心愿是雷锋的形象和精神永远植根于中华大地。"

作者看望虞仁昌

（刊于上海《支部生活》等报刊）

# 雷锋当年老连长,深情畅谈学雷锋

窦 芒

作者采访虞仁昌

"那是 1960 年 1 月 19 日,当时还是副连长的我,在新兵连第一次听到了雷锋的名字,雷锋作为新兵代表发言。个子矮,但精神饱满,有一张春天般的笑脸,这是雷锋给我留下的第一印象……"

2018 年"3·5"学雷锋日之际,正值毛泽东等老一辈革命家题词学习雷锋 55 周年,笔者来到居住在上海杨浦区的雷锋生前连长、年近九旬的虞仁昌老人家中,听他深情回忆当年和雷锋"同吃一锅饭,同住一幢房"的难忘岁月,畅谈对新时代如何开展好学雷锋活动的思考。

## "学雷锋首先要知雷锋，要抵制各种干扰和杂音"

**作者：**虞老，从 1963 年毛主席号召"向雷锋同志学习"开始，学雷锋活动已走过 55 年，其间不仅几经风雨，还不时出现一些诋毁雷锋的言行。您几十年如一日宣传雷锋、学习雷锋是怎么坚持的？

**虞仁昌：**这个问题也是我经常遇到和一直思考的。我 1949 年从浙江东阳入伍，先后经历了解放战争和抗美援朝，并荣立过战功。1963 年初转业回浙江东阳之时，正是毛泽东主席发出"向雷锋同志学习"号召之时。当地人武部门从档案里得知我就是雷锋的连长，便让我为人武干部和全县民兵骨干介绍雷锋事迹。从这一天开始，我就把宣传雷锋精神作为自己一生的神圣使命。

我感到，学雷锋首先要知雷锋。随着时间的推移和时代的发展，不少人没有经历过 20 世纪 60 年代宣传学习雷锋的热潮，加上改革开放后一段时期对雷锋的学习宣传不够，不少人特别是青少年与雷锋和雷锋精神渐行渐远。我在做报告时经常碰到一些名牌大学的学生连雷锋的基本情况都不知晓，一些小学生甚至说不出雷锋是什么人。还有些中小学生没看过雷锋的电影电视，没读过有关雷锋的图书。什么原因呢，我觉得主要还是宣传教育不够，此外介绍雷锋的影视作品和图书也出得少。我经常到新华书店，找不到关于雷锋的新书。因此，新形势下开展学雷锋活动，很有必要加强对雷锋生平事迹和雷锋精神的宣传，尤其是各类院校要把雷锋精神的学习了解作为必修课，作为基础工程，切不能可有可无，可做可不做。

我看到，伴随着群众性学雷锋活动的开展，社会上也不时传出对雷锋其人、其事、其言的质疑和诋毁。尤其是不久前，有人借所谓的言论自由为名，在电视节目中公然否定和诋毁雷锋、焦裕禄等英雄形象，引起广大群众的强烈反对。我对此也十分气愤，多次在不同场合进行了驳斥。雷锋是伟大的共产主义战士，百姓家喻户晓的好人，在中华大地树起了一座道德丰碑。我是雷锋的老连长，雷锋精神的见证人。这么多年我耳闻目睹，社会上绝大多数人是信雷锋、爱雷锋的。雷锋作为一个小青年,把一切甚至短暂的生命献给了人民,你能不感动吗? 不管什么时候,什么人出来"抹黑"雷锋,"消费"雷锋,我作为雷锋的战友和连长都不会坐视不理。我也希望大家在深入开展学雷锋活动中坚定信念,排除各种干扰和杂音,相信雷锋的真实性,相信雷锋精神的巨大力量。我也警告一些媒体和所谓的名人,要分清是非,少散布各种抹黑雷锋,丑化英雄的言行,更不要成为诋毁雷锋的工具,成为抹黑英雄、毒化社会空气的帮手。

## "雷锋精神没有过时,但要全面理解和把握"

**作者**:现在有不少人,尤其是年轻人感到在市场经济和网络时代,雷锋精神有些过时了。您怎么看?

**虞仁昌**:你讲的情况很有代表性。我在宣扬雷锋精神的过程中也经常碰到这样的疑问。一次和大学生座谈,一位哲学系的同学问我,市场经济就是竞争,竞争就不能讲风格,不能友谊第一,比赛第二。因此他觉得雷锋精神不适应时代了。学雷锋不但没有好处,反而会限制人们勇于竞争、敢于拼搏的积极性。

对这些疑问,我都是通过摆事实讲道理,表明自己的想法。我认为:我们搞改革开放,发展市场经济的根本目的是为了国家的富强,人民生活水平的改善。市场经济下提倡竞争,鼓励冒尖,但这种竞争必须是讲道德,守规矩,力求公正公平的。少数人不择手段,尔虞我诈,唯利是图的竞争和发展是不道德的。而雷锋身上充满着友爱和阳光,雷锋精神闪耀着真善美的光辉。所以我觉得真诚、善良、美好的东西是永恒的。改革开放,搞市场经济,同样需要雷锋精神。因为一个人完全可以做到道德高尚,同时竞争发展意识很强。雷锋的性格也很要强,无论到哪都有一种奋发向上争先创优的劲头。但雷锋自己先进了不忘帮助后进,对同志充满真诚的友爱。当然,我们也不能强求雷锋,或者用今天的标准重新塑造雷锋。随着时代的发展,我们既要坚定不移地学习雷锋,又要与时俱进,不断扩大学雷锋的内涵,大力宣扬具有时代特征的新雷锋精神。

改革开放几十年来，我们国家强了，人民富了，但也不可忽视，人们的思想观念更复杂分化了，社会道德有些滑坡了，连老人摔倒扶不扶，路人遇险救不救都成了纠结的问题。在利益分化、价值多元、诚信缺失的现实面前，人民更加呼唤雷锋精神的回归。为此，2011 年 10 月，党的十七届六中全会顺势而为，发出"深入开展学雷锋活动，采取措施推动学习活动常态化"的有力号召。2012 年 2 月，中共中央下发的关于深入开展学雷锋活动的意见中，与时俱进概括了雷锋精神的丰富内涵，即热爱党、热爱祖国、热爱社会主义的崇高理想和坚定信念，服务人民、助人为乐的奉献精神，干一行爱一行、专一行精一行的敬业精神，锐意进取、自强不息的创新精神，艰苦奋斗、勤俭节约的创业精神。我认为，开展学雷锋活动只有紧紧围绕这五个方面进行，才能从根本上凝聚向善的力量，构筑人们的精神家园。更让我得到鼓舞的是，习近平总书记多次强调要大力开展学雷锋活动。他号召："雷锋精神是永恒的，是社会主义核心价值观的生动体现，你们要做雷锋精神的种子，把雷锋精神广播在祖国大地上。"习总书记的要求为学雷锋活动指明了方向，我们要深入贯彻落实。

## "上街做好事不是学雷锋的全部"

**作者**：现在有一种偏向，一些地方和单位开展学雷锋活动，往往停留在 3 月份上街做好事，这个情况怎么解决？

**虞仁昌**：雷锋"三月来四月走"，一提到学雷锋就是上街扫马路，这是形式主义在学雷锋活动中的表现，我是一直反对的。

我在做学雷锋报告时经常遇到听众，尤其是年轻人问，虞连长，雷锋当兵的时候是不是特别闲，所以才到处做好事？我听了觉得特别好笑。其实当时我们运输连的任务是很重的，雷锋是典型，经常外出参加活动，后来当了班长，他比别人更忙。雷锋做好事大多是出差或外出办事，甚至看病途中。说到底一个人做不做好事不是有没有时间，而是有没有一颗助人为乐的心，是不是经常想着别人，有没有自己活着是为了让别人更美好的高尚情操。比如你也是一名驾驶员，在不急于赶路时遇见一辆路边抛锚的汽车,会不会像雷锋一样停下来问一声:师傅,需要帮忙吗?

至于有些地方一到 3 月 5 日就上街摆摊设点做好事,这当然也是发扬雷锋精神的具体行动。但我一直认为,学习雷锋不仅仅是这些,上街做好事不是学雷锋的全部。

新形势下怎样开展好学雷锋活动?我觉得从某种意义上说,立足岗位学雷锋是最根本的一种方法,它比上街做好事更实在、更持久。雷锋最大的特点是干一行、爱一行、钻一行,开拖拉机是优秀拖拉机手,开推土机被评为技术标兵,开汽车是一个好司机。其实只要每个人都能像雷锋一样在本职工作中敬业爱岗,兢兢业业,对国家、对社会就是做贡献,就是做好事。

这些年来,我在宣讲雷锋精神时,多次在各种场合呼吁,学雷锋活动要常态,要持久,让雷锋成为"常住户口"。要大力倡导将志愿服务作为学雷锋的一个抓手和平台,在全社会形成雷锋是志愿服务的先行者,志愿者是雷锋后来人的理念和氛围。另外,各级党员领导干部不仅要做学雷锋活动的组织者,更要做雷锋精神的践行者。雷锋最大最好的优点是心里时刻想着群众,想着战友,装着全心全意为人民服务几个大字,而这也正是新形势下各级党员干部应该具备的品质。我最反感一些领导干部台上讲雷锋头头是道,台下把雷锋精神丢到脑后,甚至脱离群众,以权谋利。

访谈中,虞老思路清晰,声音洪亮,时而深情回忆,时而对着雷锋的老照片沉思,讲到动情处热泪盈眶。最后,虞老反复说:"我已年届九十,岁月无几。我这一生中最荣幸的是遇到了雷锋这样一个好人,最大的愿望是让雷锋旗帜永远飘扬,雷锋精神永驻人间。"

(2017 年 2 月 23 日　上观新闻)

# 他如一枚"小太阳"温暖人心

陆安怡

青年志愿者听虞仁昌讲雷锋故事

"他的故事我讲了几十年,还是讲不完、说不够……"很多人对于雷锋的认识来源于学校课堂、相关书籍及新闻报道。雷锋生前连长虞仁昌与雷锋"一个锅里吃过饭,一个炕上睡过觉",他接触到的雷锋是一位真实的、有血有肉的战士。在学雷锋日前夕,《青年报》记者专访了雷锋生前连长虞仁昌。

在虞仁昌看来,雷锋是一位非常可爱的青年人,常常面带微笑,深受战友喜爱的他仿佛是一枚为大家带来温暖的"小太阳"。虞老觉得遇到雷锋是自己最大的幸运和幸福,"我一辈子遇到过很多好人,但我认为最好的好人还是雷锋"。

## 不到七岁成为孤儿　对党感情深厚

迎接新兵时,虞仁昌首次见到了雷锋。"到!"当时担任副连长的虞仁昌迎接连队,点名喊到雷锋时,雷锋相当响亮地回答了,而且他常常面带微笑。

连里同志听到雷锋名字都很高兴,因为他是地方标兵,大家对他都很佩服,不过同志们在心里,始终有一个小问号:他到底好不好?

经过几个月的相处,同志们就打消了这个疑惑。大家感到这个同志太可爱了,各方面表现都非常好,难怪是模范。"雷锋小个子、娃娃脸,见人就笑,我们都很喜欢他,仿佛是大家的'小太阳'。"虞仁昌说。

相处中,虞仁昌感到,雷锋的特点之一是热爱党,他对党的感情非常深厚。雷锋从小就是个苦孩子,不到七岁时就成了孤儿。他在成长的道路上吃了很多苦头,为了生存,他要过饭,也放过猪。

经历过艰苦的生活,雷锋更加珍惜这来之不易的生活。虞仁昌感慨地说,雷锋就曾在日记里写道:"我有向党说不完的话,感不尽的恩,表不完为党终生奋斗的决心。""亲爱的党,我永远的母亲,我要永远做您忠实的儿子,为实现共产主义,献出自己全部的力量,直至生命。"

## 争分夺秒　赶在熄灯号前抓紧看书

聪明好学是雷锋的另一个特点。当兵时,他带着一只26英寸的大皮箱,里面放了很多本书。虞仁昌回忆道,雷锋非常喜欢读书,毛主席著作、古典小说、英雄传记都是他的最爱。每天睡前,他的衣服脱得最快,钻进被窝翻个身就拿起书本来看,别人聊天他看书,熄灯号一响,已经看了好几页,日积月累,他的文采非常不错。

而且雷锋还愿意刻苦钻研。有一次,雷锋遇到问题弄不明白,就去问教员。教员说:"都讲了好几遍了,你怎么还不懂?"对此,雷锋说:"我就是不懂,不能不懂装懂。"

"抓紧学习是青年的好品德。"虞仁昌说,"学雷锋"首先要学习雷锋认真学习的品质。雷锋的思想并非与生俱来,他也是向书本、榜样学习,并且受到环境感染而形成的。

## 言行合一　舍己为人却对自己"抠门"

更重要的是,雷锋能够做到言行一致。他经常说:"人明白道理后,首先要从自身做起。"

"自己活着,就是要使别人过得更美好。"虞仁昌表示,雷锋不仅这句话说得好,更是做得好,知行合一。

雷锋在日记中有这样一句话:"人的生命是有限的,可是,为人民服务是无限的,我要把有限的生命,投入到无限的为人民服务之中去。"

虞仁昌介绍说,雷锋用实际行动帮助了很多人。看到他人遇到困难,雷锋都会伸出援手。他回忆道,有一次,雷锋到安东参加体育运动会。他坐火车回连队时,在车站遇到了一位大婶,她要从山东坐车到吉林,可是把车票弄丢了,又因为丈夫生病治疗需要医药费,手头没有多余的钱购买车票。了解到大婶的难处,雷锋当即花了 6.4 元为她购买车票,并把她送上车。大婶打听名字时,雷锋只回答自己是解放军战士,而不愿透露姓名。虞仁昌也是听到兄弟连战士提起,才知道这件事。

其实这张车票的价格已经超过了战士当时每月 6 元的生活费金额。在生活中,雷锋对自己还是挺"抠门"的,6 元钱的生活费,他每个月只花 5 角,用于买肥皂和牙膏,平时连一瓶汽水都不舍得买。可这"抠门"是对自己的,当他人遇到难处时,雷锋都非常愿意帮忙,舍己为人,很是"大方"。

## 不遗余力　虞老将宣传雷锋精神作为使命

50 多年前,虞仁昌转业时,当地政府相关部门从档案中得知他是雷锋的连长,当即请他开讲座,为大家介绍雷锋事迹。从此开始,虞仁昌就把宣传雷锋精神作为自己一生的神圣使命。

除了参加讲座、传播雷锋事迹，虞仁昌还参加了许多传承雷锋精神的志愿服务项目。多年前，他和致力于宣传雷锋精神的王树源一起在崇明全国文明村创建了"上海雷锋纪念馆"，通过大量珍贵的资料向人们展示雷锋的故事。同时，他积极倡导各种志愿者组织开展学雷锋活动。

此外，作为"雷锋精神宣讲团"团长，虞仁昌还深入校园、部队、社区等地宣讲雷锋精神。

"我希望中国青年一代代地学习雷锋精神，并形成这样的民族精神。"他还勉励青年人说，要永远学习雷锋好榜样，不忘初心，永远忠于人民、忠于党，在上海这个国际化城市里传播中华民族的正能量。

所以虞仁昌非常热衷于给青年人讲雷锋故事，传递雷锋精神。近日，上海市级机关所属委办的团员青年和志愿者代表走访慰问了他，并互相探讨新时代青年如何弘扬传承雷锋精神。

这些从小听着雷锋故事长大的"80后""90后"青年表示，聆听虞老讲述，觉得特别生动。市级机关团工委副书记王剑说："我们觉得雷锋精神不能丢，我们不论身处何种工作岗位，都要学习雷锋精神，我们要向身边的青年讲述今天听到的雷锋故事，带动更多青年传承雷锋精神。"作为新时代的志愿者，上海青年律师志愿者大队代表仲峥说："我们要更加坚定地学雷锋精神，做雷锋传人。"

（摘自《青年报》 2018年3月7日）

# "雷锋精神就是我们的家训"

贾稳湘

90 岁的虞仁昌是雷锋生前的连长，浙金东阳市城东街道李宅人，他在 1963 年离开部队后的半个多世纪里，一直宣讲雷锋的故事，用雷锋精神激励大家。东阳消防老兵、东阳市道德模范李鑫荣与虞仁昌长期交往，在他的印象中，虞仁昌老骥伏枥，壮心不已，即使患了重病，还在继续传播雷锋精神，并寄语青年要接过担子，发扬雷锋精神，把雷锋精神传播到全世界。

## 身患肺癌年逾九旬仍不忘宣讲

20 世纪 80 年代，李鑫荣和虞仁昌同是"雷锋精神报告团"成员，经常到东阳国有、二轻企业巡讲。很多人知道虞仁昌是雷锋的老连长，全国各地的宣讲邀约因此纷至沓来，他从不拒绝。直到近几年罹患肺癌，实在吃不消舟车劳顿，他才让老伴帮忙谢绝。

不久前，李鑫荣带着嘉兴师范学院学生陈炫予和在东阳做消防志愿者的申屠宽去看望虞仁昌，并送上自己编辑的《东阳赞歌》。虞仁昌对年轻人提出希望："你们要向雷锋学习，发扬雷锋精神，做个好学生、好青年、好公民，学业有成，报效祖国。我们老了，你们要接过担子，把家乡建设得更美丽。"

虞仁昌的老伴吴唐香提醒说："他说起雷锋就很激动，你们别看他现在讲得神采飞扬、中气十足，你们走了之后，他就像泄了气的皮球，好久也缓不过劲来。"吴唐香说，虞仁昌九年前被检查出肺癌，接受手术治

疗后并未停下宣讲雷锋精神的工作。去年，九十高龄的他仍然做了 20
多场宣讲活动，建军节以来几乎没有休息过，最多的时候家里一天要接
待 9 批访客。

## 最大心愿是建造雷锋纪念馆

雷锋离开我们 56 年了，雷锋精神还有意义吗？"当然有！"老人的
回答毫不犹豫，"雷锋做了一辈子好事，他的善良放到任何一个年代都
令人感动。"

多年来，虞仁昌收集了许多雷锋资料，雷锋生前 200 多张黑白照片
和几十年来的一封封读者来信，是老人这辈子最宝贵的财富。他还写
了十几万字的讲稿。

"感动中国"人物孟祥斌牺牲 11 年了，孟祥斌的妻子叶庆华与虞仁
昌认识也已经 10 年，并与老人成了忘年交。她有空就去看望虞老，帮
忙整理资料。两个人的最大心愿是在金华建一座雷锋纪念馆。

## 四个儿子都听着雷锋故事长大

"我们家有三个人见过雷锋，除了我和妻子，还有大儿子。当时他
还是个咿呀学语的孩子，雷锋抱着他说，小平小平快快长，长大了建设
社会主义，好不好？'好！'孩子响亮的回答把大家都逗笑了。"虞仁昌有
四个儿子，他们都听着雷锋的故事长大。

"雷锋日记我都会背了，里面提到我十几次。我在外宣讲雷锋，在
家也爱说雷锋，儿子们常说爸爸你不用说了，从小说到大，我们都会背
了。"虞仁昌常叮嘱儿子："你们要学习雷锋叔叔，认真工作，堂堂正正做
人。你们行得正坐得直，我出去跟人家讲雷锋就讲得响，否则我连门都
不好意思迈出去。你们爸爸这辈子最大的骄傲就是当了雷锋的连长，
你们要是孝顺，就不要让我没底气出去宣讲雷锋。"

就这样，雷锋成了虞仁昌一家的"熟人"，也成了他们家的精神财
富。在雷锋故事的熏陶下，虞家的四个孩子都事业有成，有的在上市公

司当负责人,有的在知名跨国企业当中国区总经理,有的在国企当技术骨干,个个都大学毕业,个个都是单位里的先进工作者。尽管儿子们都有了出息,逢年过节的时候,虞仁昌仍然要用雷锋的故事给他们上课。他说:"雷锋精神就是我们虞家的家训。"

(摘自《东阳日报》 2019 年 1 月 23 日)

# 市级机关青年志愿者与雷锋
# 老连长座谈学雷锋

窦　芒

　　日前,市级机关青年志愿者代表在市级机关团工委的带领下,看望并慰问了雷锋生前老连长虞仁昌同志,引领机关青年追忆雷锋精神,不忘初心使命。市级机关工作党委副书记李云龙出席活动,并代表市级机关工作党委向虞老表示亲切问候与美好祝愿;来自市民政局、市司法局、市税务局、上海海关、上海出入境检验检疫局等单位的基层一线学雷锋志愿服务集体代表参加了慰问活动。

虞仁昌与市级机关青年志愿者

虞仁昌同志对青年志愿者代表讲述了他与雷锋共事的点点滴滴。

他希望青年同志要学习雷锋同志对党忠贞不渝的感情,学习雷锋同志刻苦自学、不断上进的精神,学习雷锋同志言行一致的表率作用,既在本职岗位上为市级机关多做贡献,又在社会上为更多人贡献当代青年的光与热。

市级机关团工委副书记王剑代表机关团员青年向虞老赠送了"弘扬雷锋精神,不忘初心奋斗"的书法卷轴。

虞老最后亲笔为市级机关的团员青年写下了寄语。他希望,机关团员青年能立足上海改革发展契机,在本职岗位上坚持学习雷锋好榜样,不忘初心,永远忠于人民忠于党,向身边青年积极传播中华民族的正能量。

参与青年纷纷表示:"虞老的口述为我们还原了一个真实的雷锋,雷锋精神离当代青年并不遥远,也永远不会过时。我们应当进一步加强理想信念教育,进一步深化志愿服务开展,因为这些志愿经历不仅是向雷锋前辈的致敬,不仅是对雷锋精神的进一步传承、发扬、践行,也可以帮助青年丰富人生阅历、增强社会责任感、培养团队意识,更将为我们留下可贵的精神财富。"也有兼职团干部表示:"今后将细致设计各种活动,带动和激发更多的人争做'活雷锋',形成向善向上的良好道德风尚;并通过加强团组织新媒体宣传引领正确的舆论导向,多多报道先进典型人物事件,以正确的舆论导向教育人、感染人,树立社会道德新风尚。"

（刊于《上海志愿者》　2018 年 3 月 7 日）

# 虞仁昌为《雷锋》杂志总编辑陶克
# 颁发"雷锋将军奖"

夏一萌

3月春光乍现，带着万物复苏的喜悦，全国的学雷锋活动在这个月显得分外热烈。《雷锋》杂志总编辑陶克将军离开北京踏上了宣讲雷锋的征程。经由福州、济南、长沙、上海……宣讲雷锋成为脚踏实地的步伐。

宣讲之余，陶克将军专程再次慰问病愈出院的雷锋生前连长虞仁昌，他今年近90岁，这位老人至今提及与雷锋在一起生活的两年零八个月的时光，回忆起当年把新兵雷锋接到部队、与雷锋同吃一锅饭、雷锋发生意外后又抱着雷锋奔医院的场景，仍然会泪流不止。

虞连长在听说陶克将军要去探望他的消息后，早已沉浸在心怀激动的等待中，走进虞仁昌老人家，老人满脸笑容走向客厅，虞仁昌介绍了自己出院后身体的恢复情况，十分感激陶克将军一直以来的牵挂，并且帮助联系医疗救助。

寒暄中，虞仁昌老人拿出了事先准备好的礼物，一份专门为陶克将军手写的奖状，并且要亲自给陶克将军佩戴奖章，授予陶克将军"雷锋将军"的称号，他说："以前都是将军给百姓颁奖，今天我这个百姓要给将军颁奖。"

颁奖的同时，老人声音洪亮地朗读起自己手写的颁奖词："共和国将军陶克同志，几十年来高举雷锋的大旗，捍卫雷锋，传承雷锋精神，撰写《告诉你一个真实的雷锋》等著作，创办雷锋学院，紧跟习近平总书记新时代学雷锋，再创卓越。经九旬老人我提议，遵循百姓口碑，特授予

虞仁昌为陶克将军颁奖

陶克同志'雷锋将军'荣誉称号。与将军共勉……"大家都被老人朴实的嗓音、真挚的情感所感动。

接到这份意外的惊喜，陶克将军心情十分激动，他湿润着眼眶说："今天这份礼物让我太震惊了，我怕自己难以承载这份荣誉，我并没有做什么，我做的都是自己应该做的事情，愿雷锋精神永存，愿我们的国家和社会越来越好。"

临行前，陶克将军特意把由人民出版社出版的《新时代雷锋精神解读》《见证人讲述——雷锋日记》送到虞仁昌老人手里，虞老看到后说："这是纪念雷锋最好的礼物。"

听到虞仁昌连长一番佳赞后，陶克将军含泪表示："我一定不辜负老连长的期望和嘱托，一定把《雷锋》杂志办好，办到百姓心中，让它走进校园，走进千家万户，走向世界，让雷锋精神世世代代弘扬下去。"

（2018 年 3 月 7 日　《雷锋》杂志微平台）

# "一缕光"金正洪与雷锋老连长
# 沪上话当年

窦 芒

　　建军节前夕,学雷锋典型金正洪带领义乌"爱心团队"赴沪看望雷锋生前连长虞仁昌和"南京路上好八连"官兵,并为好八连赠送图书和清凉饮品。

**老连长题字勉励金正洪一行**

　　金正洪20世纪90年代即是全国精神文明建设标兵,原南京军区学雷锋标兵,两次荣立二等功。20年前从团职干部转业到老家义乌后,初心不忘,爱心不变,坚持学雷锋,做好人,献爱心。他不仅立足岗位践行雷锋精神,还带领和影响身边的人一起学习雷锋,乐善好施,转变社会风气,多次受到省市党委政府的表彰,成为当地闻名的"好人"。

　　这次,他精心组织和筹划,带领义乌企业爱心人士和多年开展爱心活动的战友,冒着炎热,驱车数百公里来到上海,与 20 年前就在学雷锋活动中相识的虞仁昌老连长相见后,激动万分。九十高龄的虞仁昌连长说:"八一快要到了,这是我们军人的节日,也是伟大战士雷锋的节日。每到佳节,我都会想起战友雷锋,想起那些坚持学雷锋做雷锋的好人。请《雷锋》杂志向全国的'雷锋传人'转达我的感谢!"虞仁昌连长还即兴为大家书写了"雷锋精神永存"的书法,尤其是写好后拿出自己的印章,激动地说:"这枚我保存了几十年的印章,当年可为雷锋的获奖证书盖过不少次呢!"

（2018 年 7 月 25 日　《雷锋》杂志微平台）

# 虞仁昌与上海希望办领导交流学雷锋

窦　芒

　　25日下午,上海淮海西路某军队医院病房,两位老人正在交流学雷锋、做雷锋的体会。一位是正在住院的雷锋当年老连长虞仁昌,一位是上海市希望工程办公室党支部书记、年过七十的吴仁杰。吴仁杰是上海乃至全国有名的学雷锋优秀共青团干部,得知雷锋当年老连长住院后,带领办公室人员及结对共建的《新民晚报》发行部的同志来到医院看望慰问。

上海希望办领导看望虞仁昌

病房里,吴仁杰拉着老连长的手说:"老连长,我是从 1963 年开始在工作岗位坚持学雷锋的。多年来,先后 10 次被团市委机关评为'先进工作者';6 次评为'优秀党员'和'优秀党务工作者';还被表彰为'上海市对口支援工作先进个人''上海市读书活动 25 年优秀个人',多次被评为全国的先进个人。回顾这些年的经历,我觉得学习发扬雷锋精神要做到五个永远不变。一是对党对毛主席的深厚感情,听党话跟党走永远不变;二是坚定理想信念永远不变;三是自觉正确处理党的利益、国家利益、集体与个人利益永远不变;四是为人民、为青少年做实事办好事永远不变;五是把崇高的理想信念和道德品质融入日常工作生活中永远不变。""对,你做得好,总结的体会也很实在,可学。"老连长连声夸赞。

交谈中,吴仁杰给老连长递上一册《习近平总书记关于学雷锋的最新指示》,告诉老连长:"这是我们希望工程办公室刚印制的,准备在 3 月 2 日举行的贯彻习近平讲话精神,深入开展学雷锋活动研讨会上学习。"

接着,他又给老连长介绍:"2012 年以来,我们希望办发起举办'永远的榜样——雷锋事迹摄影作品展',已有 21 万群众参观。我们还编写出版了 5 分册《雷锋》一书,赠送给全国的 100 多所希望小学、红军小学,在青少年中传播雷锋精神。2015 年,我们又联合团市委、市青联等六家单位组织'雷锋在身边'上海十大杰出青年先进事迹报告团,在全市巡回宣讲 100 余场,并应邀到江西省井冈山、福建省福州等多个城市巡回报告,听众达五万多人次,社会各界反响热烈。"老连长听了十分高兴:"老吴你真了不起,你不仅自己几十年坚持学雷锋,在本职岗位上争先创优,还带领希望工程办公室响应习主席的号召,为传播雷锋精神做了这么多大事、实事。我这个老连长感谢你们。"

(2019 年 2 月 26 日　《雷锋》杂志微平台)

# 虞仁昌住院讲雷锋，沪上爱心人表深情

窦　芒

位于上海淮海西路的原解放军455医院，近日成了上海爱心人关注的地方：雷锋当年老连长虞仁昌住院不忘讲雷锋，沪上爱心人热情关爱，表达深情。

上周，从浙江老家过年回沪的虞老因气候变化导致肺部不适，《雷锋》杂志记者及时看望并联系协调医疗事宜。455医院护理部戴主任第一时间安排住院，心内科医护人员精心检查，确定治疗方案，使病症及时得到控制并好转。

作为当年把雷锋从新兵连接到连队，雷锋牺牲时又紧紧抱在怀里的老连长，虞老多年来坚持学雷锋，做雷锋，讲雷锋，深受人们的爱戴。住院病情好转后即利用各种机会给医护人员和前来探望的人士忆当年岁月，讲雷锋故事。讲到2018年底习主席亲临抚顺雷锋纪念馆参观并对学习发扬雷锋精神做出重要讲话，虞老更是激动万分。

老连长住院牵动着申城军民的心。原上海警备区副政委《雷锋》杂志副总编程关生少将第一时间到医院看望慰问，送去新春的祝福。

被誉为"沪上雷锋人家"的学雷锋老人王树源带领团队成员冒着严寒冻雨从浦东赶来看望陪护。

上海静安区人大代表、宝山街道商会会长、上海长快物流有限公司董事长丁家阁20世纪70年代末参军入伍后坚持学雷锋，多次立功受奖。退伍后创办公司，不忘初心，以雷锋精神打造诚信品牌，奉献社会。他得知虞老住院后赶到病房慰问，与老连长交流多年坚持学雷锋的体会。

宝山路街道商会领导看望虞仁昌

　　读《雷锋》杂志,听雷锋故事。上海地铁四公司基层党总支的龚晓静、6 号线施岩峰经理、区站长梁永能一行,专程到医院看望雷锋连长虞仁昌,给虞老献花祝福早日康复。虞老给他们送《雷锋》杂志,讲雷锋故事,并相约出院后 3 月 5 日到地铁站与大家一起学雷锋。

（2019 年 2 月 23 日　《雷锋》杂志微平台）

# 虞仁昌再获"弘扬雷锋精神突出贡献奖"

## 窦 芒

"虞仁昌同志数十年如一日,学雷锋,做雷锋,宣传雷锋。特颁发弘扬雷锋精神突出贡献奖杯和证书……"7月8日,在上海云峰中心召开的《雷锋》杂志转型发展座谈会上,杂志总编辑陶克将军满怀深情地为雷锋当年连长、九旬老人虞仁昌颁奖。

**虞仁昌获奖时合影**

虞仁昌至今难忘雷锋春天般的笑脸。1960年1月19日,当时还是副连长的他在新兵连第一次听到了雷锋的名字。个子矮但精神饱满,有一张春天般的笑脸,这是雷锋给他留下的第一印象。1963 年初,虞仁昌转业时当地人武部门从档案里得知他是雷锋的连长,请他为人武干部和全县民兵骨干介绍雷锋事迹。从这一天开始,虞仁昌就把宣传雷锋精神作为自己一生的神圣使命。尽管学雷锋活动曾经几经风雨,雷锋的形象在各种思潮中几度被扭曲,但虞仁昌认定"雷锋是我们的好榜样",宣传雷锋精神的热情始终不减。1988 年离休后,来到更多的单位、部门和院校,向更多的人们讲述雷锋的故事。他还积极推动、呼吁成立了中国社会福利基金会学雷锋分会。

十多年前,虞仁昌来到上海儿子家养老,又亲自担任"民间雷锋精神宣讲团"团长,深入校园、军营、社区宣讲雷锋精神。他的宣讲精彩动人,通俗易记。虽然和雷锋在一起只有两年零八个月的时间,但因为"同吃一锅饭,同住一幢房",虞老心里装着太多雷锋的情怀。他,用生命宣传最好的战友雷锋。

# 七、 雷锋团队　彰显城市温度

# 上海军民南京路学雷锋 37 年花开不败

窦　芒

　　1 月 20 日,2019 年上海南京路第一个学雷锋志愿服务日。7 时许,天还没有完全放亮,数以百计的"雷锋"已冒着严寒从浦东、虹口、长宁等区赶来,汇聚成一股爱心涌动的热流,温暖着这座东方大都市。

**"皇甫学雷锋联盟"在南京路**

　　自 1982 年 3 月,第一辆"学雷锋为民服务"小推车拉开每月 20 日南京路民兵团员学雷锋活动的序幕以来,已有 72 万人次参与服务,服务对象 380 万人次,为群众做好事 17 万余件,得到时任上海市委书记习近平的充分肯定。南京路学雷锋活动先后涌现出了陶依嘉、殷仁俊、黄吉人、项全雄、陆亚明等一批志愿服务先进典型和全国道德模范,全国劳模陶依嘉团队、南京路上好八连、武警一支队十中队、南京东路街道民兵团员为民服务队、海燕博客公益发展中心、爱心花园公益发展中心、零壹公社等一大批先进团队以及百家文明单位学雷锋行动、淮海公园便民服务、蓝莓城市志愿站志愿服务、窗口行业共青团号学雷锋活动、党员志愿者进社区学雷锋便民利民志愿行动及"为老服务公益项目创意大赛""文明游览志愿服务""邻里守望"系列活动等近百个志愿服务项目。

（2019 年 1 月 21 日 《雷锋》杂志微平台）

# 家门口的雷锋,90后的民兵

## 南京东路民兵连为民服务队学雷锋活动纪事

程礼兵　樊　晨　本报记者　倪大伟

37年前,上海市黄浦区所属企事业单位的民兵与"南京路上好八连"官兵一起,走上街头学雷锋为民服务。岁月更迭,民兵队员换了一茬又一茬,但守在百姓身边、为民服务的宗旨始终没变,许多群众说,他们是家门口的雷锋。2017年3月,黄浦区人武部组建南京东路民兵连为民服务队。这是一群90后的年轻人,个个自带阳光,用朝气、活力、热情为身边的群众排忧解难,让老民兵们创造的文明"名片"更加闪亮。"黄浦区力争把为民服务队打造成黄浦拥军爱民的品牌、文明创建的品牌、志愿服务的品牌。"对此,黄浦区区委书记杲云信心满满。正值第56个学雷锋日到来之际,记者走近这支队伍,聆听他们的故事,感悟他们带给这座城市的温暖。

### 新硬件:"快闪"的帐篷

3月1日上午,为民服务队的四名民兵一早便赶到豫园街道长者照护之家开展理发、量血压等便民服务,以实际行动迎接雷锋日的到来。

每个月20日,天刚蒙蒙亮,一群身着迷彩服的年轻人来到南京路步行街,动作麻利地搭建起十几个迷彩帐篷。随后,他们顾不上休息,开始摆放桌椅、板凳、移动电源等,不到两个小时,近200米的学雷锋志愿服务区"竣工"。

**帐篷"快闪"学雷锋活动**

这几天，上海多阴雨天气，黄浦区人武部协调有关部门，再次对为民服务区进行了规划，并升级服务摊位硬件设施。"不能让学雷锋总在风雨中，活雷锋为群众服务，我们得为活雷锋服好务！"人武部政委宋怀金告诉记者，为了布置好服务区，南京东路民兵连为民服务队凌晨5点就来了，忙得连口热水也顾不上喝。

"最近天气一直不好，好几位老人的脊椎炎又犯了，非常疼，有什么好的治疗办法吗？"一个服务摊位前，两位来自某敬老院的服务人员焦急地询问。"这种病一般很难根治，可以使用药物缓解疼痛，平时做一些按摩、牵引，还可借助器具进行辅助康复。"医生边讲解边示范，"看，按摩的手法是这样的。"一旁的为民服务队队员立刻当起模特。

"和你们说说心里话，我心里舒坦多了！"在另一个服务摊位，一位老阿姨紧紧抓住为民服务队队员蒋玲的手，不住地道谢。老阿姨因孩子常年不在身边，感到孤独焦虑，经常失眠。蒋玲给老阿姨戴上耳机，让她闭上眼睛听了几首舒缓的音乐。随后，俩人聊起了家常，活泼的蒋玲把老阿姨逗得呵呵直乐。二人加了微信好友，约定以后经常"微聊"。

当天的活动一结束，民兵们齐上阵，迅速收起帐篷、桌椅，步行街又成了往日的步行街,周围群众纷纷赞叹:这个帐篷"快闪"学雷锋活动真是好!

## 新模式:智慧的服务

"今年上海市出台的养老政策真是不少啊!"在为民服务队的活动室,记者见到民兵吉博宇正在整理一些图文并茂、制作精美的小卡片,记者拿起来一看,上面全是一条条养老政策,每项内容下还配有二维码,用手机扫一扫,媒体报道的链接、相关解读一目了然。

"是啊,今年政府将加强社区嵌入式养老服务,实现社区综合为老服务中心的街镇全覆盖,家庭医生服务也将走入老人们的生活。"吉博宇告诉记者,为提升服务的精准性,为民服务队还联合驻地多家学雷锋志愿团队,共同开展法律援助、政策解读、健康养老、残疾人关爱等服务,并在"上海黄浦""豫园发布"等微信公众号公布服务"资源清单",征求群众"需求清单"。

"不仅如此,为民服务队与黄浦区两百余家市级文明单位、社会团体、公益组织、志愿者团队等一道,自发参与值守黄浦区四个学雷锋志愿服务站,实现了志愿服务制度化建设 365 天常态化和'15 分钟服务圈'。"黄浦人武部部长薛军补充道。

"随着时代的发展,学雷锋活动面临人民群众需求更加多元、志愿服务的标准要求更高等新问题,为民服务必须着眼人民需求下订单,切实由过去的一般便民服务向智慧服务延伸,由传统的面对面服务向网上键对键服务拓展。"上海警备区政委凌希说。

## 新成员:青春的印记

周六,为民服务队队员赵昊晟骑着巡逻车,直奔赴豫园景区,执行假日执勤巡逻任务。"现在游客少多了,春节期间,很多场所亮起人流过多的红灯预警。"赵昊晟带着记者来到豫园学雷锋志愿者服务站,他们当时就在这里,利用景区大客流数据系统监控预测客流情况,及时向人武部值班室报告。

整个春节假期,赵昊晟和队员们牺牲了与家人团聚的时光,对辖区重要路段、重点区域、重要目标进行巡逻,守护着身边的百姓。记者问他,过年不能与家人团聚,遗憾吗? 赵昊晟笑着说:"这没什么,节假日执勤巡逻是我们的责任,学雷锋是我们应有的追求!"他说,自己是个"90后",在学雷锋活动中常有人对他能否理解雷锋精神的实质表示怀疑,毕竟雷锋离他们这代人太远了。对此,赵昊晟有话说。他认为,雷锋对于他们来说,一点都不陌生。"从小的耳濡目染,让我们感动于雷锋的乐于奉献,敬佩他的'钉子精神''螺丝帽精神'。"赵昊晟说,"每年'感动中国人物'的评选,让我们的心灵一次次地被奉献与美德洗涤。雷锋已去,但精神仍在,我们会当好雷锋的传人。"

在为民服务队,沈青云一直是个掌握多项服务技能的"多面手",同时他还有另一个响当当的名号:黄浦民兵训练标兵。他在上海警备区和黄浦区人武部组织的训练考核中多次获得好名次。

他对学雷锋的理解很具有代表性,他认为,民兵也是兵,民兵学雷锋最重要的是在本职岗位上苦练武艺,成为一个合格的民兵才能更好地履职尽责、为民服务。

黄浦人武部领导介绍,目前为民服务队的队员训练全部达标,他们在学雷锋方面走在全社会前列,在平时的训练和执勤中更是冲锋在前、迎难而上。

经常利用业余时间开展助民服务的民兵陈晓嫣,起初训练成绩一直不理想。为此,她常给自己"开小灶",不断挑战自己,还向身边的训练尖子请教,用更多的辛苦和汗水换来了成绩的提升。

她告诉记者,为民服务队的队员不少人家庭条件优越,从小在蜜罐里长大,有人说,她们吃不了苦受不了累,干不长。"我们年轻人有时会冲动躁动,但我们也有责任与担当、执着与热血,自从加入这支队伍,在雷锋精神的熏陶下,我们早已将传承雷锋精神化为自觉行动,用热情、头脑、知识,为学雷锋活动烙上我们年轻的印记。"陈晓嫣坚定地说。

刚刚过去的春节,她和战友们自发组团,自费购买年货,前往四名生活困难的退伍老兵家里慰问拜年,向老兵致敬。

　　她感到，自己是个军事过硬的合格民兵，在老兵面前更有了底气，在学雷锋时也更有了自信。她还告诉记者，由于长期坚持为民服务，群众视为民服务队为亲人，除夕夜里，自己收到的"亲戚"的祝福短信达数十条。这样的"亲戚"，民兵服务队队员每人都有好几家。这是信赖，更是对这支年轻队伍的褒奖。

（摘自《中国国防报》 2018 年 10 月）

# 南京路步行街：将军深情致敬"雷锋"

窦　芒

春风吹拂江南，鲜花盛开浦江。今天，上海南京路步行街迎来又一个军民学雷锋活动日。一大早，一支支学雷锋团队和志愿者们从申城的四面八方会聚而来，"中华第一街"很快成为一片欢庆温馨的海洋。

上海警备区张司令员看望南京路上的"雷锋"们

"大家好。大家辛苦了。我向你们学习，向你们致敬。感谢你们多年来坚守信念，风雨无阻地在南京路学习雷锋，为民服务。"7 时许，匆匆赶来的上海警备区张司令员在黄浦区政府、区武装部领导的陪同下，亲切看望南京路上的"雷锋"们。张司令员一行由东到西,来到一个个为民服务摊位前,询问各学雷锋团队的情况,与志愿者们亲切交谈。

在悬挂着"上海市民营经济协会志愿服务大队"旗帜的理发摊位前,司令员得知团队牵头人殷仁俊是外地来沪打工人员,坚持 30 多年学雷锋,义务为困难群体理发,成为中共党员和全国劳模,十分敬佩,勉励他继续带领更多的热心人践行雷锋精神,为上海的社会发展和文明建设做贡献。

近年来,南京路的学雷锋活动参与的团队越来越多,志愿者队伍越来越壮大。正在给黄浦区报童小学的小朋友讲当年解放上海故事的新四军沙家浜部队老战士刘石元见到司令员,激动地说:今天是渡江战役胜利纪念日,当年我们渡江胜利后就进军上海,解放上海了。司令员紧握着刘石元老兵的手,连声说:"谢谢你老前辈,谢谢你坚持学雷锋,谢谢你为孩子们讲传统。"

陶依嘉,全国劳模、全军英模,南京路学雷锋的发起人。38 年前的 3 月 20 日,她作为上海市第一医药商店的营业员,带领 5 名民兵团员在南京路推出了第一辆为民服务车。如今,这里的军民学雷锋活动已成为享誉海内外的独特风景。张司令员在陶依嘉的服务摊位前驻足久留,和这位曾经的老兵亲切交谈。听了陶依嘉的介绍后,司令员说:我听说你这么多年每月 20 日来南京路学雷锋只因生孩子缺席过一次,还带动了更多的团队,拓展了更多的项目,确实不容易,确实不简单,确实值得我和广大军民学习,致敬。

（2019 年 4 月 20 日　《雷锋》杂志微平台）

# "集体雷锋"好八连红旗永不褪色

张宁峰　丁绍学

此次赴京参会前,全国人大代表、"南京路上好八连"指导员闫永祥忙着与上海大学一同探索军地共建共育社会主义核心价值观活动。会上,他提交了一份相关建议,受到与会代表好评。

"习主席称赞八连是我军的一面旗帜,勉励我们要继承和发扬我军优良传统,永葆人民军队的本色。"回想起2013年3月11日习主席亲切接见时的场景,闫永祥仍激动不已。三年来,闫永祥和八连官兵牢记习主席嘱托,与时俱进弘扬艰苦奋斗精神,积极投身强军实践,锻造能打胜仗的"特战尖刀"。

闫永祥告诉记者,连队在开展为民服务活动中争当排头兵,并将其打造成一个品牌。"我们连队从1982年开始撤离了南京路,到现在已经34年了。但是我们感觉从来没有离开,从1982年3月20日开始,连队在每月10日、20日到南京路、组织开展理发、磨刀、补鞋、量血压等为民服务活动。"闫永祥感慨地讲了一个故事,"八连以前照顾过一个老人,他早年在圣约翰大学读书。当时老人的腰有问题,没有办法正常站立。后来在八连一位班长的帮助下,老人终于能够站立起来了。老人比较喜欢吃羊肉水饺,逢年过节,八连官兵就在连队包好了带给他。老人搬离南京路以后,八连官兵通过居委会找到老人地址,继续照顾他,直到2008年7月老人去世。"

雷锋的一生就是勤俭节约、艰苦奋斗的一生。"好八连"官兵继承和弘扬了这一传统。闫永祥介绍说,连队之中,到处可见"节约一滴水""节约一度电"的标语,他们还形成了节约"五个一"、津贴消费"五个一点"等好传统,让低碳环保、勤俭节约成为风尚。对自己一分钱也要数着花,但对人民群众,多少钱也不在乎。前些年,失学儿童成为社会关注的焦点,连队官兵又积极与山东沂水县和安徽省滁州市 21 名贫困学生结成对子,战士们把平时省吃俭用存下的津贴捐献给他们,让这些祖国的花朵能够顺利地完成学业……

"集体雷锋"好八连红旗永不褪色

（刊于《雷锋》杂志　2016 年第 4 期）

# 市民巡访团,用雷锋精神呼唤城市文明

窦 芒

"城市精神文明的创举,弘扬雷锋精神的平台。"这是人们对上海市民巡访团的赞誉。这一在全国领先的创新之举,历时 15 年风雨岁月,愈加显示出生机与活力。时任上海市委书记习近平曾高度肯定并亲切接见巡访团代表。

市民巡访团培训活动

## 一项规范系统的创新之举

"以建设卓越的全球城市为目标,努力打造创新之城、人文之城、生态之城……"这既是上海历届市委的工作目标,也是中央对上海的希望和要求。正是顺应这一形势和要求,精神文明建设市民巡访团于 2002 年正式成立。这是一支由市民自愿参加、自我管理、自我监管,以巡访为主要形式,服务于提高市民文明素质和城市文明程度的志愿者队伍。历经 15 个春夏秋冬,队伍已从最初的 27 名成员扩展到目前覆盖市、区、镇三级,拥有 3 万多人的团队。创新的举措需要配套的制度做保证。围绕市民巡访团"在精神文明创建、城市管理、社会治理等领域开展巡访、调研、宣传和监督活动"这一职能定位,有关部门及时制定并不断完善了市民巡访团的管理办法,巡访流程及会议、人员管理、文书处理等工作制度,以确保巡访工作的规范化、科学化、系统化。

他们做到规划先行,做到三年一届有规划,每年工作有计划;他们强化社会协同,市民巡访团通过城市巡访及各类创建测评工作,与民政、建设交通、市容绿化、消防、邮政、上海广播电视台《新闻坊》栏目等多个部门单位、媒体建立合作联动关系;他们规范工作流程,注重事前、事中、事后的全过程动态管理。

## 一套听访看评的工作模式

"城市治理和文明创建的'啄木鸟、布谷鸟、报春鸟'。"在 2017 年 10 月底举行的"市民巡访团培训会"上,年近 70 岁的团长曹道云这样概括和形容巡访员的工作。

的确,他们是"啄木鸟":通过"听、访、看"等巡访形式,深入到社区、公共场所、窗口单位和大街小巷开展巡访活动,发现各种不文明现象,点评身边陋习,曝光各种不良行为。

他们是"布谷鸟":作为代表社情民意的"布衣钦差",每天勤奋地行走在脚下这块土地上,对市民关注的市政建设、城市交通、社会治安等问题及时发现并通过上级部门、新闻媒体促其整改。

他们是"报春鸟":来自市民、心系群众、身体力行,为民排忧解难,得到了广大市民的广泛认同和交口称赞。

他们开展全国文明城区与上海市文明城区、文明单位的巡访活动,对浦东新区等五个创建全国文明城区的区进行了巡访检查,对上海市文明小区(村)、文明行业进行了巡访测评,并提出整改意见和建议,完成了对近4000家上海市文明单位的网上稽核评分考评。

## 一种传承雷锋精神的奉献理念

这是一支活着的"雷锋部队":3万多人,分布在申城大街小巷、郊区乡镇;这是一批城市文明的志愿者:他们年龄在18～70岁之间,80%以上是党员。他们用脚步丈量城市文明的高度,成为国际大都市绽放雷锋精神的"最美表情"、彰显上海城市精神的"生动名片"。

他们有一种团结协作、积极主动的进取精神。"要做到'活到老学到老',城市文明建设和志愿服务是最好的推动力。"这是不少巡访员的心声。每一届聘任的巡访员不论年龄大小,都以小学生的姿态,认真参加巡访团组织的各项培训和经验交流,不断提高个人修养和能力。不少年过六旬的老同志还通过自学和团员之间的传帮带,学习数码相机、电脑的使用,电子报表的填写和报送等,全面提升巡访技能和水平。通过学习进取,他们总结了"参大事、做小事、管闲事、夸好事、纠错事、谈心事"的"十要十不要""巡访三字经";通过学习进取,他们顺应城市管理和社会治理精细化、智能化、法制化的发展趋势,主动转变信息传播和采集方式,力求既用文字、照片、视频说话,又用数据说话;既能说好群众语言,也能说好"网言网语""法言法语",以互联网和法治思维不断开拓巡访工作新局面。

# 浦东"爱心妈妈"将母爱倾情奉献社会

鲁 琳

狭义的母爱是对子女的无私呵护和给予,广义的母爱是对社会的全心关注和倾情奉献。在上海市浦东新区高行镇,便有这么一群母亲,她们因为在世博期间对武警官兵的爱护和关心而被世人所关注。但事实上,长久以来,她们心中涌动的这份超越小家的情怀,早已使她们成为社区里最温暖的力量。她们最大的已 71 岁,最小的也有 57 岁。她们在世博被称为"引导员",但更多的人叫她们"爱心妈妈",她们用自己的真实、真爱、真情演绎了一段段感人肺腑、催人泪下的故事。

## 缘起汶川,以爱构建"爱心妈妈"

这支"爱心妈妈"志愿者队伍的成立,缘于 2008 年的汶川地震。当时浦东新区发起"手指间的母爱",爱心妈妈中的元老级人物陈慧娟和她的姐妹们都报名参加了,织毛衣、围巾、手套、帽子……

这场从汶川赈灾开始的志愿活动之后,"爱心妈妈"一发而不可收。参加的老人也从几个发展到了几十个。先是成立了一个文明劝导队,在车站宣传文明,维持秩序;在小区清扫垃圾,美化环境;去敬老院慰问孤老,对困难居民帮困解难。而世博来临后,老人们更是热情洋溢,在高行镇领导的支持下,老人们成立了"爱心妈妈志愿者服务队",有声有色地走上了世博大舞台。

## 续缘世博，老有所为助力志愿者队伍

"爱心妈妈"团队在南京路学雷锋

　　在后滩世博 8 号门，"爱心妈妈"们再续爱心，穿着橘红色志愿者服装服务世博。她们不仅与部队官兵一起维护着入园秩序，同时也把照顾这些孩子当成了自己的责任。她们为官兵打伞遮阳，送水解渴，还为他们洗衣服，演节目。"妈妈们让我们这些身在异地的孩子也感受到了母爱，她们教会我们用微笑感染游客，她们不管刮风下雨坚持到岗服务，无私奉献服务他人的意志和爱心更是深深地感动了我们。"武警某部队战士陈忠宇说。

　　5 个月的共同守望，盛夏艰辛中的互相关爱，"爱心妈妈"和部队官兵们留下了难忘的记忆，结下了深深情谊。如今，完成世博任务的子弟兵们要回去了，分别时，老人们真还有些依依不舍。之后，尽管部队已回到辽宁，但结下的情谊并没有被地域所局限，"爱心妈妈"们还亲自带着自己做的衣服去"探望"他们的"官兵儿子"。

## 福利院里,老人们的"爱心女儿"

"一直以来,各种爱心团队都会选择福利院来献爱心,但往往坚持不了多久。而爱心妈妈们的出现,让我和老人们真正体会到了持续不断、连绵不绝的爱!"浦东新区高行社会福利院院长王莉馨说,"她们就是老人们的女儿,每次她们出现,就连平时罕见笑容的老人都会喜上眉梢。"

在浦东高行社会福利院,"爱心妈妈"志愿服务队认领了八位住院老人为自己的"妈妈"。这八位"妈妈"平均年龄 90 岁,最年长的 95 岁,最年轻的也有 85 岁。早在上海第二波寒潮到来之际,"爱心妈妈"们就用羊毛绒线编织了一批帽子、手套和取暖袖笼,给福利院的"妈妈"送去,并一一为她们戴上。"妈妈"们手捧这些保暖用品,笑得合不拢嘴,纷纷说,有儿女们的关爱,这个冬天一定格外暖洋洋。

就是这样 28 位老人,在这个动人的季节,以她们不老的精神,替自己原本平淡无奇的晚年添上了色彩斑斓的一页。东方网记者获悉,目前,这个"爱心妈妈"团队已经由原来的 28 人扩展到了 50 多人,越来越多的人正在融入这个团队,将爱心洒满人间、将真情送至每个受到帮助的人的心里。

## 传递爱心,母爱倾情奉献社会

由中共上海市委宣传部、中共浦东新区委员会联合举行的"爱心妈妈"志愿服务团队先进事迹报告会在上海展览中心友谊会堂举行。市委常委、宣传部长杨振武出席报告会并讲话,市委常委、浦东新区区委书记徐麟主持报告会。

杨振武在讲话时说,"爱心妈妈"志愿服务团队是上海百万志愿者的杰出代表,要广泛开展向"爱心妈妈"学习活动,学习"爱心妈妈"乐于付出的奉献精神、勇于挑战的进取精神、勤于尽责的团队精神、敢于担当的主人翁精神。要把开展向"爱心妈妈"学习活动同弘扬民族精神、时代精神、上海城市精神和志愿服务精神结合起来,同开展创先争优活动结合起来,同纪念建党 90 周年活动结合起来,同做好当前各项工作结合起来,鼓舞和激励全市广大干部群众,把创新驱动、转型发展贯穿落实到经济社会发展各方面和各环节,为上海进一步推进精神文明建设、构建社会主义和谐社会而不懈努力,以优异成绩迎接中国共产党成立 90 周年。

报告会上,"爱心妈妈"志愿服务队领队陈慧娟、"爱心妈妈"志愿者代表董洁、武警某部队战士陈忠宇、浦东新区高行社会福利院院长王莉馨、浦东新区区委宣传部副部长胡建平这五位报告人,分别从不同的侧面讲述了"爱心妈妈"团队的成长故事,介绍了她们积极致力于各种志愿活动,尤其是世博期间关爱部队执勤官兵、共同服务世博的感人事迹。"爱心妈妈"承担社会责任的主动性和无私奉献精神让在座的听众很受感动,会场不时响起阵阵热烈的掌声。

(2011 年 3 月 4 日　东方网)

# 上海组织"雷锋在身边"杰出青年巡回报告

希 办

由共青团上海市委、市青年联合会、市希望工程办公室等六家单位联合组织的"雷锋在身边"上海杰出青年先进事迹报告团自 2015 年 3 月 2 日在本市举行首场报告会以来,已在全市各区(县)、部队、高校、企事业单位巡回宣讲 100 余场,并应邀前往江西省井冈山市、福建省福州市等国内多个城市巡回报告,各界反响热烈。

"雷锋在身边"上海杰出青年先进事迹报告会旨在贯彻落实党中央关于"推动学雷锋活动,学习宣传道德模范常态化"文件精神,大力宣传雷锋事迹,寻找身边的雷锋,号召青少年学习雷锋精神,向身边的优秀青年学习,进一步培养和践行社会主义核心价值观。

报告团由上海市希望工程办公室主任吴仁杰担任团长,成员有市公安局闵行分局刑侦支队民警姜峻、解放军长海医院骨科主任苏佳灿、长宁区人民法院少年庭审判长顾薛磊、瑞金医院乳腺疾病诊治中心护士长方琼。

姜峻,女,1975 年 4 月出生,汉族,中共党员,本科,上海市公安局闵行分局刑侦支队民警。

2009 年 8 月,她在七宝老街抓捕对象时颈部受伤;2011 年 3 月,她在东兰路扑倒嫌疑人时掌骨骨裂;2012 年 4 月,她在古美西路抓获两名扒窃对象时全身多处擦伤;2013 年 11 月,她在蹲点守候时右脚踝严重扭伤。

姜峻是饱含深情的平安天使。五年来,她带领团队用无私无畏的默默奉献不断谱写出爱民情怀,凭着骄人业绩创造反扒"传奇",先后抓获街面拎包嫌疑人超过 500 人,破获扒窃案件 1700 余起,摧毁扒窃犯罪团伙 80 余个,收到锦旗、来电来信致谢 20 余次,2015 年度被授予"平安英雄"称号。

苏佳灿,男,1976 年 8 月出生,汉族,中共党员,博士研究生,长海医院创伤骨科主任。

他是一位勇攀高峰的科学家,潜心于战创伤骨缺损研究,花费大量心血,先后获得 10 多项专利。他以第一申请人获得国家自然基金 2 项、省部级以上科研项目 14 项共计 700 余万元;以第一或主要完成人获得国家科技进步二等奖、上海市科技进步一等奖;发表 SCI 论文 25 篇,总影响因子达 82 分,并勇夺全军和上海第一个全国高等医学院教学比武竞赛桂冠。

苏佳灿用高超医技成功救治 104 岁高龄股骨骨折病人,术后 4 小时就能下床行走,延续一个家庭五代同堂的心愿。

顾薛磊,男,1975 年 5 月出生,汉族,中共党员,硕士研究生,长宁区人民法院少年庭审判长。

近年来,他办理的各类涉少案件共计 900 余件,没有一起被上级法院发回、改判,办案数量连续多年列全市少年审判条线前茅。他先后获得了全国维护妇女儿童权益先进个人、全国优秀法官、上海市十佳优秀法官等多项荣誉称号。他关注关爱未成年人的先进事迹多处被中央电视台等媒体报道,最高人民法院官微以"时间都去哪儿了"为题直播了顾法官的一天,感动了很多人,取得了极大的社会反响。

他为孩子们的生计而奔波、求情,成了民政、街道的"常客",是孩子们的"法官爸爸"。

方琼,女,1977 年 5 月出生,汉族,中共党员,硕士研究生,上海交通大学医学院附属瑞金医院乳腺疾病诊治中心护士长。

2012 年被评为"卫生局先进个人"。她带领的团队——瑞金医院乳腺疾病诊治中心先后获得全国"用户满意服务明星班组""全国第一批优质护理示范病房"、上海市"优质护理服务优秀病区""优质护理先进病房"、上海市"五一巾帼集体荣誉"和市总工会"爱心公益奖"等诸多荣誉。

四年来,她为贫困患者奔走,共救助全国乳腺癌患者 298 名,动员企业发放救助基金达 197.7 万元。拍摄制作了 6 部宣教片,创立网站,建立了全方位专科健康教育体系。

吴仁杰从青年时代开始学雷锋做雷锋的事迹感人至深。他在上海共青团岗位上 50 年来,创造性地宣传组织了"祖国啊! 母亲""振兴中华演讲""张海迪先进事迹""为中华拼搏""把一切献给祖国""查文红先进事迹""冯艾(大学生赴西部志愿者)先进事迹"等 49 个报告演讲团,在全国十几个省市带领报告团巡回演讲 3900 余场,听众达 390 多万人次,并两次进中南海汇报演讲,受到中央领导同志的接见,先后 3 次被评为"上海市精神文明建设优秀组织者"。

报告会上,几位当代杰出青年的风采向人们诠释了新时代雷锋精神。杨浦区青少年事务社工参加了报告会后说:"像这样的报告近几年来很少听到。从他们身上看到了当代杰出青年的青春风采,充分体现了他们忠诚于党、敢于担当的崇高品质,展现了当代杰出青年的青春风采,能够为青年所喜欢,是可敬、可亲、可学的先进典型,是新时代雷锋精神的最佳诠释。"

阳光中心总干事范慧娟说:"两个多小时的报告会很精彩,四位杰出青年身上的可贵品质值得我们青少年事务社工学习,社工作为政府与群众之间的桥梁纽带,发挥着社会稳定器的作用,深感自己所肩负的责任,更要以奋发有为的精神为广大青少年服务,为社会工作事业添砖加瓦。"

聆听报告的上海武警二支队官兵们深受感动,两个多小时的报告一结束就表示,要为希望工程献上绵薄之力。上海交通职业技术学院团员代表谈到,姜峻、苏佳灿、顾薛磊和方琼四位杰出青年以公心定方位,以宗旨指方向,他们的先进事迹带给我们的不仅是精神上的震撼,更是对我们"积极进取、敢于奉献"的鼓励。

(综合《青年报》等媒体报道)

# 滴滴上海公司老兵车队与雷锋同行

## 窦　芒

　　这是上海"雷锋文化现象"的新景观。这是上海退役军人就业创业的新举措。6月18日下午，位于黄浦江畔的徐汇"滨江建设者之家"多功能厅室里，掌声阵阵，军歌嘹亮。滴滴华东党总支、滴滴上海公司"滴海汇"老兵车队举行成立仪式，同时启动滴滴上海鱼水计划。

滴滴上海鱼水计划启动仪式

## 一项利兵为民的好举措

　　"推动退役军人在滴滴平台更好地就业创业，优化平台对退役军人的权益保障，提升退役军人的荣誉感、归属感……"活动开始，徐汇区退役军人事务局万小岚局长的致辞点明了这一活动的主旨。

据介绍，目前已有近百万老兵司机活跃在滴滴平台上，为乘客提供移动出行服务。平台调研显示：退役军人司机负责任、有担当，驾驶技术娴熟、规范意识强，五星服务订单占比达 98％；退役军人司机中近六成是中共党员，且掌握多项与出行服务相关的重要技能，堪称"技术标兵"，综合素质整体高于平台平均水平，雨雪天气仍坚守岗位，是城市出行的守护者。2018 年 9 月，鉴于滴滴在退役军人就业促进方面的巨大贡献，中国退役士兵就业创业服务促进会向滴滴公司颁发了理事单位证书。为此，公司从去年开始将党员和退役军人组织起来，发挥他们的作用。滴滴华东党总支和滴滴上海公司继"红旗方向盘——流动党支部"建立后，组建"滴海汇老兵车队"，是又一项保障退役军人权益、服务广大乘客的新举措。

活动现场，有关领导为退役军人司机代表授勋、赠送纪念品，与各车队长签约安全责任书。有关项目负责人介绍了退役军人司机就业细则和福利。滴滴出行党委常务副书记陈华江向上海市拥军优属基金会徐汇区分会领导及伤残军人代表捐赠了伤残军人优惠福利 8 万元。

"我宣誓，成为滴滴上海老兵车队的一员。作为一名光荣的退伍老兵，我承诺：不忘初心，坚守军人本色；爱岗敬业，用心服务人民；安全优质，共创美好出行。"活动现场，全体司机在队长的带领下进行的安全服务宣誓，把老兵们的激情推向高潮。

上海市退役军人事务局领导则以"祝愿退役军人为上海的改革发展建功立业，祝愿滴滴老兵车队的战友勇敢前行"两句话为大家点赞鼓劲。

## 一群助人为乐的好司机

"在滴海汇老兵车队中，有这样一群人，他们或拾金不昧，或救死扶伤。今天我们挑选了一些精彩的故事，与大家一同分享。"

活动现场，主持人这样给大家讲述着老兵司机中的"雷锋故事"：一次，邵剑夫接到一位老人的单子，上车前看见老人似乎腿脚不便，跟跟跄跄地走过来,他便立刻下车为老人开车门,下车时也帮送入电梯后才放心离开。邵师傅不仅对所有老人给予贴心的服务,对其他乘客也给予热心帮助。今年 5 月 30 日,万宏师傅接到了一笔从上海复旦大学附属肿瘤医院出发的订单。到达后他看到一位先生非常虚弱地瘫坐在轮椅上,太太拎着大包小包准备搀扶病人上车,万师傅见状立马下车帮着将病人扶上车,把行李装好,将乘客平稳送到家。很多司机不愿意接醉酒的乘客,但阮文杰师傅却做了一件出乎意料的事。那天晚上,一个醉酒乘客上了阮师傅的车,虽然阮师傅内心有些抵触,但看到乘客醉得那么厉害,便没有忍心取消行程。到达目的地后,本想开始接下一单的阮师傅放心不下,"万一出了事,会影响一个家庭的幸福"。于是阮师傅停止听单模式,将乘客扶回家,临走还叮嘱乘客的家人"以后让他少喝点酒,不仅对身体不好,大半夜也不安全"。一句家人般的叮嘱,温暖了上海那个寒冷的冬夜……

故事讲完,四位师傅在掌声中被请上台,滴滴出行集团领导为他们祝贺颁奖,合影留念。其实,正如主持人说的:四位优秀老兵司机的故事只是滴滴平台众多好人好事中的一部分。公司的每一位退役军人司机都保持着他们的军人品质,在滴滴平台演绎着不同的温暖故事。他们就像水滴,虽然微小,却折射着太阳的光辉。

## 一堂不忘初心的好党课

"我也是 20 世纪 70 年代末从上海入伍的老兵。虽然岁月在流逝,岗位在变化,但几十年来军人的荣耀和责任没有忘怀……"

仪式的一项内容,是滴滴出行集团党建指导员、上海市委组织部党建处原处长童强上党课。上课前,童强首先指挥大家高唱《军歌》,而后以"不忘初心,牢记使命,发扬光荣传统,争取更大光荣"为题,上了一堂丰富精彩的党课。尤其是最后一段"战友们,作为中国共产党的诞生地,上海是一座有着光荣与传奇的城市。生活在上海,要有第二故乡的思想认同感,把好红色方向盘,以雷锋为榜样,努力争做上海城市发展的服务员、宣传员、安全员。老兵们,加油……"的话语,饱含深情与期望,让老兵司机们激动不已。

　　"重党建,强管理,促服务"。记者了解到,在滴滴上海公司,"平台党建"各项举措已经落地,"党员线上线下亮身份"已成制度。这次组建"老兵车队"正是党建工作的一个新形式。

# 上海大学法学院：九年法援南京路

窦 芒 李 平

"上海南京路，大学唯一家，法律来援助，学子届届传。九载不间断，年年助弱贫，志同携手进，薪火永相传。"这是一位学者对上海大学法学院法律援助志愿者九年如一日，坚持参加南京路步行街"学雷锋便民服务"活动的赞美。

上海大学法学院法律援助志愿者

## 爱屋及乌，"劳模"牵线"法援路"

法无处无时不在，有人的地方就有纠纷，有纠纷的产生就有法律咨询的需求。说起上海大学法学院与南京路的渊源，有这样一段故事。

2009 年 9 月,全国劳动模范何颖的女儿考上了全家心仪的大学——上海大学法学院。爱屋及乌,在女儿入学半年后,何颖老师便主动联系当时法学院本科生辅导员林建玲老师,详细介绍了"南京路步行街大型为民服务活动项目"。

2010 年 3 月 20 日,林老师带上部分学生志愿者现场考察后认为,法学院学子参加"南京路步行街大型为民服务活动项目"既能弘扬雷锋精神,又有助于志愿者理论联系实际,提升法律专业本科生"应知应会"能力。4 月 20 日,在何颖老师的帮助下,林老师带领本科生志愿者第一次在南京东路发放法律援助的宣传资料。

之后的 5 月 20 日,本科生志愿者正式在南京路上设摊,向市民和来沪游客提供法律咨询。实践一段时间后,法律援助需求者在肯定同学们"学雷锋、见行动"的同时,提出本科生法律咨询水平还不能如他们所愿,建议是否由研究生志愿者参与。

为提升法律援助质量,切实帮助需求者解决法律纠纷,当年 7 月 20 日,法学院研究生志愿者代替了本科生,接力了法律援助志愿者南京路法律咨询项目,得到广大需求者点赞。

## "一对一",享受"家"门口的法律服务

本着服务性、便民性、公益性的原则,上海大学法学院南京路法律援助志愿者们九年如一日,每月 20 日都会早早从上海大学出发,准时出现在南京路步行街,为市民和游客提供免费法律咨询,零距离服务,让他们在"家"门口就能享受到便捷、专业、贴心的法律服务。

"志愿者啊,我想把我的四套房子送给我孙女怎么弄?""我借给别人的钱,不还我怎么办?""我想离婚,但我的妻子在美国不回来,怎么办?"这是志愿者们在法律援助过程中最常遇到的几类法律问题。面对一大早赶来咨询的求助者,法律援助志愿者总是能够面带微笑,耐心倾听咨询者的案情讲述,并及时记录其中的关键信息,贴心细致地为咨询者释疑解惑,给出具体可行的解决建议和意见。如果暂时给不出解决方案,需要进一步查证,志愿者会给咨询者留下联系方式,找到解决路

径之后再联系咨询者。

正是这种"一对一"的法律咨询,使咨询者们增强了法律意识,表示要理性、合法、有序地表达诉求,通过正当法律途径维护自己的合法权益。

## "法援"队伍在改变,但志愿者们的初心不变

九年法援路,一批又一批的志愿者加入到法律援助的队伍中。这期间,有人毕业,有人出国,但没有一人退出。法律援助团队已经壮大为一个拥有 100 余名志愿者的大型志愿团队,除了在校研究生之外,还有已经参加工作的毕业校友志愿者,他们中有职业律师、公司法务人员等。

一张桌子,两条凳子,再挂上一张志愿者证,志愿者们就在露天广场上开始每月一次的法律咨询活动。夏天天气炎热,志愿者们汗珠直冒;冬天寒风凛冽,志愿者们冻得直跺脚。但没有一个人抱怨,没有一个人退缩,没有一个人停下来,他们总想着,还能再多帮助一个求助者!从兴奋到累,从累到坚持,从坚持到不舍。每次活动结束收摊的时候,都是志愿者们最开心、最放松的时刻,他们会在回校的路上争先恐后地相互介绍今天又遇见了哪些新案情,自己给出了哪些建议。他们不图回报,不求名利,乐在其中。

九年义务法援,大学生们对学雷锋志愿服务也有了新的理解和感触。2016 级知识产权专业志愿者郑媛妮同学做法律援助志愿者已经两年,她觉得:"法律援助过程中最大的收获是幸福感,因为我从心底觉得能帮助到别人,哪怕只有微小的一点帮助,都是超幸福的人。"法律援助对于 2017 级经济法学专业研究生许珊珊同学来说是一段人生的经历,她说:"法律援助过程中印象最深的就是爷爷奶奶们向我们咨询,我对可以帮助他们感觉很开心,很满足。在帮助他人的同时,也看到了自己在专业知识上的不足,促使自己能更加努力。因此,开展学雷锋法律援助活动的意义在于付出爱和收获爱。"

(2019 年 3 月 7 日 《雷锋》杂志微平台)

# "哎哟不怕"抗癌公益：尽显党报责任担当

窦　芒

2014 年 4 月 11 日,在解放日报社与上海市癌症康复俱乐部结对共建 25 年深厚情谊的基础上,"哎哟不怕"微信公众号于全国防治肿瘤宣传周期间正式上线。这是当时全国唯一由媒体创办,以肿瘤患者及其亲友为受众的公众微信号。

"哎哟不怕"的志愿者,都是报社的编辑、记者。他们利用工作闲暇,编辑、制作微信,向广大癌症患者及其亲友推送防癌、抗癌知识、资讯以及抗癌明星的动人故事等,广受癌友的欢迎,得到业界的普遍好评。如,约请上海癌症康复学校校长周佩撰写的抗癌日记,在癌友中产生广泛影响。

"哎哟不怕"是"癌友不怕"的谐音,也是《解放日报》抗癌公益项目的名字,以积极传播健康、科学的防癌抗癌为理念,关爱癌症患者的心理健康。"哎哟不怕"不仅活跃在微信上,为遭遇困境的患者鼓与呼,帮他们解决实际问题,还积极运用新媒体的优势,开展线上线下交流活动。如联系出版社,向癌友赠送《生了癌怎么吃》《中国式抗癌》等权威的抗癌书籍。此外,"哎哟不怕"还积极搭建医患沟通的平台,组织医院专家开设"微门诊",在线解答微友的提问,让广大患者不用排队、不用挂号、不用付费,就能得到最权威的病情解答。

五年来,"哎哟不怕"携手上海市中山医院、肿瘤医院、岳阳医院、胸科医院、市六医院、市中医医院等沪上三甲医院的知名专家,先后举办了 20 多场健康科普讲座及大型义诊活动,内容涵盖中医抗癌、肝癌与乳腺癌防治知识、心理治疗等方面。中国工程院院士、著名肿瘤专家汤钊猷,中山医院院长、肝肿瘤外科"一把刀"樊嘉,市中医医院肿瘤科主任李雁等一批肿瘤防治方面的专家,在"哎哟不怕"系列公益讲座上传播科学知识和理念,在患者中引起了强烈的反响,收获了许多好评。"哎哟不怕"也借此进一步借助党报的权威性,搭建医患双方的沟通平台,帮助癌症患者答疑解惑,传播科学的抗癌理念,在全社会弘扬积极向上的生命观。

2015年4月11日,"全国肿瘤防治宣传周"之际,"不怕姐"与复旦大学附属肿瘤医院共同举办"市民寻访团活动",组织患者走入医院内部,参观检验科、病理科、放射科等平时不为人知的幕后科室,与医生近距离接触,让患者进一步了解肿瘤治疗,理解医生甘苦。

2017年10月,经过两年多的紧张筹备,"哎哟不怕"抗癌公益平台与上海市癌症康复俱乐部联手推出同名话剧《哎哟,不怕》。这是全国首部由癌症患者自编自导自演的话剧,导演、编剧为肺癌患者、胃癌患者;主演为乳腺癌患者,出品人为淋巴瘤患者……他们在舞台上演绎自己的亲身经历,讲述自己如何走出伤痛,互相疗愈的故事。话剧连续演出19场,几乎场场爆满,媒体广泛报道,引起了热烈反响。患者们观看时流下了激动的眼泪,也绽放出了生病以来难以见到的笑容。很多人反馈,话剧向全社会传递出了热爱生命、珍惜生命的声音,对于癌症患者和健康人群都有极大的鼓舞作用。目前,全国巡演已在计划之中。

话剧里有一句台词,剧中一位癌症患者说:"我就像一颗没有一丝裂缝的核桃,坚硬地、麻木不仁地活着。"

"一颗坚硬的核桃"是很多癌症患者的状态,而"哎哟不怕"想做和正在做的,就是为这颗"坚硬的核桃"敲开一条缝,哪怕只是一条细细的缝,就可以让光渗进来。

今年,解放日报社与癌症俱乐部结对共建已29年。相信通过一点一滴的努力,可以敲开更多的"核桃",温暖更多的人。

近年来,"哎哟不怕"也得到了社会各方的肯定,先后获得"上海医药卫生优秀新闻作品奖",上海市志愿服务公益基金会"志愿服务公益项目"资助,上海市委宣传部颁发的"群众喜爱的培育和践行社会主义核心价值观项目"称号,话剧《哎哟,不怕》获上海市文化发展基金会项目资助。2018 年 2 月,解放日报社"哎哟不怕"抗癌公益项目被评为2016—2017 年度上海市优秀志愿服务品牌项目。

解放日报社党委书记李芸参加共建活动

# 宝山路街道商会：不忘初心扶贫济困

窦 芒

这是一次富有成效的扶贫之行。

2019年5月上旬，上海静安区宝山路街道商会会长丁家阁带领部分企业家，跟随街道扶贫考察团来到云南文山州的帮扶贫困村，实地了解上一年商会提供的贫困户庭院硬化、人畜分居、房屋修缮等经费项目的进展成效。在州"百企结百村"结对帮扶座谈会上，丁家阁郑重承诺：在文山打赢脱贫攻坚战的最后一年，商会将继续发挥助推器作用，助力乡镇早日实现脱贫目标。

"当好助推器，责任勇担当。"现有56家会员企业的宝山路街道商会，近年来以这样的理念形成共识，开展活动，取得成效。商会工作先后十多次受到上级表彰，其中《不忘初心系民生，扶贫济困勇担当》案例获评"上海市工商联基层组织十佳工作案例"，商会也成为上海市工商联系统的"四好商会"。

商会通过资助文艺团队为敬老院老人送欢乐。商会企业家们自发筹集资金为老人"冬送暖夏送凉"，并根据老人需求，邀请文艺团队定期为敬老院的老人们带去精彩的文艺表演。商会统筹实习岗位帮助困难学子成长成才。商会企业家们每年结对资助困难学子，主动提供假期实习岗位，帮助孩子们更好地完成学业。商会响应政府与贫困地区结对帮扶的号召，先后与湖南溆浦县伍家湾村和云南文山市东山乡合掌贫困村结对，企业家们通过举办专场拍卖筹集资金，购置电脑及书籍送给山区孩子们，资助孩子们暑期走出山区来上海学习交流，健康成长。有关企业用爱心和善行助力"扶贫先扶志"，与当地扶贫办保持密切联系,募集捐款,签订扶贫协议,改善贫困地区的短板和生活条件,着力消除贫困户的精神贫困,为贫团户实现脱贫鼓足干劲。

　　商会重责任,有担当,离不开商会会长丁家阁的"雷锋情""为民心"。从一名曾经的军中学雷锋标兵,到上海滩创业成功的民营企业家,丁家阁不仅是上海长快物流有限公司总经理,还是静安区的人大代表。

　　办企业,做物流,丁家阁把"诚信"二字视为立身之本,全心全意服务客户和弱势群体。他曾承诺,对从上海退休回乡的老人,行李货物运费实行全免。对大学生、退伍军人货运行李按半价运输。对部分生存艰难小企业,物流仅收成本价,创业十多年,坚守十多年!

　　"成功不忘关爱社会",丁家阁始终有一种饮水思源的感恩情怀。为帮助政府解决"4050"人员就业,他主动与街道对接,专门在公司设立岗位,招聘该年龄段的人员就业;他连续多年参加"蓝天下的挚爱"慈善联合捐活动和商会帮困助学结对活动。他通过商会平台结对资助三名贫困学生,不仅在物质上资助他们,还经常带领同学们参与企业活动,外出学习参观;他看到街道社保队员不论冬夏寒暑守卫社区家园,主动走访慰问,定期送去生活用品,"冬送暖夏送凉"。

商会会长丁家阁在云南实地考察帮扶对象

　　体恤民情，务实服务，丁家阁牢记人大代表的责任，用饱满的热情履职在基层、服务在社区。东新大楼小区是一个商品房小区，投入使用后不久就有小区居民提出希望在小区里安装一套健身器材，方便居民健身。但按照相关规定，在商品房小区安装健身器材，需要该小区业主自行投入大部分资金，政府给予部分优惠。丁家阁采取与另一位民企老板联手赞助大部资金，业主筹集部分资金的方式，建起了体育健身设施。他还出资进行小区道路改造，为几百家业主安装空调机外罩。小区缺少老年活动场所，他又与物业公司协商将邻近的兴亚广场底楼出租的房屋收回，设立了老年活动室。

# 雷锋杂志社上海工作部成立：
## 助力申城学雷锋

赵媛媛

10月28日上午，雷锋杂志社上海工作部成立揭牌仪式在上海警备区举行，人民出版社社长黄书元，上海警备区司令员张晓明、政委凌希，雷锋杂志社总编辑陶克，上海市委宣传部副部长、市文明办主任潘敏，上海市军民融合发展研究会会长谢亚洪等领导，以及来自上海警备区直属队、"南京路上好八连"、南京东路民兵分队、学雷锋"爱心妈妈"志愿团队等上海军地学雷锋先进单位的代表，雷锋生前连长虞仁昌，全国劳动模范、学雷锋标兵陶依嘉，学雷锋先进典型金正洪、徐增，上海各界学雷锋热心人士等百余人参加仪式。

仪式上，人民出版社社长黄书元宣读了关于设立雷锋杂志社上海工作部的批复及任命，并与上海警备区司令员张晓明一道为工作部揭牌。他围绕工作部下一步的建设发展讲了话，要求工作部认真学习领会上级精神，按照人民出版社和雷锋杂志社的有关要求，在上海军地有关部门的指导下，宣传好上海在弘扬雷锋精神、培育核心价值观等方面的好思路好经验好做法。

雷锋杂志社总编辑陶克在主持仪式时指出，今天是个特殊的日子，一个月前，习总书记来到辽宁抚顺敬拜雷锋墓、参观雷锋纪念馆，并发表重要讲话，在这个时候举行上海工作部成立揭牌仪式，具有特殊的意义。

上海是个特殊的地方，它是党的诞生地、人民出版社的诞生地，还是我国改革开放的前沿，成立上海工作部是响应总书记政治号召、传承弘扬雷锋精神的重要举措，是雷锋文化的坚定自信，是一件深得民心、有益于中华民族复兴的大事。

在《雷锋》杂志喜迎创刊三周年之际,成立上海工作部有着特殊的意义,必将进一步扩大《雷锋》杂志的社会影响力、提高雷锋精神传播的渗透力。陶总编指出,作为中国出版史上唯一以人名命名的刊物,《雷锋》杂志秉承"好人家园·传递温暖"的办刊宗旨,在弘扬雷锋精神、传递核心价值、讲好好人故事、凝聚社会力量等方面发挥了正能量传播权威平台作用。

上海警备区原副政委、雷锋杂志社副总编辑兼上海工作部主任程关生表示,工作部将以习主席关于雷锋精神的系列重要讲话为指导,以《雷锋》杂志为基本平台,与上海乃至周边省市新闻媒体保持密切联系,积极组织宣传弘扬雷锋精神、培育核心价值观的军地先进单位和人物,宣传精神文明创建中的经验事迹,为建设高水平的上海城市文明做出应有贡献;大力开展积极健康向上的活动,让雷锋形象、雷锋事迹走进军营校园课堂、走进社区街道乡镇、走进机关企事业单位,为把雷锋精神播撒在上海乃至更为广阔的土地上、为把社会主义核心价值观的"基因"深植于亿万人民的脑海而不懈努力!

雷锋杂志社领导在上海工作部

上海警备区政委凌希在讲话中指出,雷锋杂志社上海工作部的成立揭牌是上海军地学习践行雷锋精神的一件大事、喜事,为上海弘扬雷锋精神、加强精神文明建设搭建了一个重要平台。他希望工作部充分利用面向军地双方的优势,加强社会力量整合利用,讲好驻沪部队好故事,形成全社会共同参与的浓厚氛围。

仪式上,雷锋生前老连长虞仁昌和"南京路上好八连"为民服务班班长孙连续作为参会代表先后发言。上海市委宣传部副部长、市文明办主任潘敏对工作部的成立表示祝贺,他表示,上海市委宣传部、市文明办将对工作部的各项工作给予大力支持,携手推进上海精神文明建设迈向更高水平。

28 日下午,黄书元社长、陶克总编、程关生副总编一行专程赴中共二大会址纪念馆参观寻根。

辅德里 625 号(今成都北路 7 弄 30 号),这户看似普通的石库门建筑却有着三重身份:中共中央局宣传工作负责人李达的寓所、中共二大第一次全体会议会址所在地、中国共产党第一个秘密出版机构——人民出版社的所在地。

在一个不足六平方米的楼梯间里,人民出版社在李达的主持下编辑出版了十几种革命理论书籍,马列主义的思想火种就从这里播向全国。

"我们党从成立开始,就非常注重宣传工作,成立出版社来传播我们党的思想、理论、政治主张。"中共二大会址纪念馆馆长尤玮介绍,1921 年 9 月,在《新青年》第九卷第五号上,刊登了一则通告:"近年来新主义新学说盛行,研究的人渐渐多了,本社同仁为供给此项要求起见,特刊行各种重要书籍,以资同志诸君之研究……"它标志着中共中央直属的第一家出版机构——人民出版社正式诞生。

《共产党礼拜六》《第三国际议案及宣言》《工钱劳动与资本》《劳农政府之成功与困难》《列宁传》《俄国共产党党纲》……在一份份当年出版的著作原件前,大家驻足沉思。

1922 年年底,李达应毛泽东邀请前往长沙,担任湖南自修大学校长。随后人民出版社并入广州新青年社,后来大革命失败,出版工作转入地下,随后歇业。

人民出版社的出版工作告一段落，但其精魄犹在，在以后的革命实践中党的出版事业如同凤凰涅槃，浴火重生。中华人民共和国诞生后，人民出版社于1950年12月1日重建，继承了革命年代的光荣传统，成为新时期党和国家重要的政治书籍出版社，也是我国第一家著名的哲学社会科学综合性出版社。

黄社长感慨地说，李达主持的人民出版社开拓了我国出版事业的新路子，对促进马克思主义系统地有计划地在中国传播发挥了巨大的作用，这些著作在党初创时期成为众多共产主义者的启蒙读本。他表示，人民出版社作为中国出版的旗舰，一定要牢记"人民出版为人民"的原则，把人民出版社做成中国著名、世界知名的品牌，还要把它做成基业常青的百年老店。他还要求，《雷锋》杂志作为人民出版社主管、主办的全国性核心期刊，要进一步扩大杂志的社会影响力，传递更多社会正能量。

（2018年10月30日　《雷锋》杂志微平台）

# 上海福建酒店商会成立工作站
# 参与学雷锋

窦　芒

12月5日,上海市福建商会酒店业分会《雷锋》工作站成立揭牌仪式在上海虹桥国家会展中心希尔顿欢朋酒店举行。

上海警备区原副政委、雷锋杂志社副总编兼上海工作部主任程关生少将,解放军某部政委、雷锋杂志社顾问张德崇大校,国防大学政治学院原副政委张洪斌大校,上海解放日报社主任、雷锋杂志社特派记者窦芒,上海市福建商会酒店业分会会长林召平,雷锋杂志社杭州工作站站长李晓方,原南京军区联勤部机关处长毛剑秋,雷锋杂志社上海工作部办公室主任张锡银等领导和嘉宾,以及上海市福建商会酒店业分会副会长以上领导及部分会员共50多人出席了活动。活动由上海市福建商会酒店业分会秘书长欧阳志明主持。

成立揭牌仪式在雄壮的国歌声中拉开帷幕。解放军某部政委、雷锋杂志社顾问张德崇大校宣读了"关于设立上海市福建商会酒店业分会《雷锋》工作站及人员任命的批复",并与新任命的林召平站长共同为上海市福建商会酒店业分会《雷锋》工作站揭牌。

上海市福建商会酒店业分会《雷锋》工作站是上海首家在行业商会设立的《雷锋》工作站。上海市福建商会酒店业分会会长林召平担任站长。

林站长在成立揭牌仪式上发表了就职感言,并代表《雷锋》工作站提出了关于传承雷锋精神,提升酒店行业窗口形象的倡议书。一是要让《雷锋》杂志进酒店、进客房、进团队;二是开展争做雷锋传人、争当文明窗口、争创优质服务活动；三是树立"五比五争当"表率，即：比政治，争当"四个意识"表率；比素质，争当"勤于学习"表率；比作风，争当"求真务实"表率；比服务，争当"为民服务"表率；比业绩，争当"改革创新"表率。

仪式上，张德崇政委对设立《雷锋》工作站的目的、意义做了深刻的阐述。他指出，在酒店业商会成立《雷锋》工作站有十个方面的效益。一是政治信誉效益；二是品牌力量效益；三是企业文化效益；四是高端资源效益；五是窗口形象效益；六是行业示范效益；七是活动牵引效益；八是宣传舆论效益；九是借势借力效益；十是平台发挥效益。张政委对《雷锋》工作站成立后的工作任务和各项活动的开展，提出了具体要求。

上海警备区原副政委、雷锋杂志社副总编兼上海工作部主任程关生少将做了重要讲话。程将军首先对闽商的发展历程做了翔实的阐述，尤其对"善观时变、顺势而为；敢冒风险、爱拼会赢；合群团结、豪侠仗义；恋祖爱乡、回馈桑梓"的闽商精神进行了深刻解读并给予了高度评价。他指出，雷锋精神是永不褪色的时代召唤，新时期更赋予雷锋精神新的内涵。他强调，要找准雷锋精神和闽商精神的切合点，把学雷锋活动和闽商创业创新活动有机地结合起来。让雷锋精神在闽商中发扬光大，指引并激励闽商不断向前发展，取得更好的业绩，创造更大的效益。

活动在全体人员充满朝气的《学习雷锋好榜样》齐声合唱中圆满落幕。

## 参加南京路学雷锋为民服务

每月 20 日，是南京路"学雷锋为民服务活动日"。3 月 20 日这一天清晨，上海福建酒店业商会《雷锋》工作站 10 名志愿者早早地来到南京路步行街，只见 18 个迷彩大棚一字排开，足有 200 米长。每个大棚有四个摊位，加上街道两边还有很多没有搭棚的摊位，大约有上百家单位，近千名志愿者前来参加活动。

上海福建酒店业商会《雷锋》工作站被安排在中间的大棚里。志愿者们很快支起牌子、插上会旗、摆上专程从福建带来的治疗骨伤的药酒和中药。今天的为民服务项目是为群众义诊,主治跌打损伤、扭伤、陈年旧伤、劳损、风湿关节痛、肩周炎,颈椎病等,并免费提供治疗的药酒和中药。

7点不到,就有群众前来咨询求诊,一时间忙碌了起来。由于咨询的人较多,不得不排起了长队。林召平会长以前在福建就是治疗骨伤的医师,他今天亲自坐堂问诊。为了今天的活动,林召平会长还将在福建行医的哥哥也请到了上海。两位林医生轮番上阵,耐心为群众解答问题、诊断病情,并指导药酒和中药的用法用量。

雷锋杂志社副总编辑兼上海工作部主任程关生少将等部队首长冒雨来看望志愿者们,程将军对我会志愿者的行为赞不绝口,勉励我们再接再厉,把学雷锋活动引向深入。

上午9点,规定的活动结束时间到了,可前来咨询求诊的群众还久久不肯离去。志愿者们坚持接待完最后一名群众,直到他满意而归。两个多小时的活动,共接待群众60多人,送出药酒30瓶、中药40多包。

林召平会长表示:今天是我们第一次参加学雷锋为民服务活动日,虽然很辛苦,但我们帮助了大家,心里是很快乐的,正所谓"帮助别人,快乐自己"。希望通过这个活动,能够带动整个酒店业商会,能有更多热心人士来参与志愿者活动。欢迎全国各地的骨伤患者能与我们联系,我们将面对全国开展义诊和免费赠送药材。希望通过大家的宣传,让更多患者受益。今后每月20日,我们都要来参加学雷锋为民服务活动日,把这项活动持久地开展下去。

(2019年3月22日 《雷锋》杂志微平台)

# 新时代沪上雷锋故事会播撒申城大爱

窦　芒

**故事会现场**

都江堰的"上海奶奶"、社区里的最美医生……7月7日上午，"上海·新雷锋"新时代沪上雷锋故事会在徐江区南洋中学举行，五位学雷锋典型的感人故事，给现场听众一场生动的心灵洗礼。

徐汇区斜土街道社区卫生服务中心医生朱兰，16年如一日坚守岗位，坚持创新服务举措，成为百姓的"健康守门人"。故事会上，讲述者程海芗分享了朱兰三次难忘的出诊经历，听了朱兰的故事，不少听众都打心眼儿里为这位社区医疗工作者点赞。

年近耄耋的老人沈翠英用她永远年轻的热情和全部的家产，捧起了四川灾区千百个孩子的平安;普通党员张志勇自发前往云南山区捐钱物、捐医疗,为支教老师带去了"荣耀之箱——支教老师住宿支援计划",让支教老师有了温馨的家;"时代楷模"、复旦大学原教授钟扬,冒着生命危险攀登世界屋脊寻找珍稀的植物种子;学雷锋志愿团队负责人王萌萌长期为少数民族地区贫困学生募集筹措物资,帮助他们完成学业……

每个讲述者上台后,所有听众都屏住呼吸聆听,生怕一个不小心就错过了某个瞬间。"这是一次心灵的洗礼!"学雷锋志愿者叶晓瀚感慨地说,五位"最美榜样"的力量将永远传递下去,就像一颗种子,在我们心灵中生根发芽。

市委宣传部副部长、市精神文明建设委员会办公室主任潘敏在故事会开始前的致辞中表示,上海在文明创建活动中始终坚持把学雷锋作为重要内容,学雷锋志愿服务爱心团队遍布城市每个角落,对上海市的精神文明建设做出了积极贡献,涌现出一大批学雷锋志愿服务典型,成为申城百姓身边的"最美榜样"。

本次故事会由上海市精神文明建设委员会办公室、共青团上海市委、上海市拥军优属基金会和雷锋杂志社上海工作部联合举办,通过故事会这种形式弘扬雷锋精神、传播雷锋文化,呼吁广大市民朋友一起加入学雷锋志愿服务行动。军地有关领导周夕根、陶克、程关生及驻沪部队官兵代表、学生代表、志愿者代表及学雷锋热心人士等500余人聆听故事会。

据悉,"上海·新雷锋"新时代沪上雷锋故事会今后将不定期举办,不断给广大上海市民带来感动和温暖。

# 八、 雷锋传人　爱心播撒申城

# 吴仁杰：信念引领人生路

## (1) 情系"希望"二十春
### ——记上海市希望办主任吴仁杰

窦 芒

阳春三月,风和日丽。全国首个"雷锋学院"在上海希望工程教师培训基地成立,150名青年作为首批学员参加了为期三天的学雷锋研修班学习。

前来参加挂牌仪式及授课的雷锋杂志社、上海市文明办、团市委领导及专家学者,纷纷称赞上海市希望工程办公室主任吴仁杰在加强青少年理想信念教育中又办了一件好事、实事。

吴仁杰在云南考察希望小学建设

吴仁杰,这名年过七十、多次受到中央领导同志接见和高度评价的优秀共产党员,再次引起人们的关注。

## 一组惊人的数字

由上海市青少年基金理事会实施的希望工程,20 年共募集社会捐赠资金达 7.3 亿元;为全国 30 个省、市、自治区援建希望小学 2000 所;资助失学儿童和贫困学生 15 万名;自筹资金创办的希望工程教师培训基地,免费为中西部培训教师 18 500 多名……

这组惊人数字的背后,记载着吴仁杰的智慧和汗水。

巨鹿路 290 号,上海市希望工程办公室位于黄浦区一个不起眼的地方。它隶属于上海市团委青少年发展基金会,正式工作人员只有七八人。

20 年前,吴仁杰从团市委宣传部调到新成立的希望工程办公室。身材修长、精神饱满、快人快语、雷厉风行……人们从吴仁杰身上看到了希望办的希望。因为,在团市委,他就有"团痴"的美称,《中国青年报》曾在 1 版头条报道过他的事迹。果然,没多久,这个普通的社会团体机构,被他经营得有声有色,红红火火。

吴仁杰从走马上任希望办的第一天起,就深感任重道远。为了不负众望,他马不停蹄地走青海,奔云南,调研考察中西部贫困地区。亲眼看到那里茅草和泥巴盖的房屋,孩子们在点着煤油灯的教室里上课;不少孩子破衣烂衫,吃的白水煮土豆,有的赤着脚奔走在求学的山路上……"没想到解放这么多年了,居然还有这么贫困的地方和贫穷的群众。"耳闻目睹,老吴内心受到震撼,多少次流下心酸的泪水,"作为以服务全国为责任的上海市希望办,工作重点应该放在为贫困地区援建希望小学上。"

吴仁杰说到做到,不放空炮。他每天带领办公室的同志东奔西走,讲贫困地区的教育状况,孩子们失学辍学的境遇,有时一天要跑好几家企事业单位,磨嘴皮流眼泪,诚心感人,真情动人。仅仅四年多,就为云南、湖南、青海十几个贫困地区筹资建造希望小学 500 多所。

　　旗开得胜,希望办大有作为,但吴仁杰没有止步。2005 年,他结合当时正在进行的保持共产党员先进性教育,策划了一个"大手笔",以希望办全体党团员的名义,向全市党团员发出为贫困地区捐款援建百所希望小学的倡议。没想到,倡议书在《文汇报》刊发当天,希望办就电话铃不断,人们从四面八方赶到希望办,一时间申城上下爱心涌动,春风扑面。90 高龄的老党员王泾成第一个响应倡议;上海亚仁集团员工奚嘉敏与夫人商定,援建一所希望小学,以纪念自己入党十周年;百岁老人夏征农、文学泰斗巴金家人参加捐助活动坚持"不留名、不宣传";上海形象大使、飞人刘翔捐出比赛奖金援建一所希望小学……为此,《文汇报》在 1 版发表《一纸倡议引来万千善款》的评论,高度肯定希望办"四两拨千斤"的智慧和举措。市老领导、老红军胡立教捐款后说,希望办倡导的这次党员干部为群众谋利益、办实事的活动,正是共产党员先进性的体现。

　　吴仁杰常说,希望办做的许多事,其实也是一种心灵的感应。2002 年年底的一天,吴仁杰收到一封特别的求助信。写信人刘莺资助的壮族女孩王海芬读完小学和中学后,考入云南民族学院,成为村里的第一个大学生。但小王家里一贫如洗,父母年老多病,母亲卖了家里唯一值钱的牛,又敲开一家家亲戚邻居的门借钱,最后怀揣 2175 元到学校报到,可面对 4500 元的学费及另外的住宿费、伙食费,她一筹莫展,无奈之下只得再向刘阿姨求助,也属工薪阶层的刘莺心有余而力不足,于是……"决不能让贫困大学生失学!"读完信,心情沉重的吴仁杰一面电告王海芬千万不要因为缺钱影响学业,一面召开希望办党支部会议,讨论为王海芬捐款。一个星期后,王海芬来信了:"没想到接到吴伯伯电话的第三天,就收到一张万元汇款单,这中间满载着伟大共产党员的爱心……"

　　正是这种爱心,使吴仁杰这个最普通的工薪阶层,在希望办的 20 年中,个人捐款助学就达 10 多万元,就是每年捐出一个月的工资。在他的带领下,希望办的工作人员每年为希望工程捐款成了习惯。

## 一批可贵的"首创"

　　吴仁杰深知,一个社会团体,有思路才有出路,有创新才能发展。

要拓展希望工程的路子,实现可持续发展,唯有创新和创造。

吴仁杰曾以"两大天才"誉满上海滩,一是协调大型活动,二是组织演讲报告。在上海市团委宣传部工作的 16 年中,他组织过 30 多个英模报告团,举办过 3000 多场演讲报告,多次受到中央和市委领导的赞场,被誉为"传播精神文明的使者"。

在希望办的岗位上,吴仁杰又不断拓展思路,筹划组织一个个创新、精彩、堪称"第一"的大型活动:1995 年,与上海拍卖行合作举办"沪上第一拍"公益慈善拍卖活动;1996 年与中国足协合作进行希望工程足球义赛;1998 年组织上海百万青年志愿者爱心行动;1999 年策划上海百万母亲希望工程春蕾计划及后来的"面向新世纪上海精神"、创建"上海农民工子弟希望小学"等,声势浩大,影响广泛,使希望工程家喻户晓,深入人心。他倡导发起的"上海市 18 岁成人仪式""上海市青少年升旗仪式"等都开了全国之先河,很快被团中央推广。

吴仁杰发现,制约西部发展的最主要原因是教育人才的短缺。但西部地区又因教育经费有限,无法保证教师正常的学习进修,更不用说先进的教学设备和教学手段,学生的身心得不到全面发展。"师资力量和教学质量的提高,是贫困地区教育发展的希望所在。"于是,他在为希望工程筹集资金、物品的同时,又把关注的目光投向了希望工程教师人才的培训上。通过认真调研论证,他提出在上海近郊建立全国第一所贫困地区教师培训中心的建议,得到上级领导和有关部门的支持。

培训基地选址在市郊松江区小昆山。筹备过程中,吴仁杰带着基金会的同志一家家联系单位,一笔笔落实捐款。开工以后,他又成了总策划、总指挥、总采购。为保证工程质量、降低工程成本,吴仁杰对进出的每一笔账目都精打细算、再三核准,对每次采购的物资货比三家、亲自过目。他给自己规定:凡是亲戚朋友,一律不准来打工程的主意,以至得罪了不少三亲六友。他的回答是:"我是共产党员,人民信任我,让我抓希望工程,我心里只认准一点,希望工程的钱,一分也不能乱花。"

2000 年 6 月,经过近两年的努力,一座现代教师培训基地拔地而起。设计新颖的楼群错落有致,教学楼宽敞明亮,文体设施、教学器材一应俱全,其环境、条件不亚于一所大学。更值得点赞的是,这一占地

100 亩,总投资 3800 万元的工程,没有要上级一分钱。

建成伊始,吴仁杰精心设计的"上海市希望工程西部万名教师培训计划"启动。后来,吴仁杰又适应信息时代的变化,借助卫星、互联网、通信等"三网合一"技术搭建"白玉兰远程教育网",为西部教师培训架设空中课堂,实施远程培训。十多年来,基地已为云、贵、陕、川等 20 多个省市培训希望小学老师 15 000 多名。

作为市政协委员,吴仁杰在十年前就在市"两会"上提出议案:把在沪农民工子女教育列入上海服务全国的重要内容,不让一个孩子失学。议案得到有关部门采纳,他积极运作承办,目前已发放助学金近 500 万元,使 12 000 多名民工子弟得到资助。同时还创建了一批"民工子弟学校",为困难农民工子女提供免费教育。

2007 年 8 月,时任上海市委书记习近平在"希望工程简报"上做出重要批示:上海市的希望工程工作十数年如一日,聚沙成塔,集腋成裘,成效明显,赢得了社会各界的赞誉,树立了上海服务全国的良好形象。望继续努力,把实事做实,好事办好。

## 一种不灭的信念

"一个人只要有了坚强的理想和信念,就会有前进的动力,有战胜困难的力量,就不会迷失人生的方向……"今年 3 月,作为上海"雷锋在身边"先进事迹报告团团长,吴仁杰题为"党育我成长"的报告再次轰动申城。

出生在上海郊区松江贫困农民家庭的吴仁杰,从小放过牛,失过学,后来土改分了地,有了房,幼小的心灵就播下了热爱共产党、热爱祖国的种子。虽然成长道路曲折坎坷,但他心里始终充满爱和阳光。1963 年,17 岁的他就响应毛主席学雷锋的号召,带领青年为军烈属做好事,修桥铺路,成为远近闻名的学雷锋积极分子。"文革"中被关进"牛棚"、几经批斗也没有屈服,他坚信"阳光总在风雨后""天空会亮的"。

因为心中有阳光,有信念,吴仁杰放弃不少可以让自己收入更高、待遇更好的机会。某大报经营公司、市委宣传部、文艺活动中心等单位想"引进"吴仁杰，他没有动心。一位在美国做老板的老同学回上海，见他快到退休年龄了，邀请他做其上海公司的经理，承诺先付 20 万美元作为安置费，然后每月工资 1000 美元以上，被吴仁杰婉言谢绝。

因为心中有信念，吴仁杰在多元复杂的社会环境中，始终坚守自己的人生价值。为了让贫困地区的孩子们记住共产党的恩情，他用朱德、彭德怀等老一辈革命家的名字命名学校，让他们从小就懂得中国革命胜利来之不易。

五年前，吴仁杰将老家松江农村的旧宅重新翻建，办起"伟人毛泽东风采展"。走进一层客厅，一尊 2 米多高的木雕毛泽东挥手像迎面而立，"风采展"汇集了 700 余幅伟人毛泽东在各个历史时期的工作、生活图片。吴仁杰经常对前来参观的人们说，学习思想方法、提高工作能力的最好方法是对毛泽东思想的挖掘和运用。希望工程也是民生工程，所做的都与群众利益相关，诚心诚意为群众谋福利就是把毛泽东思想发扬光大。

吴仁杰与《雷锋》作者陈广生

"雷锋精神过时论"一度广为流传。从 17 岁就开始学雷锋、做雷锋的吴仁杰却在希望工程教师培训基地专门腾出场地筹建"共产主义战士雷锋陈列馆"。他几经周折,从军事博物馆、雷锋家乡等地收集大量雷锋生前的图片资料,配上精彩的文字说明,给参观者展示一个高尚、可亲的雷锋形象,成为广大市民尤其是青少年道德教育的课堂。近年来,他还牵头与有关单位一起,编印出版了《雷锋的故事》《习近平总书记关于学雷锋的指示》等图书,发行后深受欢迎。

"把忠心献给了祖国,把热心献给了社会,把爱心献给了希望,把恒心留给了自己。在您 60 岁生日之际,祝万事如意,幸福永远。"这是共青团上海市委贺吴仁杰 60 岁生日的贺卡。

"革命人永远是年轻,它好比大松树冬夏常青,它不怕风吹雨打,永远挺立在山巅……"如今,时光又过了十多个春秋,吴仁杰还是那样激情不了,爱心永存,播种着希望和未来。

(摘自《雷锋》杂志　2016 年第 5 期)

# (2) 老吴,敢于挑战困难的人

谢京辉

吴仁杰是一个创造奇迹的人,面对困难他用不折不挠不屈去挑战,完成了一个个常人难以完成的任务,当年接待好军嫂报告团,老吴是主动请缨,面对较短时间内出书、找资助、组织报告会三个不可能,他硬是动脑筋、想办法克服各种困难,出色完成任务,事情虽然过去 20 多年,笔者还是历历在目、难以忘怀。

1995 年 1 月老吴领到市委宣传部一周内做好接待好军嫂报告团工作任务:组织全市报告会,出一本宣传报告集,找资助单位。这三项任务中任何一项都具有压力。一周内出一本报告集,似乎是天方夜谭,不可能,因为手头没有现成资料,为了完成这项光荣任务,老吴几乎一

吴仁杰在谈话中

天20多小时连轴转。当时他与笔者同住城市酒店一室,凌晨2：30他还在向印刷厂厂长催讨报告集,第二天早上7：30赶到厂里等书下线。也许是老吴这股精神打动厂长,报告集准时送到读者手中,难怪好军嫂动情地讲：我的精神感动人,您的精神感动了我。找资助单位也是不易的事,报告团10多号人,吃、住、行是大问题,因临时组织这项活动没有预算安排,找到资助是首要任务,于是老吴通过协调,在龙门宾馆、城市酒店之间找到了资助方。城市酒店因资助条件优厚,包揽了报告团在沪一切费用而承担这项工作,这中间老吴花了心血,费了九牛二虎之力进行游说,取得了成功,为报告团打下物质基础,开创了公益接待先例,也算是首创。为此,城市酒店当年度获得团市委系统先进集体的荣誉,事后酒店老总陆培明连声说资助值得。组织报告会也不是轻松活,友谊会堂报告厅可容纳100多人,怎样保证出勤率是关键,老吴是一家家通知敲定人数,为了万无一失,还准备了机动队伍待命,报告会当天座无虚席,最后通过加分会场解决问题,活动组织工作得到市委肯定。当时好军嫂报告团在上海各界反响热烈,得到广泛好评,这与老吴组织严密,活动创新勇于挑战,不怕打硬仗是分不开的,正是这股劲头,才让他出色完成这项不可能完成的任务。

与吴仁杰打交道30多年,经历这样的事情不下10次,具有特殊的代表性。让我无法忘却的是这段朝夕相处的时间。笔者曾私下问老吴您为什么能做成事,他笑着告诉笔者:"不服输。"是的,是其不屈的个性使然,心怀梦想让他敢于挑战困难,这正是那代共青团人身上的品格,吴仁杰是其中杰出的代表。

(作者系团市委办公室原副主任,现上海社科院副院长)

## (3) 雷锋、焦裕禄式的领导就在我身边

魏 洁

　　在上海市希望工程办公室工作已有 19 个年头了,从一个懵懵懂懂的大学生成长为一个正处级领导干部,除了组织的信任、自己的努力,我很庆幸我遇到了一位好长辈、好领导、好榜样——吴仁杰。与其说他是个好领导,我更愿意把他当作是我的良师益友。无论是在工作上、学习上、生活上,他都给予我们希望办全体员工无微不至的照顾,每天跟他一起工作,对他的言行举止耳濡目染,他用自己的实际行动践行着作为一名党员领导干部应有的品质和精神,并且深深地感染着我们。有时候看多了一些有关领导干部堕落的报道,我们甚至认为他跟这个时代不合拍,

吴仁杰在红军小学

但是他却始终不被环境所麻痹,用自己的智慧、乐观、坚韧,带领我们一班人,为上海希望工程事业不懈奋斗,心中装着困难青少年群体,在他身上体现了雷锋精神、焦裕禄精神。

## 慷慨爱心助学,吝啬生活享受

1999 年起,我进入上海市希望工程办公室,从事爱心助学工作。"爱心助学"项目主要是资助当时上海百万下岗职工困难家庭子女上学,通过好心人认捐,进行 1+1 结对助学。因为形式好,资助过程很透明,结对数量年年上升,从 2000 年每年 3000 人次到 2006 年每年 10 000 次。吴老师当时经常用毛主席"世界上怕就怕'认真'二字,共产党就最讲认真"这段话要求我们,常跟我说,工作上一定要认真仔细负责,要有强烈的责任心,每个学生的助学金发放不能有任何差错,要对捐赠者负责,对受助学生负责。除了工作上严格要求外,吴老师对待困难学生的来信来访也相当重视,并在工作中,先后与七名困难学生所在的五个家庭结对子,资助学生上学,帮助其家庭走出困境。

第一名受助学生叫戴莉敏。父亲车祸意外身亡,仅靠母亲一人做临时工,维持当时还在念初中的戴莉敏和念高中的姐姐戴莉琼的学习生活费用。看到戴莉敏的申请书后,吴老师二话没说,当即掏出 1000 元,决定资助这个不幸的家庭。这一资助就持续了七年,直到戴莉敏考上大学,申请了助学贷款为止。虽然资助结束了,但对这个家庭,吴老师却始终关心着,逢年过节一定会嘱托爱人给戴妈妈送去慰问品,给姐妹俩送上压岁钱。

2004 年,在还没有结束对戴莉敏的资助时,吴老师又在一堆申请表里挑出了当时在延吉一中念书的王永佳。这又是个不幸的孩子。父母离异,父亲患精神疾病,仅靠爷爷奶奶微薄的退休工资维持全家人的生活。不幸中的万幸是,王永佳遇到了吴老师。因为王永佳的家庭特殊,常年得不到良好的照顾,比同龄人长得矮小瘦弱,吴老师除了按照爱心助学资助标准每年捐助 1000 元外,每年还多给 1000 元,特别关照王永佳爷爷给小朋友买些营养品。

2006年全国希望工程启动"圆梦大学"资助项目,吴老师又一次带头捐款4000元,资助从海口市第一中学考入上海华东政法大学人文学院的困难学生孙蕊。

受助学生一年一年长大,完成学业,踏上工作岗位,吴老师的爱心助学始终没有间断过。从陈莉莉到启秀实验中学的冯发达、冯嘉慧兄妹,到现在资助的李塔汇学校的夏音璐小朋友,对待每一位受助学生,他就像对待自己的孩子一般,除了捐助助学金,还在生活、学业等各方面关心照顾困难学生。

2010年青海玉树发生7.1级地震,吴老师人在上海,心却在玉树。除了立即动员社会力量抗震救灾外,他还主动以一名团干部的名义捐款25 000元,用于灾后重建。当我们劝他少捐点,吴老师却毫不犹豫地说,自己生活可以简单点,灾后重建可是大事呀。他就是这样一个对捐资助学慷慨大方,对自己的生活却异常吝啬的"怪人"。吴老师不用手机,却不怕别人找不到他,因为他永远是家和单位两点一线。吴老师不用钱包,永远是用信封袋放钱,用坏了,就换一个。理发从来不上理发店,永远就是路边摊,价钱从一开始的2元、5元、7元到现在的10元。吴老师也从来不买名牌衣服,2003年团市委组织去马耳他,他为了不失礼节,就在临行前去买了4件25元的衬衫,他对自己的吝啬,实在不像他这样一个副局级领导干部所为,却潜移默化地感染着大家。

一个人做一点好事并不难,难的是坚持一辈子做好事。一个人把一件事情做好并不难,难的是认真做好每件事。

## 爱岗敬业、尽职尽责,用信念诠释信仰

跟吴老师接触时间长了,也知道了一些他的经历,包括他早年的"斗争史",人的一生是不是真的只有经历过这些才会无畏无惧?近年来的工作中,我们也隐约感受到他在工作中的阻力和障碍,很多时候,他是知道的,但往往不会跟我们明说。他宁愿自己一个人承担压力,也不想给我们造成负担,影响工作。2007年,我们宣传退休女工查文红义务支教的先进事迹,发动党团员积极在革命老区援建红军小学。这

一年,上海希望工程办公室在吴老师的带领下,被评为先进。吴老师是一个坚强的人,这份坚强源自他是一个具有坚定的理想信念和崇高人生境界的人。很多时候,我们都不理解甚至抱怨,要领导不要那么卖力工作,领导却很平静地说,身正不怕影子歪,不管别人怎么看我,我只管把自己的本职工作做好。正如一位老团干部说的那样:"吴仁杰同志是一位组织家、活动家、实干家!"

吴老师的实干精神也是大家有目共睹的,事无巨细,他都要过问并亲身参与。2011年初,我办接到"新疆喀什地区少数民族大学生来沪培训工作"的任务,吴老师高度重视,克服时间紧、任务重的困难。大到培训基地的重新粉刷,更新厨房设备,购置生活用品,改善体育设施,小到学员生日送礼物,他都会亲力亲为。同事们都想少让他操心,让他多休息,可他就是不"安分",勇挑重担,敢冒风险,敢于担当。新疆大学生在上海培训期间,吴老师天天坚守在松江教师培训基地,每周只回家一次。工作上这样,生活上也是这样。2008年下半年,我们曾租借过一个有院子的楼房作为办公用房,那时,院子里的几棵大树正值秋天掉树叶,每天地上都积着一层枯叶。那段时间,我们每天看到吴老师进单位做的第一件事情,就是拿起扫帚清扫院子和办公室。上海希望办经历过几次搬迁,没一次是请搬场公司的,都是吴老师带头打包、整理和搬运。别说他是个六十出头的老同志,连我们这些年轻人都累得苦不堪言。吴老师就是有一股与生俱来的干劲和冲劲。用我们的话说,他经历了各种风雨,真是一段激情燃烧的岁月。

认识吴老师的人,都知道吴老师对毛泽东的崇拜和敬仰,从他的喜好、收藏甚至办公室的布置都不难发现这一点。2010年,吴老师拿出自己多年的积蓄,翻新了在松江新浜镇南杨村的老宅,自费办起了"伟人毛泽东风采展",展馆内700多幅照片、300枚毛泽东像章及毛主席经典著作等珍费藏品都是吴老师毕生的收藏。光大厅那尊2.6米高的木雕毛主席挥手像就花去了吴老师4.6万元。至于收藏的那些珍贵的历史图片和像章,究竟费了他多少心血和积蓄,也许只有他自己知道了。

2010年12月,我第一次走进吴老师家的老宅,亲眼见到墙上挂着雷锋、焦裕禄的照片,我突然明白,原来吴老师早就把雷锋、焦裕禄作为自己的楷模,并在生活上、工作上处处向他们学习。他在自己的照片上写下了自己的人生箴言:"跟着共产党,走好人生路。"

"松江放牛娃出身,能有今天的成就,靠的是什么? 靠的是党对我的信任,靠的是我对党的忠诚。"这是吴老师经常挂在嘴边的一句话。正是因为吴老师把毛泽东作为自己一生崇敬的人,才能让他在人生的跌宕起伏中,勇往直前,才能让他领导的上海希望工程,在过去的十数年里,动员群众、依靠群众、服务群众,接受捐款总计达 8 亿元。为全国援建希望小学 2000 余所、救助失学儿童 16 万人次,培训希望小学教师 20 000 余名,在服务全国、服务西部、服务上海对口帮扶地区的工作中做出了不可磨灭的贡献。

(作者系上海市希望办主任)

# 陶依嘉：芳华辉映南京路

窦　芒

又一个 20 日的清晨，被誉为"中华第一街"的上海南京路步行街，年过花甲的陶依嘉会准时赶到上海第一医药商店，把血压计、常用药品、拷边机等服务用品从小仓库里搬出来，分别装上"为民服务"小车。7 点不到，药店门口的学雷锋为民服务摊位准时"开张"，陶依嘉和伙伴们守候在摊位前等待着市民和中外游客。

上海警备区领导在南京路看望陶依嘉等学雷锋团队

这样的守候,陶依嘉已历经春夏秋冬,严寒酷暑,坚持了 30 多年。

1982 年,在全国第一个文明礼貌月中,陶依嘉和其他五位民兵推着"义诊义疗为民服务小车"走上街头,为群众量血压、称体重,吸引了很多人排队等候。

那天,有个老伯问她:"你们下个月还来不来?"陶依嘉回答说:"以后我们每个月都来。"没想到的是,这么一句简单的承诺,陶依嘉坚持到现在。

从那年开始,她每月 20 日早上 7 点半至 9 点半摆摊为百姓服务,30 多年来仅因生孩子缺席过 1 次。但是,就在孩子出生 66 天后,她就回到了服务台前,而她的女儿就睡在摊位旁的纸箱里。2006 年 6 月,陶依嘉做了一次手术,19 日拆线出院,20 日一早她就咬着牙出现在南京路学雷锋的队伍中。

"群众需要我们这样的服务,他们都等着我。"陶依嘉说。

1997 年 11 月 20 日,以陶依嘉名字命名的"依嘉医药热线"开通,目前已经接听 1.9 万多个电话,为全国各地乃至海外的群众送去急救药品近 200 件,挽救了 100 多人的生命。

2010 年,陶依嘉从上海医药商店退休,但是她没有从南京路"学雷锋为民服务"的活动中退休。

"每个月的 19 日晚上基本都睡不好觉,惦记着第二天早上为民服务摊的统筹安排。"陶依嘉说,4 点起床,5 点准备,7 点摆摊到 9 点铁定结束不了,等全部收拾完毕从第一医药商店离开,已经将近 10 点。

陶依嘉的坚守带动了更多人加入为民服务的行列。她在上海南京路的商业、企业员工中组织了一支超过 60 人的队伍,服务了近 330 万市民和游客,一些劳模也加入其中。

如今,"为民服务"团队一步步发展壮大,从原来的一辆小推车,发展到 100 多个摊位。项目由最初的 3 个发展到目前的 10 多项。每月 20 日清晨,在新世界门口、南京路步行街第一医药商店门口以及置地广场门口 3 个点,老百姓都能得到免费的服务。

在如此忙碌的节奏中,老百姓的需求都被陶依嘉默默记在心里。早些时候,为民服务项目中有一项"服装拷边",后来由于志愿者退休了,这个项目被迫取消,可还是有很多不知情的老百姓带着衣服来寻求服务。于是陶依嘉决心重开这个项目。没有拷边机,她就自掏腰包买两台"填上";没有拷边用线,她就自己去买。她买的都是进口的涤纶线,拉不断,比市面上那些拷边用线都要扎实。

"摆摊"没有调休,没有奖金补贴,陶依嘉不计较,反而用多年来所有的奖金设立了"为民服务基金",用于补贴器材消耗、扶贫帮困。如今她的徒弟们在各自的岗位上都能独当一面。

"我也会慢慢老去,但我希望继承者能薪火相传,形成永不断档的梯队。"陶依嘉说,不久前,依嘉劳模创新工作室成立,陶依嘉有了新的服务平台。创新工作室纳入了职业药师、服务明星等,推出了更多的为民服务项目。

# 陈丽：大爱人生更精彩

窦　芒

　　狗年新春之际，这位不乏传奇色彩的人物再次成为上海滩的"新闻人物"：在市政协会议上，她针对日益严峻的人口老龄化趋势，提出的《建立"楼宇管家"模式开展养老服务》提案引起广泛反响；在市红十字会代表大会上，经过层层筛选，她在数百人中脱颖而出，荣获"上海市人道博爱十大人物"称号；在数千家装饰装修企业评比中，她领军的公司再次登上 2017 年度"诚信企业"榜首……

上海新丽装饰有限公司总经理　陈丽

## 爱企业：坚守质量，铸就丰碑

　　陈丽的大爱人生，充满着传奇色彩。

父亲英年早逝。陈丽14岁参军入伍,当过卫生员,做过医生。经常数百公里的急行军,家常便饭式的高强度拉练,使她从"儿童团员"成长为意志坚强、不怕困难的合格军人。

20世纪80年代末,从部队退役的陈丽带着60美元去美国留学,通过勤工俭学完成了学业。后来为照顾年迈的母亲,毅然选择回国。3年后在上海创立新丽装饰有限公司,从此拉开了装饰人生的序幕。

"在我眼里,建筑装饰行业首先是一门艺术,是一个创意产业,它能美化城市、家庭和整个社会。"陈丽说。女性创业往往要比男性多付出几倍的艰辛,尤其是建筑装饰行业。公司成立初期的几年,无人关注,发展缓慢,基本上就是承接一些小的装修工程。

大堂是建筑的眼睛、业主的脸面,对装饰设计、施工水平、质量要求都相对较高,这正是体现装饰公司整体实力的"亮点",是非常直观的一块"金字招牌"。经过对市场的缜密调研和反复论证,陈丽制定策划了"大堂战略",决定把经营构想定在专做建筑大堂项目上,以此来赢得市场。

没有经验,陈丽重金从美国请来设计师培训团队,从香港请来专家培训工程人员。经过一年的苦练内功,公司发展迎来转机,中标当时上海的第一高楼陆家嘴金茂大厦的装修工程。然而,中标的还不是大堂,而是金茂大厦的回廊,当时回廊价值3000万元,而做大堂只有1000万元,陈丽下定决心还是做大堂。

"用大项目去换小项目,丢了西瓜捡了芝麻。"陈丽的做法不仅外人无法理解,公司内部也几乎都反对,但陈丽认为:"我们有了做大堂的经验,才能更好地拓展以后的业务。有舍才能有得,大舍方能大得……"

金茂大厦的大堂工程使新丽一炮打响,"新丽擅长做大堂"的名气迅速在上海滩传开,工程项目源源不断、捷报频传。新丽的成功,源于陈丽对装饰行业执着的热爱和精准的定位,更源于她"建一项工程,树一座丰碑"的信念:无论何时何地,无论成本与质量,还是进度与质量发生何种矛盾,永远要坚守"质量第一、客户至上"。

在大连希尔顿酒店装饰工程完工前的质量验收中,陈丽发现一处石材有些细微的色差,坚决要求重新找材料替换,以保证工程质量与当初合同要求完全一致。有的员工认为细微色差是在允许范围之内的，业主不会计较，大可不必自己跟自己过不去。可陈丽说："千万不能把不起眼的色差看成是'小问题'或者'没问题'，虽然换掉石材增加了成本，但公司得到的却是信誉，信誉是无价的！"为了完美，为了质量，陈丽经常干这种不惜成本、推倒重来的事。她亲自抡锤砸毁过已经装饰好，但有一点不显眼瑕疵的上海电信大楼二十多层的电梯厅；世博文化中心二层塑胶地板因运输单位搬运不慎造成划痕，公司毫不迟疑地更换了几百平方米地板……

正是这种追求完美、打造丰碑的坚守，使新丽公司先后有 21 项工程获国家建筑工程"鲁班奖"；26 项工程获"全国建筑工程装饰奖"；87 项工程获上海市"建筑工程白玉兰奖"。公司还连续 8 年荣获"中国建筑装饰行业百强企业"，连续 20 年被评为"上海市信得过建筑装饰企业"。

## 爱员工：宽严相济，视兵如亲

对客户，陈丽坚守的是"以诚相待"；对员工，陈丽秉承的是"视兵如亲"。她坚持"制度化＋人性化"的管理模式，在公司内部营造"齐心协力，开拓奋进；我为人人，人人为我"的团队精神和氛围。

计算机专业出身的陈丽清楚，要实现制度化就必须推进信息化，只有实现信息化才能确保原料的采购不会因为个人好恶而出现质量和价格偏差，才能确保项目的每个环节都实现无缝对接，实现"定岗不定人"，不会因为岗位人员的变动影响项目进展。因此，公司成立之初，陈丽就把制度化建设的核心放在信息化上。不仅在自己公司推动信息化，陈丽还心系整个装饰行业的发展，每次新丽有创新产品推出，都会马上公布出去，把创新的成果分享给同行。

作为一名女性，陈丽有着天生的细腻和善良，她认为制度化管理固然重要，但是人性化管理更不可或缺。"我们不仅在工作上要制定严格的规章制度，让员工们感觉到工作来不得半点疏忽，从而真正形成一支'新丽铁军'；在生活上，更是用真心真情关爱员工，让他们感受到大家庭般的温暖。"陈丽说,装饰行业有着鲜为人知的辛苦,不论严寒酷暑,多数时间要待在工地上,紧盯质量。为此,陈丽全部报销员工的手机费、油费、停车费,差旅费高于国家规定额度;员工买房子时,公司提供无息贷款;员工每年都发13个月工资。有的员工婚假没结束就奔赴工程现场,陈丽总会特意关照,让家人去度假,由公司承担路费。

从1994年至今,每年进行一次员工体检,尤其是对45岁以上的员工增加肠胃镜检查,并对患重病员工或者有困难的员工进行经济补助。新丽的不少"80后""90后"员工都爱喊陈丽"妈妈",而陈丽对待他们更像是对待自家的孩子。一名年轻员工患了白血病,陈丽在全国帮他找骨髓配型,公司花50万给他做了移植。术后,陈丽每天晚上都会叫他去家里吃饭,专门炖汤,为他补充营养。即使这样,也未能挽留住这位员工的生命。弥留之际,他捐献出了所有器官。

为激发企业员工的爱国热情,陈丽带领公司的中青年干部到井冈山干部学校,进行为期七天的培训,使大家受到了一次心灵的洗礼,学习回来后有27人自愿写了入党申请书。这是井冈山干部学院自建院以来接待的第一批民营企业员工。

陈丽还非常重视培养和提高员工的专业技能和业务水平,员工的专升本、外语、建造师、造价师和职业资格等方面的培训费用统一由公司报销,还派员工到国外去学习老建筑保护修缮的技术和经验。特别注重提携和培养年轻人,给他们提供更大的平台。近年来,公司打破论资排辈的惯例,提拔了三名年轻的副总,有的还是越级提拔。

## 爱社会:感恩时代,回馈大众

"关爱社会不仅是每位公民的责任,更是企业家义不容辞的担当。我要继续用心、用情、用义感恩时代,关爱民众……"在上海市"蓝天下的至爱"大型颁奖晚会上,陈丽面对媒体的采访,这样表达自己的心情。

陈丽一直认为:财富并不仅仅是企业家个人的创造。企业能发展到今天,从大环境讲,离不开党的正确领导和改革开放的好政策;就企业自身讲,离不开员工的共同努力和创造性劳动。这些才是财富的真正源泉。既然自己的一切来自社会,那就理应回报社会。

　　陈丽从公司初创开始,就将引导员工参与到社会公益事业纳入企业文化建设之中。公司坚持开展"每年一日捐"活动,即:全体员工捐出一天的工资来资助公益事业,20多年不间断。

　　慈善公益,成了新丽员工的一种生活方式、一种文化现象。上海郊区崇明竖新镇敬老院里,住的全是五保户老人。五年前,公司对敬老院进行重新免费装修,配齐了床、柜及卫生设施等。装修完工后,陈丽带队去做卫生保洁。一开始,公司的年轻人怕脏嫌累不积极,陈丽现场给他们上了一课。只见她不戴手套,用手去刷马桶,蚊子嗡嗡地围着她乱飞。见此,在场的人都不吭声了,开始爬上爬下地忙活起来,擦窗子、拖地、给老人洗头……起初敬老院的老人一脸麻木,到最后都开心地笑了:"我们觉得这些人是真的来帮我们的,并不是来作秀的。"多年如一日,公司员工不仅每月抽出一天来做义工,还与附近的超市订好协议,每天给每位老人供应一瓶牛奶、一个鸡蛋,逢年过节送去慰问品。

　　两年前,陈丽专门回到她的老部队原济南军区某部,与几位战友一起寻找当年从老部队转业退伍回乡的老领导、老战友,对一些生活上有困难的,每月提供2000元生活补助直至终老。有人不理解,陈丽却说:"饮水要思源,部队生活是我一生最大的财富,没有这些老兵的言传身教,哪有我陈丽的今天?"

　　这些年来,随着公司不断发展,陈丽对社会的捐赠也在不断增加,从当初的年捐几十万元到近百万元,再到如今的数百万元。青海玉树、四川汶川灾后重建有她的捐赠,新疆、内蒙古、云南等地的受灾民众有她的资助,安徽、延安、赣州、西藏扶贫有她的投入,先天性心脏病孤儿、聋哑儿童、艾滋病患儿有她的接济,希望工程更有她的全力扶持。她投入200万元,通过红十字会成立资助贫困大学生的助学基金,为300多人提供了帮助。她向中国听力医学发展基金会捐款100万元,帮助失聪儿童实现康复……

　　据统计,这些年来陈丽以个人和企业的名义,向红十字会等医疗、扶贫、赈灾公益慈善机构的捐款已超过5000万元人民币。

## 爱行业：精心打造，让人尊敬

2016 年初，拥有 2000 多家会员的上海市装饰装修协会换届，陈丽以全票通过，担任了会长。

陈丽深知：装饰装修行业不仅与国计民生息息相关，还给 1500 万农民工创造了就业。但装饰装修行业杂牌公司多、农民工素质差、质量不可信、价格有水分等问题严重影响了行业声誉，制约了行业发展。"诚信永远是行业生存的主题。作为一个协调政府与企业的社会组织，迫切需要转变理念、改进服务，打造一个受社会和百姓尊敬、让各级政府放心的行业。"上任伊始，陈丽提出了自己的设想并付诸行动。

协会以诚信服务为目标，推行"诚信保证金先行赔偿"制度。家装服务过程中，如发生家装施工质量问题造成客户经济损失的，则由行业协会负责先行赔付，以增强客户装修的安全感。同时运用科技手段，采用 ERP 提高管理水平，依托线上管理、汇报、审批一键提交，做到流程一目了然、有迹可循。

协会开展"服务进社会、维权办实事"系列活动。陈丽带领有关人员到社区现场咨询，从装修合同如何订立、价格如何参照及优质建材如何选用等方面为消费者解答疑问，为消费者提供资料、解答问题、提供服务。

陈丽带领大家通过不懈的努力，换来了行业协会信誉的提升和企业效益的好转，收获了行业在全市测评中满意度的提高。协会的党建等工作不仅在全国同行中领先，不少做法还受到上级机关的肯定和推广。

（摘自《雷锋》杂志　2018 年第四期）

# 黄雷：玫瑰花开不了情

窦　芒

上海交大医学院，"教育部细胞分化与凋亡重点实验室"课题组长黄雷不到十平方米的办公室里，墙上挂满"肿瘤发生信号道路"图，书橱里满满的医学研究论著，桌上堆放着教学计划和学生的论文……

全国和上海市劳模、肿瘤遗传学专家、海归博导、人大代表，尽管有众多的荣誉和头衔，但一身素装的黄雷讲起成长、成才和成功的历程及感悟，仍是那么严谨从容、平和淡定，洋溢着浓浓的学者气质。

黄雷教授(右)与她的学生

## 报效祖国的"科研强人"

"当初放弃国外优越的条件回归？回国后又选择院校做清贫辛苦

的基础科研?"不少人见到黄雷,都会提出这些问题。"科学研究是医学工作者的灵魂,基础研究中的发现与突破对于临床应用意义重大……"正是坚守这样的信念和梦想,早年在中南大学湘雅医学院"临床"与"基础"专业定位时,她就毫不犹豫地选择了临床基础及肿瘤的基因治疗研究。为寻求肿瘤治疗的方法,2001 年博士毕业后,来到美国顶级的癌症研究中心——哈佛大学 Dana-Farber 癌症研究中心成人肿瘤系从事博士后研究,师从哈佛大学医学院肿瘤生物治疗主任 Donald Kufe 教授。经过几年的刻苦研学,她不仅掌握了肿瘤研究的基本方法和思路,还证明了 MUC1 的致癌功能,找到了 MUC1 致癌的活性功能区域——细胞胞内结构域(MUC1 - CD),获得了导师的认可。

"只有在异国他乡,才会更加感受到祖国的意义。"2007 年,完成博士后研究的黄雷婉拒导师的挽留,毅然放弃优越的条件和高薪的职位,选择回国,成为交大医学院从事基础研究的一名研究员。

这是一个让黄雷深感荣幸的团队和平台。交大医学院病理生理学教研组成立于 1956 年,是 211 工程重点建设学科,享有市"文明班组""劳模集体"等荣誉。在前辈敬业精神的感染下,黄雷努力工作,先后主持了包括 5 项国家自然科学基金、教育部"新世纪优秀人才支持计划"、上海市"浦江人才计划"在内的 11 项科研项目,累计在 PNAS、Cancer Research 等国际期刊发表 SCI 收录论文 30 余篇。多年的探索研究,黄雷不仅在乳腺癌、肺癌、食管癌和宫颈癌等多种肿瘤中揭示了 MUC1 诱导肿瘤发生和转移的作用及机理,阐明了 MUC1 用于肿瘤早期和靶向治疗的重要意义;而且发现了 MUC1 导致肿瘤放疗不敏感和获得性耐药的新作用和分子机理,创新性提出将临床仅用于肺癌治疗的 EGFR 靶向药物与化疗药物联合使用,广泛应用于 MUC1 阳性肿瘤治疗的新策略。该治疗策略可望为宫颈癌等多种肿瘤提供治疗靶点,为缓解 MUC1 阳性肿瘤的放疗不敏感和化疗耐药、延长患者寿命开辟新途径。研究成果先后获得"明治生命科学奖"、上海医学科技奖和上海自然科学奖。

## 教书育人的"导师妈妈"

2010 年，交大医学院设计推出试点"班导师"工作机制，倡议医、教、研、管各个领域的带头人组成导师团队与辅导员互补，形成"双师联动"引导方式。痴迷科研攻关 20 载的黄雷主动请缨，要求加入班导师队伍，成为 2010 级临床医学八年制班的班导师，开始了一次不小的角色转换。

99 人的"巨型"班级，使黄雷这位"新手"班导师有些手足无措。这么多人，怎么与他们打交道，尽快地拉近距离呢？黄雷开始学着使用人人网和微信，每天通过键盘敲击慢慢走进这批"90 后"的内心世界。期末，人人网上出现了长长短短对考试的抱怨，黄雷总是耐心回复，或是一句关切的"早点休息"，或是提出一些关于复习方法的"实用帖"。黄雷在微信平台创建了"玫瑰话苑"微信群，群里既有学术化的《如何利用 PubMed 有效完成文献检索》，也有生活化和时尚小清新的内容。

"学生的事比天大"，作为班导师的黄雷心中时时装着学生。平时和学生交流时，她鼓励学生说出在生活和学习中遇到的困难，以便帮助解决。她定期组织召开"心连心座谈会"，每位同学都可以围绕着公益、住宿、上课、文体活动等提出各种意见。会后，黄雷针对学生提出的问题，逐条"备课"，在分析研判后，对于可操作的事宜，她通常不会令孩子们失望。

亦为友、亦为师，黄雷上起课来却不留情面。大二上学期的遗传学课被安排在后半学期，而此时大家已进入忙碌的考试密集阶段，课堂注意力不那么集中了。发现这一情况后，黄雷在课上很严肃地说："考前突击不是应对考试的好方法，为了复习而放弃听课，更是得不偿失的行为。"说话声音不响，分量却很重，学生们开始反思自己的学习态度和方法。

八年制医学生是全院学制最长的一批大学生，堪称"学霸群"。黄雷不仅用自己的求学从医经历言传身教，还为他们量身定制"走进科研"系列讲座。在她的科研启发和创新激励下，班级所有学生都申请了

"以探究为基础（RBL）"学习项目，近半数还申请了"大学生创新性实验"项目。

黄雷经常用"方行圆智"这句源于中国古代医学家孙思邈的名言勉励学生：医者需有高尚的道德品质与圆融的处事方式，这是立身行事之本。为此，与开展教学、科研一样，她组织了"那些年我们一起学医"系列讲座，力邀各家医院专家与同学们分享自己的学医从医经历，或严谨努力，或风趣幽默，或轻松漫谈，或谆谆教诲。在名师大家的箴言里，同学们拓展了视野，心里对未来的路似乎越来越清晰。

就这样，黄雷将自己喻为拥有99朵玫瑰的园丁，悉心陪伴学生成长、成才。后来99朵玫瑰逐步进入后期临床医学院，开展医学道路上更深入的学习。分开之前，他们将心里话告诉了"导师妈妈"："在玫瑰园99个兄弟姐妹的心中，您就是我们最爱的母亲。"2014年母亲节，学生们还将感恩心语和班级回忆结集成《玫瑰花开》纪念册，作为礼物送给"导师妈妈"。

## 履职尽责的"民意代表"

"追求人生价值的人，比追求享乐的人，更容易获得对人体有益的基因表达模式。"黄雷对这一发表于《美国国家科学院院刊》上的基因研究结论特别感兴趣。

"关爱同事，关心学校发展和学科建设"，在交大医学院，无论是领导、教师，还是学生、员工都这样赞誉黄雷。黄雷鼓励提携青年教师申报各项科研项目、参加学术会议，在重点学科的建设和人才培养中发挥重要作用。从2008年开始被推选为医学院教职工代表后，更加关注医学院的发展和教工生活工作，先后向教代会提交9份提案，真实、理性地反映教工的诉求和建议，被评为"上海市优秀教职工代表"。

2001年以来，黄雷先后当选为黄浦区两届人大代表。她认真履行职责，深入社区调查研究，关注社情民意，倾听选民诉求，向区人大常委会提交了有关社区建设的10份书面意见，均被相关部门采纳落实。

黄雷所在的瑞金二路人大代表团，负责联系瑞金社区居民。邻近淮海中路的瑞兴社区有"闹市中的西伯利亚"之称，300多户籍人口中，中老年和残疾人达三分之一。房屋为上世纪二三十年代修建的旧式里弄，年代久，设施差。黄雷把自己当作小区的"编外居委干部"，一有空就往小区跑，通过深入调研，找居民谈心家访，弄清了小区物业管理、电水网改造、垃圾清理及无证无照摊点管理等11个方面问题的现状、症结及解决方案，写出详细的调研报告，提出具体可行的解决建议，上报人大有关部门。使黄雷庆幸的是，她的努力和付出没有白费，上级有关部门认真倾听人大代表意见，不少问题很快得到解决。

小区居民陈先生是兴安路141弄的租户，因历史原因一家三口均在该住宅内。因房屋年久失修无法居住，希望申请购买经济适用房。但通过咨询区房管局得知经适房从2014年开始房源就未落实，处于停办状态，陈先生一家处于无奈之中。

黄雷经实地调研走访，确认陈先生的情况属实。而且，通过了解发现由于历史原因导致至今无房的居民在瑞兴社区还有10余户。在市场房价居高不下的情况下他们都无力买房。鉴于这一群体实际困难的急迫性和导致现状的历史缘由，黄雷提出了《关于推进经济适用房和廉租房申办的建议》：一是希望相关部门推进经济适用房房源的落实，尽快恢复申办流程；二是建议对像陈先生这样由于历史原因而导致无房居住的居民优先安置经济适用房；三是由于房屋租金的提升，原有廉租房准入标准已不符合现状，建议提高廉租房准入收入标准，为更多无力购买经适房的市民解决住房困难。

黄雷建议有数据、有分析、有对策，区人大及房管局等有关部门十分重视，及时组织调研论证并协调各方，解决了经适房的房源，重新开办经适房的申请。经过一年零七个月的努力，陈先生领到经适房的钥匙后，第一个就来给黄雷报喜。

（摘自《上海支部生活》 2018年第5期）

# 王树源——浦东雷锋一家人

窦 芒

浦东东靖路 626 弄 15 号 402 室，记者第二次来到沪上知名的雷锋老人王树源的家。

王树源

"这是动迁后租住的房子，这里离东靖路地铁站近，方便带领老妈妈们到地铁站学雷锋做志愿者。"

俗话说"三句不离本行"。雷锋老人则"三句不离雷锋"。走进门口挂着"家庭雷锋纪念馆"的王老家里，首先看到的是"世博先进集体""感动上海十大人物""沪上雷锋人家"三块奖牌。"前面两块是当年和老伴陈慧娟一起组织'爱心妈妈'团队参与世博会时获得的，后面一块是《雷锋》杂志赠予的……"王树源向记者回忆着这些年学习雷锋，宣传正气，志愿服务的往事。

## 办雷锋纪念馆，他呕心沥血

"你追明星，我追恒星！雷锋精神是永恒的。"这是王树源的座右铭。退休前在上海市第七人民医院从事后勤工作的王树源，从年轻时就学着雷锋的样子做事做人，成为单位里有名的"活雷锋"，荣获上海市卫生系统文明职工称号。10 多年前退休后又因积极参与社区的公益活动成绩突出，被评为浦东新区五星级环保志愿者。汶川大地震后又踏着 6 级多的余震在都江堰抗震救灾做志愿者，继而获浦东新区十佳志愿者荣誉。

王树源在参与各种学雷锋活动的同时，产生了这样的思考：弘扬雷锋精神不仅需要做好事，搞活动，更需要一定的平台和阵地。何不动员各方力量，整合民间雷锋收藏资源，筹建一个雷锋纪念馆？于是，他开始了艰辛的奔波：走访雷锋生前的领导和战友，听他们介绍真实雷锋的故事，收集珍贵的史料；借助一些"红色"收藏家，动员他们将雷锋收藏品服务大众；寻找有情怀、有实力的企业家支持出力。为了选址，他从市区赶到崇明县前卫村，费尽周折找到时任村支部书记，商谈利用村里空置场地建雷锋纪念馆的设想。一趟，两趟，前后来回奔波十多趟，终于让村里班子同意并得到上级领导的支持。紧接着，王树源连续多天吃住在村里，进行场地改建、场馆设计、展品收集布置，确保雷锋馆按计划顺利筹建并开放。

更使王树源欣慰的是，三年后，为落实党的十八大关于推进学雷锋活动常态化的精神，上海市委宣传部决定在对纪念馆进行整体修缮，对展出内容进行调整完善后，命名为"上海雷锋纪念馆"，列入行政编制，成为全市 14 个爱国主义教育场馆之一。

崇明雷锋馆的筹建成功，更加增添了王树源建馆办展的信心。于是，他又马不停蹄，三次赶赴千里之外的大西北宁夏中卫市，协助学雷锋热心人筹办雷锋纪念馆。在异地他乡，他一住就是两个月，协助当地朋友做好建馆的每一个细节。他本来身体就虚弱，加上当地饮食、水土不习惯，几次病倒仍不肯返回。后来在返回上海途中吐血，差点发生意外。就是这样,王树源还是痴心不变,说"为了学雷锋,拼上老命也值得!"

江西九江市庐山区匡庐小学是个有 1000 多名学生的完小。学校邀请王树源去该校做学雷锋报告。王老欣然接受,可行前他却提议由校方提供场馆,自己提供资料创建一个雷锋主题馆。学校同意后,王树源当即在上海请广告公司设计版面,找雷锋收藏家提供资料和展品,组织社区老妈妈绣制雷锋像。那天,他在学校做学雷锋报告后便留了下来,为学校雷锋纪念馆揭牌。以后几年,他又指导学校编写了教材《学习雷锋好榜样》,帮助学校建起耸立着雷锋像的雷锋文化广场。此外,他还陪着雷锋老连长虞仁昌亲赴匡庐小学,为他们的学雷锋活动鼓劲加油。

今年 3 月刚建成开放的上海"雷锋在地铁展示馆",也有王树源努力的汗水。这几年,上海地铁第四运营有限公司所属的几条线路在王树源的宣传发动下,学雷锋活动十分活跃。但王树源还觉得缺少一个相对固定的场所,于是向公司领导建议,在人流量多、空间大的六号线东方体育中心站筹建雷锋馆。经过半年多的努力,"雷锋在地铁"展示馆终于建成。展示馆包括"霞光"学雷锋工作室、雷锋宣传讲室和展示厅三部分。每天都有志愿者现场为观众讲解,为乘客提供服务,成为大上海学雷锋的又一新坐标。

"一个草根市民,凭着对雷锋的热爱,竟做了本该由地方党政部门做的事情,这是一种什么精神?"抚顺雷锋精神研究所的一位专家得知这些,在微博上发文感叹。

在今年初民间组织学雷锋年会上,王树源又呼吁大家创办家庭雷锋馆。他说,如果家家都办雷锋展,人人都来学雷锋,那是个什么景象。两个月后,他的"家庭雷锋馆"率先挂牌成立:房子小,藏品不多,但王树源觉得件件是珍品:一幅雷锋生前为他摄影的张峻的题字,加盖着都江堰"5.12"的邮戳。一本泛黄的《雷锋日记》含十八大代表的题记。金、银版雷锋邮册和沈阳油画家夏雨林的大幅油画。王月珍等十多位爱心妈妈一针一线绣出的大小上百幅雷锋绣像。巡展的百米雷锋十字绣长卷,更是镇馆之宝。很快,"雷锋人家"的"家庭雷锋馆"成为被效仿的样板。

## 组织民间学雷锋团队，他全年无休

"一花独放不是春，百花齐放春满园。学雷锋活动也是一样，人多才有氛围，人多才更有热情"。王树源将自己的理念付诸行动，把带领和组织更多的团队学雷锋做志愿者作为最大的快乐。

"爱心妈妈"，是王树源所在的高行镇一支享有美誉的志愿服务团队。老妈妈们学雷锋做好事是快乐的，但"领头人"王树源的要求却是严格的。在管理上，他提出"自愿参加、安全自负、费用自理、行为自律"的四条原则，坚持"一不要打卡计时，二不求媒体报道，三不图表扬奖励，四费用支出 AA 制，不花公家一分钱"。"爱心妈妈"团队在他和老伴带领下，建功世博会，服务地铁站学雷锋常态化，"海陆空"全方位。海上，她们过长江过东海，服务崇明上海雷锋馆。地下，她们每个工作日早高峰在东靖路地铁雷锋站开展安全文明劝导。周末节假日服务申崇六线往来崇明三岛的父老乡亲。空中，她们结对浦东机场边检 12 队，在为中外旅客服务中展示上海爱心老人的风采。

"爱心妈妈"团队做大了，做强了，闻名上海滩。受到中共中央、国务院的表彰奖励，成为"感动上海十大人物"。陈慧娟代表团队进京，在人民大会堂领奖。可王树源没有停步。他认为学雷锋的团队越多，学雷锋的队伍越强，雷锋精神遍地开花了民族才有希望。于是他又不断结对南京东路、龙泉、牛庄等社区，动员地铁和公交公司、出租车企业，发动各类、各层次民众组织开展学雷锋活动。

陈云纪念馆位于上海西部青浦区，距王树源家近百里。前年 7 月，王树源的学雷锋团队身着自费印制的陈云馆背心，在南京路学伟人学雷锋，发放陈云馆宣传卡片。来现场看望志愿者的陈馆长见此很受感动，当即让他们加入陈云纪念馆宣传志愿者。于是，王树源等一行每月打着队旗在地铁、南京路、社区宣传伟人陈云和雷锋。一年多来先后十二次组团前往青浦陈云馆开展志愿服务活动，协助馆方举办上海解放69 周年、纪念改革开放 40 周年、雷锋诞辰 78 周年英模与当代雷锋座谈交流活动。

今年 3 月，在陈云纪念馆组织的表彰活动中，王树源的团队和老伴陈慧娟分别被表彰为学雷锋先进集体和优秀志愿者。

## 带领年轻人学雷锋，他最开心

"我为我的年轻朋友骄傲。以前我指导过他们，现在他们鼓舞激励着我!"王树源说到这些，欣喜和激动溢于言表。

"昨夜深访王老师，得知王老师病重，无法看东西，王树源老师一直用生命行走在学雷锋的路上，指导并教育着我，引领着我从一个人行走在学雷锋的路上到一群人行走在学雷锋的路上。几年的感情融入到了心里，学雷锋一老一少，雷锋包我们师生自从相识以来天天背，一起背了不知多少年，雷锋包也成了我们生活中的必需品。祝老师早日康复。"这是宁夏的蒋鑫发在朋友圈里的一段话。"从昨日的小蒋到今日的中卫市团市委副书记，是青年朋友的坚守与拼搏，让我的青光眼看到了雷锋再现!"

五年前，温州小伙子徐增还在上海的高校就读。一次偶然的相遇，王树源收下这位热心传承雷锋精神的年轻人"为徒"。他给徐增谈人生的理想和价值，谈自己数十年热衷"做好人"的风雨岁月，还带着徐增拜见雷锋当年的老连长，参加各种学雷锋会展活动。经过几年的言传身教，徐增现在不仅自己带头利用课余时间参与各种公益活动，还牵头成立了"大学生公益联盟"和"梦之缘助老爱心社团"，带领一批活力四射的年轻人奔波在申城街头。徐增不仅多次成为黄浦区的学雷锋志愿服务标兵，还荣膺"上海市志愿服务先进个人"。

在上海的交通大学、政法学院、海事大学、工商外语学院及长宁技校、二轻学校、会计学院、电力学院等十多所大专院校，经常见到王树源和学校团委一起策划建立学雷锋组织，和大学生朋友一起参加学雷锋志愿服务活动的身影。

在上海政法学院，他和"雷锋式的劳模"杨怀远同台主讲"雷锋活在青年们心中，青年活在雷锋事业里"，一千多人的会场座无虚席。在安徽师范大学,他先后三次不辞辛苦赶来和大学生们交流学习传播雷锋精神的体会,和学校团委筹建"雷锋驿站",并动员雷锋当年的老连长一起参加"雷锋驿站"建成启用仪式。

　　看到一所所学校参与到学雷锋的行列中,看到一个个年轻人在学雷锋路上展翅奋飞,王树源笑得更加灿烂。

# 孙龙根：犬业"司令"有爱心

窦　芒

　　金秋时节，雷锋杂志社上海工作部成立大会在上海警备区进行。被誉为"犬司令"的当年"全军学雷锋先进个人"、二等功臣，现上海中华犬业有限公司总经理孙龙根应邀出席。他几十年坚持学习雷锋，热心公益的行动，受到军地领导的高度赞扬。

**孙龙根：犬业"司令"有爱心**

　　孙龙根属狗，小时喜狗，1976 年入伍后又与狗结下不解之缘。在位于淮海古战场徐州的"403"国防仓库，新兵训练结束后，孙龙根找领导哭着闹着分到有七条军犬的"军犬班"。从战士到班长,他爱犬、训犬、用犬,不但出色完成仓库的弹药护卫任务,还屡屡协助地方破获多起刑事案件。"犬班长"孙龙根出了名,立了功,并被破格提干调到南京组建军区军犬队。一个周日,同样爱犬的时任南京军区司令员许世友上将慕名来到军犬队视察,并当着众官兵的面"宣布":"南京军区有两个司令,一个是我,一个是孙龙根。我是兵司令,孙龙根是犬司令。"从此"犬司令"孙龙根名扬军内外,先后荣获"全国新长征突击手""全军学雷锋先进个人"称号,荣立二等功 1 次,三等功 3 次。

"铁打的军营流水的兵。"10 多年前,从南京军区军犬训练基地主任岗位转业的孙龙根恋恋不舍地离开了军营和他的"军犬战友"。作为特殊人才,他被安排到上海市公安局缉毒犬队。虽然仅有两条犬,但队长孙龙根爱犬、训犬不减当年。从单独嗅出各种毒品的气味,到把众多毒品混在一起逐一区别、分辨,仅用 8 个月的训练,就带领缉毒犬在浦东机场执行缉毒任务,使企图出入境上海的"毒品贩子"闻风胆寒。几年后,不甘"平稳"的孙龙根又辞职创办了"龙根犬业有限公司",专业进行犬类繁殖、销售和驯养。公司实行严格的封闭式管理,并与军队和公安系统多个警犬基地合作,引进教学力量、训练专门人才,使各种犬类以优秀的品质和素质为军队、公安及社会提供搜索、防盗等安保服务。2008 年北京奥运会,公司派出 10 多条搜爆犬赴北京、青岛、广州执行安保任务。2010 年上海世博会,公司凭着专业的技术含量和热忱的服务,成为与世博局签订犬防安保服务合同的民营企业,成立女子搜爆、车辆安检、闭馆清场等队伍,派出 300 多条搜爆、防暴、护卫犬参与安保。2013 年以来,公司又与南昌、广州、福州等地公安部门签订重大活动安保协议。仅 2017 年,公司检疫犬就在浦东机场检出 700 多票,虹桥机场检出 2000 多票严禁入关的水果、肉类等。在陆家嘴金融区环球金融中心、东方明珠、国际会议中心等地标建筑安检中,检出各类鞭炮40 多万响及油漆、打火机等危险品。

"不忘当年学雷锋的初心,铭记一名老兵的责任。"虽然到了地方,当了老板,孙龙根仍时时处处践行雷锋精神,担当社会责任。他常年坚持与贫困地区学生结对,使 10 多名儿童圆了上学梦。前年,江苏盐城发生龙卷风灾害，他第一时间捐款 10 万元。他热心助残，近年来投入大量人力财力开展导盲犬的繁殖、培训和应用，培训出的导盲犬全部免费交付视障人士使用，已培养出的 30 只导盲犬成为"视障人士另一双眼睛"。今年年初，雷锋当年的老连长虞仁昌因病住院，孙龙根第一时间前去看望慰问，聆听老人讲述当年雷锋的故事，交流自己多年用雷锋精神立志做人的体会。今年"七一"前夕，孙龙根专程来到西柏坡，参加"新时代雷锋从这里再出征"系列活动，并积极响应"郭明义爱心团队"的倡议，捐款结对帮扶当地 5 户贫困对象。

"当年军营活雷锋，今日创业再出发。"面对新的荣誉和赞扬，孙龙根说："我只是牢记一名老兵的职责，牢记雷锋精神的哺育，没有放弃自己热爱的'犬事业'。"

孙龙根参加扶贫帮困活动

# 黄吉人：智力助残"心希望"

窦　芒

## 爱心涌动，真情洋溢

6月2日下午，位于淮海中路的上海图书馆四楼报告厅，上海"心希望助学公益服务中心"20周年庆典隆重举行。坐在轮椅上的黄浦区市南中学退休教师、心希望助学公益服务中心理事长黄吉人面对前来祝贺的各级领导和多年来帮助成才的学生们，激动万分，热泪盈眶。

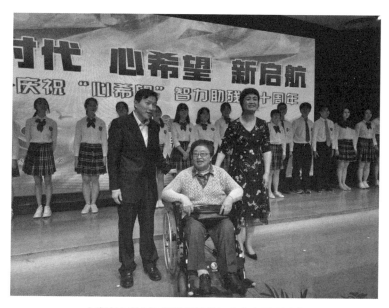

上海市文明办和残联领导参加黄吉人团队活动

## 用智力助残感恩社会

"坐在轮椅上的 75 岁最美志愿者""一生致力于研究和实践'教育脱贫''立德树人'的优秀退休教师"……黄吉人从 1999 年 6 月至今,整整 20 年全身心投入组织智力助残志愿者工作。她担任理事长的"上海心希望助学公益服务中心"累计受助者 6800 多人,志愿者已近二万人。"智力助残"项目两度被评为上海市"志愿服务品牌项目""全国最佳志愿服务项目"。2014 年 5 月,作为"全国助残先进个人",在人民大会堂受到习近平总书记的亲切接见。

现场播放的团队介绍影视片,把人们带到了 20 年前的上海。改革开放使就业、学业竞争异常激烈。大多数没有高学历和专长,竞争处于弱势的残疾人只能把改变家庭贫困的希望寄托在子女身上。然而收费昂贵的"家教"和"补习班"又让残疾人家庭难以承担。面对残疾朋友"谁来帮帮我们的孩子?"的呼声,从市南中学退休的高级教师黄吉人与几位残疾朋友立志为党和政府分忧,为残疾人家庭解难。正巧时值中国学雷锋志愿服务行动兴起之始,上海外国语大学等一群大学生也在寻求服务社会的载体。

爱心碰撞,情缘结合。"黄吉人智力助残公益项目"就这样诞生在黄浦江畔。

自幼致残,是党和政府的关怀让她成为一名代课老师,直到光荣退休。正是这种对残疾群体的特殊情怀,对党和政府的感恩之心,使黄吉人有了自己热心的"心希望"事业。

## 用真心托起希望

20 年春风化雨,20 年真情流露。

在市南中学无偿提供的教学场地,"心希望"办起 12 个全免费的辅导班,每周双休日上课,学科辅导全是中学教师,同时组织资深教师为孩子们进行初三升学辅导。另有 140 多个困难家庭由大、中学生志愿者每周两小时免费上门义教。每一位受助者可以上一到二个辅导班及志愿者的义教，享受双重甚至三重服务。这种教师小班化教学加青年志愿者个别辅导的方法，加强了免费教育力度，为困难家庭孩子雪中送炭，一开始便深受残疾家庭的欢迎。

具有丰富教学经验的黄吉人十分重视助人与育人的良性融合。通过组织参观"陈云纪念馆"等红色教育场所，培育孩子们的红色基因，进行爱国爱党教育；组织"庆祝改革开放 40 周年我与智力助残同行"征文、演讲比赛等，让同学们领悟社会主义核心价值观。同时运用孩子们喜闻乐见的形式陶冶情操。借助社会力量组织学生参观上海自然博物馆，参加"巴斯夫小小化学家"活动，参加免费的舞蹈、围棋、书法、素描、漫画培训等。

黄吉人深知家庭教育的重要，带领团队组织家庭教育讲座，注册公众号，每个班级都建立家长微信群，在群里不断地推出家庭教育的好文。同时尽力动员社会力量帮助残疾困难家庭。巴斯夫（中国）有限公司在这里颁发的奖学金已经连续 13 年；爱心人士金爱薇和许多朋友把这里作为平台为困难家庭帮困济贫。

## 用坚守收获快乐

"黄老师是一名全天候的志愿者。"人们这样赞誉黄吉人。年过七旬，又是双下肢残疾。前年由于膝关节骨折，行动更加不便，只能完全以轮椅代步。黄吉人以顽强的毅力，克服困难，坐着轮椅走访助残单位和助学家庭；她的手机和家里电话号码向社会公开，联系着几百个困难家庭和许许多多的志愿者。近年来，她两次住院动手术，出院不到一周又投入工作。如此辛劳和付出，黄吉人不拿任何报酬，生活清贫，至今仍居住在出租房里。

"轮椅上的最美志愿者。"黄吉人从 40 年前的"全国新长征突击手""全国少先队优秀辅导员""全国优秀班主任""全国自强模范"，到退休后的"上海市杰出志愿者""全国助残先进个人""上海慈善之星"和首批"全国最美志愿者"，荣登"中国好人榜"，到今年初被评为"中国残疾人事业助残新闻人物",先后50多次受到上级表彰奖励。

"这是爱的奉献,这是人间的真情……"在市南中学教师志愿者深情的歌声中,在青年志愿者朗诵《二十年,我们做了一件事》之后,黄吉人的轮椅被推到台上。面对全场领导、志愿者们的掌声,面对关心支持自己走过二十年风雨路程的志愿服务团队,黄吉人激动地一连说了八声"感谢"。她说:"每当我听到一些残疾朋友来向我报喜孩子考上理想的学校时;当我看到考入大学的残疾人子女朝气蓬勃地加入到志愿者队伍中来的时候;当我看到残疾人家庭因子女成才成功生活大大改善时……我就会领悟到我的生命的价值,我要用余生做好这件事。"

庆典现场,黄吉人团队分别给"心希望"杰出组织者和志愿者、优秀志愿者团队、优秀共建单位及资助单位颁奖。尤其感人的是一批经黄吉人团队帮助考上大学,成为企业家、教师、科研人才的学生来到了庆典现场,饱含深情地讲着黄老师及团队志愿者热心助学的点点滴滴……

受助残疾孩子陆宇晨小朋友在父亲陪伴下走上舞台,向黄吉人团队赠送写有"知识传达创未来,帮困助残献爱心"的锦旗。

此时此刻,坐在轮椅上的黄吉人由衷地感到幸福和快乐。

(2019年6月3日 《雷锋》杂志微平台)

# 韩颂东：沪上再续"雷锋情"

窦　芒

这是她移居大上海后获得的又一项殊荣：2019年5月5日，在"上海的士雷锋车队"组建五周年庆典上，雷锋生前辅导过的孩子韩颂东作为车队聘请的指导员成绩突出，被表彰为"杰出志愿服务贡献奖"。

韩颂东(左)参加学雷锋活动

## 雷锋赠送的《为人民服务》，使她一生忠诚信党

"雷锋赠送的一本《为人民服务》单行本，让我一生学雷锋，做党的

忠诚信仰者。"这是韩颂东在各种场合宣讲雷锋精神时常说的一段话。

那是 1960 年底的一天,雷锋担任韩颂东等小学生辅导员不久,雷锋外出回来,笑呵呵地来到学校,被孩子们一下围住了。雷锋从挎包里拿出五本毛主席著作单行本送到大家手中,韩颂东得到一本《为人民服务》。浅黄色书皮,红字,她高兴极了,举手向雷锋行致敬礼。雷锋说:毛主席的书太好了,大家一定要抽空好好学习,对你们一定有帮助。要成为共产主义接班人,就要好好学习毛泽东思想……

12 岁的韩颂东听了雷锋的一席话,幼小的心灵注入了为人民服务的种子。雷锋成了她追求崇高理想的启蒙老师。从此,她用雷锋的教诲严格要求自己,无论是学习还是为班级同学服务,处处走在前、做在前,成为"三好学生"、优秀少先队员后,又一步步成为"优秀知识青年""优秀教师""优秀共产党员"。在 36 年老师生涯中,韩颂东坚持利用假日进学生宿舍,访学生家庭,全方位关爱培养学生,是深受学生喜爱的"雷锋老师""妈妈老师""学雷锋巾帼标兵"。

雷锋生前与韩颂东等小朋友在一起

## 移居上海,她第一时间去社区学雷锋工作站报到

2011年初春时节,韩颂东依依不舍地离开富饶的东北,移居到大都市上海的子女家。地域环境有变化,生活习惯有差异,但她坚持这样的信念:我是雷锋辅导过的学生,无论到哪里,宣传雷锋精神不能停,像雷锋那样帮助别人不能变!

让韩颂东欣慰的是,党的诞生地上海也是一片学雷锋的热土。她所在的浦东洋泾街道的学雷志愿服务活动红红火火。韩颂东兴奋不已,一安顿好就来到社区志愿服务活动中心报到,参加社区活动。

3月5日,毛主席"向雷锋同志学习"题词纪念日那天,她喜气洋洋早早到了社区,帮助做学雷锋活动的准备。那时她刚六十出头,在居民中略显年轻,大家都投来羡慕的友好目光。学雷锋座谈会上,她发言没讲是雷锋的学生,只讲她来自雷锋的第二故乡抚顺,抚顺人已把学雷锋定格在生活习惯之中,成为一种信仰,一种自觉。像雷锋那样做好人,做好事,是她一生的追求和夙愿。她还讲了自己几十年坚持学雷锋的四点体会:一是在思想上认可雷锋,这是最根本的。二是志同才能道合,与雷锋有共同理想和道德追求,这是基础。三是要无我忘我,不能带个人目的图名争利。四是学雷锋不能停留在表面上,要学实质,要天天学不间断……东北人豪爽直率的一席话让在场的领导和志愿者大开眼界,纷纷报以掌声。不过后来人们从抚顺联想到雷锋,从她的言行联想到雷锋精神,还是解开了"雷锋辅导过的学生"之谜。从此,韩颂东也正式加入了上海群众性学雷锋的热潮之中。

## 与上海的学雷锋人、学雷锋团队结缘

在上海的每一天,韩颂东几乎都是围绕着学雷锋忙碌着。在社区党建活动中心,她给党员们讲党课,谈人生理想。在浦东南路小学,她给孩子们讲雷锋事迹与故事,每年"六.一"送去红色书籍,定期给孩子发去励志语录,鼓励孩子们健康成长与进步,被称为"抚顺来的雷锋奶

奶""最敬爱的辅导员"。

她加入上海大学生学雷锋联盟,组织"优秀志愿者进社区、进大学"活动。在上海电子技术学院,她以《当代大学生为什么要学雷锋》为题,讲奉献精神与人生意义,勉励大学生勇于担当使命,创造有价值的人生。在浦东高行镇"爱心妈妈团队",她用雷锋的事迹和自己的亲身经历理解爱与奉献,鼓励老妈妈们在学雷锋路上坚守初心。

南京路步行街军民学雷锋为民服务,是上海滩一道亮丽的风景,已坚持 37 年花开不败。韩颂东很快融入了这片播撒爱心的海洋。每月 20 日一大早,她都会克服交通、天气等困难赶来。不仅以普通志愿者身份为市民和游客服务,还充分发挥优势参与各志愿服务团队的活动。

近年来,韩颂东先后应邀担任上海的士雷锋车队、临沂六村小红星学雷锋团队、虹口个体协会殷仁俊团队、范本良红娘团队等十多个志愿服务组织的顾问和指导。前年 7 月,她被上海的士雷锋车队聘为荣誉指导员,上海志愿者协会领导亲自到现场颁发聘书。的士车队的师傅们思想比较活跃,常常提出一些敏感的话题向她咨询。韩颂东变压力为动力,更加注重对时事政治的学习和研究,用正确的理念和思想去引导启发他们,受到师傅们的欢迎。

不久前,上海"雷锋收藏沙龙"又聘请韩颂东担任名誉主任,她觉得这些不是荣誉而是重任。颁发聘书仪式上,韩颂东这样表示:"因为我有一个特殊的名字,'雷锋辅导过的学生'。我要终身用学雷锋的行动和做人的境界去诠释雷锋精神,续写雷锋没有写完的日记,做好雷锋没有做完的事……"

# 殷仁俊:"爱心剪"里有快乐

窦 芒 林 风

上海警备区领导看望在南京路学雷锋的殷仁俊

"我从小就立志做雷锋精神传人,为社会多做好事。从 20 世纪 80 年代到上海创业后用手中的刀剪,义务为社区老人和特殊群体服务,从中不仅实现了人生价值,也收获了快乐和幸福。"今年大年初五,记者来到位于上海虹口区赤峰路 600 号的"俊发美发厅",采访了"全国最美志愿者"殷仁俊。

仅能放置两张理发座椅的工作室虽小,却充满了爱的暖流:习近平总书记两次接见的图片和"雷锋在我心中"书法条幅引人注目,各种志愿服务标识、工具及日程安排摆放有序,各类荣誉证书和锦旗琳琅满目。这些,不但是一名个体劳动者爱心的积淀,更见证了主人 30 年为老年和有特殊需要群体义务理发的坚守。因此,殷仁俊先后成为上海市第一位荣获全国劳模、虹口区第一位加入中国共产党并荣获上海市优秀党员称号的个体经营者……

30 年,从这个小小美发室走出,他义务为驻地群众服务。他带出的 70 多位徒弟,有 40 多位追随他的"爱心剪",成为上海滩一道亮丽的风景线。

## 一次感动,衍化成 30 年的真情付出

1989 年,20 岁出头的殷仁俊,只身一人来到上海,在虹口曲阳社区租下一间小小的店铺,开启了他从事理发个体经营者的生涯。淳朴的农村小伙子,牢记老党员父亲的叮嘱:"到外面学手艺,要先学做人,以自己的优良品行立足社会。"那时,曲阳地区的理发店还很少,他的生意不错,却主动为小区里老弱病残者和军烈属提供免费上门理发服务,赢得居民交口称赞。

善良的殷仁俊,不仅对"外人"好,对徒弟也是关心备至。简陋的理发店外面下大雨,里面下小雨,他和徒弟晚上住店里,他让徒弟躺竹榻上,自己就在地上铺张席子入眠。环境艰苦,挡不住师徒创业的快乐心境。

后来发生的一件事,激发殷仁俊走出小店、走向社会,开启爱心剪的漫漫长路。

一天,江女士慕名前来,询问殷仁俊能否为其久病卧床的公公上门理发。她已经跑了很多家理发店,都遭到拒绝。他二话没说,背上工具袋就跟她出门了。就在他理发到一半时,老人突然将大便拉在身上,弄得满屋臭味,只见江女士毫无怨言地为老人洗净擦干。眼前这位上海媳妇如此善待老人,他很是感动,坚决不收对方支付的高价工钱,还承诺以后每月上门免费理发。

殷仁俊联想到,敬老院的老人理发也是很不方便的,由此他开始到敬老院、福利院、军干所等老人集聚的地方上门服务;参加市、区级大型

为民服务公益活动；还上门为那些行动不便、全年卧床不起、患有精神障碍、大小便失禁的老人服务。他使出十八般武艺，或趴在床头，或单膝下跪，或马步半蹲……老人们都称呼他"小殷师傅"，老人们感动地说，与其说小殷师傅在理发，不如说是在尽孝心啊！

是啊，殷仁俊是老人们心中的孝顺儿子，每月他到这些院、所服务的时日，老人们都会像过节般快乐，期待着小殷师傅和他的团队到来。有的老人算了笔账：殷仁俊他们大多是开理发店的，如果换算成营业所得的话，肯定是一笔不小的收入，上门义务理发，这是无价的真情啊！

小殷师傅这位孝顺儿子，还在生活上关爱行动不便的老人。华老伯是残疾人，妻子潘阿婆患尿毒症，瘦得只剩一副骨架，头发很长没法子剪。殷仁俊得知后，主动上门服务十多年，还自掏腰包为他俩买菜，过年过节送营养品。"一枝一叶总关情"，一把小小的爱心剪，温暖了二老孤寂的心。潘阿婆临终时对丈夫说："老头子，你以后有困难，就找小殷师傅，他就是代表党、代表政府的。"

虹口区第二福利院的老人们，集体创作诗歌《模范党员殷仁俊》："小小一把剃头刀／美发大师少不了／义务理发三十载／不计得失境界高／尊老爱心比天高／敬老院理发他全包／欲问他的名和姓／模范党员殷仁俊。"朴实无华的诗作，表达的是金钱难买的心声。

## 一把"爱心剪"，引领出一支"爱心团队"

每月 20 日，是殷仁俊和他的爱心剪团队，到南京东路步行街参与大型为民服务的日子。近 20 年，爱心剪团队每月 20 日风雨无阻地来到这里设摊义务理发，每次来理发的老人乐此不疲地排成长队，他们自称是爱心剪团队的铁杆粉丝，特地赶来享受一次被温馨服务的快乐。

3 月 20 日清晨，笔者特地赶到南京东路步行街，一睹爱心剪团队和老人们亲密接触的壮观场面。这天，春寒料峭的天气阴沉沉的，7 点钟未到，步行街上行人稀少，然而，在上海第一医药商店门前，却是热火朝天。爱心剪团队 20 多人的理发摊点一长溜地摆开，早已人头攒动座无虚席。等候理发的人，排成蜿蜒的长蛇阵，从第一医药商店门前一直排到上海时装商店旁的马路上再拐弯过去。

家住浦东国际机场附近的孔国杰，80多岁，腿脚不便，每次坐着轮椅车由老伴推来。他说坐地铁2号线很方便，到步行街理发有四五年了。有人说，你坐地铁的车费也足够你在当地理发啦。孔老伯笑说，自己并非为省钱，是喜欢爱心剪团队才来的。

62岁的叶孝达是位盲人。以前住这里附近，每月陪老母亲来理发。住家动迁到彭浦新村后，老母亲念念不忘爱心剪，十多年来，他每月陪伴老母亲来。老母亲去世后，他就一人从彭浦新村赶来。每次，殷仁俊总是搀扶他优先理发。这次，他对殷仁俊说，以后可能再也不能来了，因为眼睛感光越来越弱了。殷仁俊当即请他留下电话，承诺上门为他理发。叶孝达绽出笑意。

春节前夕，爱心剪团队来到民建大铭敬老院。院长忻小妹说，她到敬老院十多年了，没给过他们任何报酬。有时到了饭点，他们也不肯在敬老院就餐，自掏腰包到外面简单地吃点，下午又赶往别处服务。忻院长还介绍，她刚来敬老院时，入院的老人以七八十岁居多，多数人生活能自理；如今入院的，多为九十多岁生活不能自理的老人。要去理发店是很困难的，所以需要上门理发的老人也多了。

"人间重晚晴"，殷仁俊想为上海老人们尽绵薄之力。

南京路每月20日军民学雷锋便民服务，是上海坚持了几十年的品牌项目。无论风雪冰霜，盛夏酷暑，殷仁俊和他的团队没有缺席过一次。

服务日当天，殷仁俊为全国著名老劳模杨怀远理发，成为现场一大亮点。原来，杨怀远觉得小殷上门理发太辛苦，就自己到步行街来了，他与小殷很谈得来，是忘年交。大家围住他俩抢镜头，有人说，抢拍劳模是好事，说明这是崇尚劳模的时代。

爱心剪行动，感动了很多人，志愿者纷纷表示要加入爱心剪；他们又以榜样的力量感染更多的人，组成爱心剪的二级乃至三级团队。

袁军，开美发店近20年，参与爱心剪团队后，又带出一批志愿者，几乎走遍店铺所在区域的居民区，为老人义务理发十多年。他在旗舰店任总监时，出手价格不菲。在自家的店里，每次义务理发，店铺就得关门，但他心甘情愿。

开设铝合金加工店铺的陈琳，本不会理发，是被殷仁俊的事迹所感动，拜他为师。学成手艺后，他十多年来参与义务理发，还组建了自己的爱心剪团队。

下岗女工张福香，为生计开了家小理发店，经过数年打拼，如今是拥有30位多位员工的美发美容店。她不但每月到步行街为民服务，还带领年轻店员来参与，培养他们的社会责任感和奉献意识。丈夫很是支持，因为路远，特地开车送他们来。王先生是上海音乐学院的退休乐师，还是位提琴收藏爱好者，家庭条件很好。每月他与夫人也来步行街理发"轧闹猛"，夫妇俩认定张福香理发，说她理发好待人很热情，他们喜欢这里的温馨氛围。

来自虹口区东体育会路第一居民区的志愿者——76岁的尚明宏与69岁的包恩藏，都是共产党员，他俩不辞辛苦地义务理发，"年轻"老人服务高龄老人，令人敬佩。尚明宏退休前，是单位的义务理发员，坚持了40多年。他说，想到有生之年，能为比自己更年长的老人们多奉献一点，虽然辛苦却也感觉很快乐。包恩藏以前到农村插队时学会了理发，后来在船上工作，热心为船员们理发。退休后参与志愿者活动，经常忙得顾不上家。老伴有意见，他在家时就主动多做家务，老伴怨气消除，转而支持他。

## 一位贤内助，支撑着"爱心剪"永不停息

伴随爱心剪的似水年华，当年的小殷师傅已年届半百，他的家庭生活是如何走过的？其实，殷仁俊能坚持长年累月无偿为老人理发，"军功章"上有妻子王萍的一半。

与殷仁俊结婚前，王萍是一家单位的会计。为支持丈夫在上海创业，王萍辞职后，在"丈夫师傅"的指导下，舞弄起剪子、推子、剃头刀，练就了理发的好手艺。殷仁俊自豪地说，王萍心灵手巧，顾客都很认可她。王萍则是这样评论丈夫的：他这个人在外面脾气挺好的，在家有时却要发"耿脾气"的。其实，我也挺委屈的，一家子的吃用开销，女儿

的读书费用,基本都是靠我一人做出来的,但想到他在外面挺辛苦的,就让着他了。

2016年,王萍遭遇车祸,造成腰椎骨折,躺在床上足有三月。殷仁俊更忙了,每天早晨五点起床做早饭,送女儿上学,然后赶去义务理发,经常一干就是一整天,到了晚上才在自家店里对外营业。本来,家庭日常开销就不宽裕,又面临女儿高考,也是笔不小的费用。如今,更是捉襟见肘,只能更节省,买更便宜的菜,劳模也得为稻米谋啊。夫妇俩以快乐开朗坚韧的性格,挺过了艰难期。

30年来,殷仁俊义务理发出力又出钱,用坏很多剪子、推子;步行街理发用的凳子、围布、电源拖线板插头等,也是自费购置的;自行车骑坏了好几辆,为节省时间,花六千多元,买了一辆二手助动车,上门服务对象更多更远了,理想境界更高更广了。

《小小理发师,感动大上海》,当年《人民日报》的一篇报道的标题如今已传遍申城。殷仁俊获得了诸多荣誉,并担任上海市个体劳动者协会副会长。新的一年,殷仁俊有个心愿,期盼搭建一座爱心剪为民服务平台,在这个平台上,设置服务热线;每天有志愿者守候,每天有志愿服务内容;爱心剪团队遍及全市各处,为更多需要服务的市民提供帮助。

# 徐增：公益路上新生代

陈诗松

一次偶然的机会，让 95 后的大学生徐增和年近九十高龄的雷锋生前所在连老连长虞仁昌相识，让他全然刷新了对儿时课本中雷锋的认识，并成为了雷锋的"粉丝"。成立公益机构、四处奔走推动高校巡回演讲、服务劳模帮扶"当代雷锋"……徐增和他的公益伙伴们不断倡导着雷锋精神在现代社会的传承价值。

**徐增等大学生志愿服务者参观陈云纪念馆**

## 95 后新生代和 20 后老连长"擦出火花"

"认识虞仁昌连长,可以说是一个很美丽的意外,没想到就让我彻底改变了未来的人生。"四年前,在南京路步行街上每月固定举行的学雷锋活动上,95 后徐增遇到了 20 后虞仁昌。

"当时路过南京路,发觉很多人都在围观,原来是虞老在给大家讲雷锋的故事。"出生于 19 世纪 20 年代的虞仁昌是雷锋生前所在连的连长,虽然已经年近 90 岁高龄,但仍然坚持向社会倡导雷锋精神。"以前只在课本上读到过雷锋,没想到还能见到培养他的连长,感觉是件很稀奇的事情。"

"我想请虞连长签个字。"徐增有一个特殊的爱好,就是收集名家签名,遇到了虞连长岂能错过,于是"斗胆"向当天活动上的虞仁昌工作室提出了自己的请求,还留下了自己的电话。没想到,虞老真的给他回电话了。

"虞老一直在居民区给大家讲雷锋的故事,他让我也过去听听。"对徐增来说,雷锋一直是一个很高大上的形象,有时候也甚至怀疑,有些故事是不是虚构出来的,但听过了虞仁昌的演讲,徐增彻底改变了自己对雷锋的认识。"我听过之后才知道,雷锋之前是工人,也喜欢穿夹克衫、戴手表,但是进部队之后,就非常朴实。虞老讲雷锋会讲到哭,就像把雷锋当作自己的儿子一样,我也很感动。"

那次讲座后,虞老在徐增的签名本上题了词:"力争弘扬雷锋精神种子。"这颗种子也在徐增的心里深深地埋下了,并不断生根发芽。2013 年,热衷公益的他也成立了自己的志愿者组织,取名"缘梦之家",而虞仁昌也成了"缘梦之家"的名誉理事长。"邀请虞老加入,是希望他倡导的雷锋精神能够成为我们机构的灵魂。"

## 四处奔走牵线,只为还原真实雷锋

"缘梦之家"成立后,机构到处牵线搭桥联络平台,请虞老走到更多的市民中,把真实的雷锋讲述给大家听,更鼓励每个人坚守这种可贵的精神。"针对小学生,虞仁昌会讲些雷锋小时候的故事,对于大学生,他会更多地讲些期望,而走进街道党工委,虞老则会鼓励大家如何将雷锋精神和党员标准相结合。"

令"缘梦之家"的志愿者们最感动的一点,是虞仁昌在做讲座前和他们的"约法三章":第一,在外面做报告或是演讲,邀请单位不要派车接送;第二,从不拿一分钱的讲课费;第三,就算邀请单位在活动结束后邀请吃个简餐,也不行。"虞老一直说,来讲课就很开心,弘扬雷锋精神是他应该做的,他这样的精神一直让我和其他志愿者很有感触,更觉得有必要将这种精神在年轻人中间倡导、传承。"

徐增也在坚持不懈的努力下,为虞老圆了一个多年的梦想:进高校演讲。"我和老连长闲聊之余才知道,之前他都是进机关、社区做分享,但从来没有进过高校,一直很遗憾。其实,很多高校都知道虞老很有名,但和他不熟悉,也不敢邀请。可能也有一部分原因是,现在很多做学生工作的高校领导也很年轻,对雷锋也不熟悉,甚至个别还会觉得有些过时,要在学生中开展有热烈回应的主题活动会比较困难。"

但徐增并没有放弃这个念头,一次又一次地向高校推荐,希望能够促成活动的开展,"很多高校学生和我一样,只在书本上知道雷锋,我很希望为现在的青年人还原一个真实的有血有肉的雷锋,传承他身上的宝贵品质"。

## 进高校巡回演讲人气爆棚

功夫不负有心人,去年,由上海雷锋纪念馆和缘梦之家志愿者服务社共同主办的 2015 年雷锋战友进校园活动终于拉开了帷幕。首场活动在上海政法学院举行,在"缘梦之家"的积极促成下,雷锋精神讲师团成立了,虞仁昌老连长担任名誉团长,全国道德模范、当代雷锋孙茂芳担任团长,其他成员包括雷锋第一任班长张兴吉、雷锋班第四任班长曲建文、上海雷锋纪念馆发起人王树源等。

"其实,本来我们以为听的人不会特别多,但没想到的是,居然全场爆满。"徐增告诉青年报记者,原先"缘梦之家"的工作人员预想的听众数量在 50 人左右,最多 100 人,没想到最后吸引了将近 500 名学生,位子不够坐了,大家就站在走廊里。"虞老的演讲很有特色,不像老古董般的那种大会发言,说些老套路,他都是用讲故事的形式,非常引人入胜。"一个半小时的分享时间里,没有人提前退场。

在首场报告结束以后,讲师团在两个月的时间里,陆续走进了复旦大学、上海中医药大学、上海大学、海事大学、电力学院、上海工商外国语职业学院等高校的校园,开展志愿者座谈会,把学雷锋精神和志愿者服务相结合,让雷锋精神在大学生志愿者中传播。"我们很欣慰,现在 95 后的青年人对雷锋依旧充满着好奇,也渴望更深入地去接近、了解和传承。"

## 服务劳模,走近"当代雷锋"

"现在很多学雷锋活动都像是 3 月 5 日雷锋来了,3 月 6 日雷锋走了,请问虞连长,当今社会怎样才能开展好志愿服务?如何在青年人中让学雷锋常态化?"在雷锋战友进校园的巡回演讲中,有学生犀利地向虞仁昌提出了这样一个问题。对此,虞仁昌的回答是,日常志愿服务不一定要追求高大上,但必须务实、要接地气。"比如在我们身边,其实有很多劳模,他们的事迹越来越鲜为人知,而他们中有些人的生活条件却不理想,甚至很艰苦。你们不妨去听听劳模的故事,学习学习他们的精神,看看有什么地方可以帮助他们,劳模们也会很高兴的。"

虞仁昌的这个建议,被在场的徐增也听了进去。"这个建议很好,说不定'缘梦之家'可以试试!"但是,到哪里去找劳模呢?这时,徐增和"缘梦之家"的志愿者们又发挥起了坚持不懈的优势特性,写好了项目策划书,到处自报家门,自我推荐,在吃了不少闭门羹后,老西门街道总工会的大门向他们打开了。

"缘梦之家"的劳模走访项目就此开始。"果真如虞老所言,很多劳模的现状并不是太好,却没有人关注。"徐增犹记得走访的一户劳模家庭,至今还住在小弄堂的老房子里,房间只有 20 平方米不到,煤卫设施都是公用的。"这位劳模在以前是支援帮扶西部的，户口也被迁到了辽宁，后来因为历史问题户口迁不回来，如今在上海退休之后只能享受辽宁那边的待遇，很多生活方面都不方便，有补贴，但也很低。"

在这位劳模的家中，"缘梦之家"的志愿者们围坐一起，听他讲过去的故事，劳模的妻子说，很久没有看到丈夫这么高兴了。"现在，我们和这位劳模建立了长期联系，每个月还会买些大米、粮油、鸡蛋去看看，也算是一种帮扶吧，感谢他为社会的无私付出。如今，我们已经走访了20户劳模家庭，还和两位条件困难的劳模建立了帮扶联系。"

## 更多 90 后 95 后加入其中

在"缘梦之家"中，越来越多的志愿者像徐增一样成为雷锋的"粉丝"。其中大多数都是 90 后，甚至 95 后。"以前大家对雷锋的故事都不是特别深入地了解，现在都有了更加丰富的认识。现在大家在一起，有时还会讨论讨论雷锋精神和当代志愿服务的关系。一起集思广益，探讨如何把志愿服务项目做得更接地气，更加优化。"

在这些志愿者中，还有不少人通过志愿服务的过程改变了自己的职业选择。90 后张甜甜就是其中的一位，在学校念书时，就坚持进行志愿服务，毕业后，加入了公益机构，成为一名专业从业者。

九十高龄的虞仁昌出行越来越不便，徐增每月都会去虞老的家里探望他，向他汇报汇报公益机构的进展，"今年过年的时候，虞老还特地给了我压岁钱，我当时死活不肯收，但是老连长说这是他们两口子的意思，感觉我多了一位爷爷和一位奶奶，心里非常温暖。我也希望老连长的精神可以吸引更多青年人加入我们的行列，虽然机构的负责人以后会变，但我们志愿服务的灵魂精神不会变的，要一代代传承下去。"

（摘自《青年报》 2016 年 3 月 1 日）

# 后记：在发现雷锋文化的日子里

《情怀——雷锋文化在上海》一书虽然已经完稿，但我的思绪却难以平静。

3年多前，中国第一份以人名命名的正能量刊物《雷锋》问世。总编辑陶克将军原在《解放军报》工作，和我已相识30多年。一次在虹桥云峰宾馆相见时，陶总编介绍了杂志艰难的创办过程和未来愿景，希望我为新生的《雷锋》做些事。我为陶总多年宣传雷锋、研究雷锋的精神感动，为《雷锋》杂志的成功创刊激动，为将军朋友的信任心动，表示不要担任职务和报酬，仅以"新闻老兵"的名义为《雷锋》杂志成长尽心出力，为雷锋精神宣传发挥余热。从此，我便凭借多年从事军队新闻宣传的特有优势，注意观察、发现上海与雷锋文化有关的人和事。

在发现中再次走近雷锋。知晓并铭记雷锋的名字，我还是10岁的小学生。后来的岁月里，无论是上学还是参军，像雷锋那样做人做事一直成为一种信念。尤其是军旅生涯30多年，我不仅用雷锋精神激励自己爱岗敬业努力工作，还用手中的笔采写和宣传了孙龙根、金正洪、王成君、杨崇元等一大批雷锋式优秀官兵。然而，随着时间的推移，时代的进步，有些人开始质疑："我们还需要雷锋精神吗？它是不是已经过时了？"甚至有人觉得雷锋精神与市场经济不符，与人性相悖，应该被时代所抛弃……带着这些困惑，我在与雷锋当年老连长的交流中找到了答案。我住的地方到老连长居住的杨浦区五角场，几乎从南到北穿过上海城区。我多次往返，走访看望这位九旬老人，听他饱含深情地回忆介绍当年的那个"脸上总是挂着灿烂笑容的小个子兵"，采写出多篇稿件，用事实向人们展示一个真实、可亲的雷锋。在申城的雷锋展馆和雷锋收藏沙龙,我看到一些珍贵的雷锋史料,更加崇敬这位不朽的伟大战士,更加觉得公而忘私、奉献他人的雷锋精神永远不过时。正如习近平总书记指出的：雷锋是一个时代的楷模,雷锋精神是永恒的。由此,更加坚定了我竭尽全力做好宣传雷锋事业的信心。

在发现中感受"雷锋文化现象"。上海,是我人生旅程中的最后一个"驿站"。从军队转身到上海解放日报社,举家移居上海,是因为对这座城市有太多的向往和期待。作为一座海纳百川的东方大都市,她在90多年前诞生了伟大的中国共产党,也诞生了共青团中央和和全国总工会。她不仅改革开放以来敢为人先勇立潮头,传承红色基因开展群众性学雷锋活动也是一方热土。这里,当年曾经在全国率先发表毛泽东、周恩来关于学习雷锋的题词;这里,在全国率先开展的南京路军民学雷锋为民服务日,至今37年花开不败;这里,一大批"雷锋塑像""雷锋展馆"让人们时时见到好人雷锋;这里,有坚持30多年用雷锋精神育人的小学,有全国率先创建"雷锋馆"、开展"雷锋式师生"评比表彰的大学;这里,有一支红色收藏家组成的"雷锋收藏沙龙"……这些独特的"雷锋文化现象"让我印象深刻,流连忘返。我在发现和采写中更加深切地感受到,作为红色基因重要内容的"雷锋文化"正在成为上海市民的价值高地和"心灵驿站",提升着这座城市的文明程度,滋润着这片热土的道德素养。

在发现中收获快乐感动。作为全国最早开展创建"文明单位"活动的城市,群众性的志愿服务已成为上海弘扬雷锋精神的新方式。目前全市注册的志愿者达409万人,占人口比例16.6%,志愿服务组织2.3万个,志愿项目超过19万个。在南京路步行街、浦东地铁站、的士雷锋车队、滴滴平台"老兵车队",我在参与和采访志愿服务活动中一次次被"雷锋传人"们的真情所打动。他们不求名利,快乐奉献。从退休后创办"心希望智力助残团队"20年的"轮椅上最美志愿者"黄吉人,到从世博会开始至今风雨无阻奔忙在地铁站维持秩序助人为乐的"爱心妈妈";从为城市文明奔忙的市民巡访员到"爱心剪里收获快乐"的个体劳动者、全国劳模殷仁俊……申城无处不在的学雷锋志愿者像烛光一样,奉献温暖,照亮冷漠,成为一道亮丽的风景。是他们,用行动向世人证实：市场经济大潮中的新时代，人与人之间不只有精细的利益计较，更有无私的奉献和爱。他们，模糊了平凡与伟大的界线，使我看到身处平凡的世界，也有不平凡的楷模。只要人们没有被冷漠的利己主义窒息，只要人们铭记初心，向往美好，社会就需要雷锋精神，需要无私奉献。

在发现中思考差距与不足。与任何发展中的事物一样，新一轮群众性学雷锋活动虽然方兴未艾，热潮不止，但也时常耳闻目睹一些"杂音"和困惑：人们在对雷锋精神理解把握上还有许多"偏差"；某些领导和机关以"不能参加民间活动"为由，对群众自发的学雷锋活动缺乏支持和指导；少数单位和个人开展学雷锋活动的形式、内容还比较单一，"走过场""一阵风"现象还不同程度存在；一些新闻出版单位对雷锋精神的宣传还有些滞后，等等。这些都有待于在今后的学雷锋实践中不断加以引导和改进。

于是，从去年下半年开始，我着手将这些"发现"进行整理和汇编。期待这些来自民间的细流和星星汇成一片"火焰"，照亮、影响更多的人，让雷锋精神在岁月的长河中永远闪亮。这一充满快乐的过程得到诸多领导和"雷锋志愿者"的支持和帮助。陶克、程关生将军不仅出谋划策，并亲写序言鼓励。上海市文明办、上海市青少年发展基金会、《雷锋》杂志社、一些学雷锋团队及爱心人士为书稿完成提供了支持。书中收入的部分在正规报刊、网站上刊发的学雷锋活动文字和图片，更凝聚了作者的情怀和付出。雷锋杂志社、上海三联书店为本书的出版精心策划，把关守正。还有许多默默无闻的志愿者为书稿的打印修改费心出力。在此，对各个方面、各位好友、各方好人为本书的顺利出版提供的帮助表示真诚的谢意！

由于思想水平和时间精力的局限，书中难免有不到之处。尤其是上海的"雷锋团队""雷锋传人"灿若群星，不能更多地发现、采写和收录其中，敬请谅解。也正因有此不足和遗憾，我觉得在实现"中国梦"的伟大进程中，弘扬和宣传雷锋精神的事业任重道远。

编者

2019 年 6 月于沪上

图书在版编目(CIP)数据

情怀:雷锋文化在上海/窦芒主编.—上海:上海三联书店,
2020.5 重印
ISBN 978-7-5426-6830-1

Ⅰ.①情… Ⅱ.①窦… Ⅲ.①雷锋精神-学习参考资料
Ⅳ.①D64

中国版本图书馆 CIP 数据核字(2019)第 248367 号

# 情怀——雷锋文化在上海

主　　编／窦　芒

责任编辑／程　力　戚智轩
装帧设计／徐　徐
监　　制／姚　军
责任校对／陈马东方月

出版发行／上海三联书店
　　　　　(200030)中国上海市漕溪北路 331 号 A 座 6 楼
邮购电话／021-22895540
印　　刷／上海展强印刷有限公司

版　　次／2020 年 1 月第 1 版
印　　次／2020 年 5 月第 2 次印刷
开　　本／640×960　1/16
字　　数／160 千字
印　　张／21.25
书　　号／ISBN 978-7-5426-6830-1/D·435
定　　价／40.00 元

敬启读者,如发现本书有印装质量问题,请与印刷厂联系 021-66366565